500
문제로
끝내는
실전
토익
LC

Michael A. Putlack | Stephen Poirier |
Tony Covello | 다락원 토익 연구소 공저

다락원

500 문제로 끝내는 **실전 토익** LC

지은이 Michael A. Putlack, Stephen Poirier, Tony Covello,
다락원 토익 연구소
펴낸이 정규도
펴낸곳 (주)다락원

초판 1쇄 인쇄 2018년 9월 11일
초판 1쇄 발행 2018년 9월 11일

편집 조상익, 홍인표
디자인 박나래, 박선영

다락원 경기도 파주시 문발로 211
내용 문의 (02)736-2031 내선 550~551
구입 문의 (02)736-2031 내선 250~252
Fax (02)732-2037
출판 등록 1977년 9월 16일 제406-2008-000007호

Copyright © 2018 Michael A. Putlack

값 **12,500**원
(본책 + 해설집 + MP3 바로 듣기 및 무료 다운로드)

ISBN 978-89-277-0959-6 14740
ISBN 978-89-277-0958-9 14740 (set)

http://www.darakwon.co.kr
다락원 홈페이지를 방문하시면 상세한 출판 정보와 함께 MP3 자료 등의
다양한 어학 정보를 얻으실 수 있습니다.

500
문제로
끝내는
실전
토익
LC

머리말

토익은 전 세계적으로 가장 권위 있는 공인 영어 시험 중 하나입니다. 학교나 직장에서 구성원들의 영어 능력을 평가할 때 주로 토익 점수를 기준으로 삼는 것도 바로 이러한 사실 때문입니다. 하지만 요구되는 토익 점수를 받는 일이 그렇게 쉽지만은 않습니다.

토익에서 원하는 점수를 받으려면 먼저 기본적인 영어 실력이 뒷받침되어야 합니다. 하지만 기본 실력이 갖추어져 있다고 하더라도 시험의 특성을 이해하지 못하거나 그에 대한 대비가 충분히 되어 있지 않으면 시험장에서 자신의 실력을 발휘할 수 없을 것입니다.

〈500문제로 끝내는 실전 토익〉 시리즈는 영역별 5회분의 실전 모의고사를 통해 수험생들이 실제 시험에서 본인의 실력을 충분히 발휘할 수 있도록 돕기 위해 만들어졌습니다. 여기에 수록된 모든 지문은 토익의 최신 경향을 반영하고 있으며 문제의 난이도 또한 실전과 동일하게 책정되어 있습니다. 따라서 본 시리즈로 학습하는 수험생들은 비교적 짧은 기간 내에 실전에 대한 적응력을 기를 수 있을 것입니다.

저희 다락원 토익 연구소는 자부심과 사명감을 가지고 실제 시험과 가장 가까운 모의고사를 개발해 왔으며 본 시리즈 역시 그러한 결과물 중 하나입니다. 이 책을 통해 모든 수험생들이 원하는 토익 점수를 받기를 진심으로 바랍니다.

다락원 토익 연구소

목차

토익이란

토익(TOEIC)은 Test of English for International Communication의 약자로서, 영어를 모국어로 사용하지 않는 사람이 국제 환경에서 생활을 하거나 업무를 수행할 때 필요한 실용 영어 능력을 평가하는 시험입니다. 현재 한국과 일본은 물론 전 세계 약 60개 국가에서 연간 4백만 명 이상의 수험생들이 토익에 응시하고 있으며, 수험 결과는 채용 및 승진, 해외 파견 근무자 선발 등 다양한 분야에서 활용되고 있습니다.

■ 시험 구성

구성	PART	내용		문항수	시간	배점
Listening Comprehension	1	사진 묘사		6	45분	495점
	2	질의 응답		25		
	3	짧은 대화		39		
	4	짧은 담화		30		
Reading Comprehension	5	단문 공란 채우기		30	75분	495점
	6	장문 공란 채우기		16		
	7	독해	복수 지문	29		
			단수 지문	28		
TOTAL				200	120분	990점

■ 출제 분야

토익의 목적은 일상 생활과 업무 수행에 필요한 영어 능력을 평가하는 것이기 때문에 출제 분야도 이를 벗어나지 않습니다. 비즈니스와 관련된 주제를 다루는 경우라도 전문적인 지식을 요구하지는 않으며, 아울러 특정 국가나 문화에 대한 이해도 요구하지 않습니다. 구체적인 출제 분야는 아래와 같습니다.

일반적인 비즈니스 (General Business)	계약, 협상, 마케팅, 영업, 기획, 콘퍼런스 관련
사무 (Office)	사내 규정, 일정 관리, 사무 기기 및 사무 가구 관련
인사 (Personal)	구직, 채용, 승진, 퇴직, 급여, 포상 관련
재무 (Finance and Budgeting)	투자, 세금, 회계, 은행 업무 관련
생산 (Manufacturing)	제조, 플랜트 운영, 품질 관리 관련
개발 (Corporate Development)	연구 조사, 실험, 신제품 개발 관련
구매 (Purchasing)	쇼핑, 주문, 선적, 결제 관련
외식 (Dining Out)	오찬, 만찬, 회식, 리셉션 관련
건강 (Health)	병원 예약, 진찰, 의료 보험 업무 관련
여행 (Travel)	교통 수단, 숙박, 항공권 예약 및 취소 관련
엔터테인먼트 (Entertainment)	영화 및 연극 관람, 공연 관람, 전시회 관람 관련
주택 / 법인 재산 (Housing / Corporate Property)	부동산 매매 및 임대, 전기 및 가스 서비스 관련

● 응시 방법

시험 접수는 한국 TOEIC 위원회 웹사이트(www.toeic.co.kr)에서 온라인으로 할 수 있습니다. 접수 일정 및 연간 시험 일정 등의 정보 또한 이곳에서 확인이 가능합니다.

● 시험 당일 일정

수험생들은 신분증과 필기구(연필 및 지우개)를 지참하고 9시 20분까지 고사장에 입실해야 합니다.

시간	진행
9:20 - 9:40	**입실, 오리엔테이션** 답안지에 이름, 수험 번호 등을 표시하고 직업이나 응시 회수 등을 묻는 설문에 응합니다.
9:40 - 9:50	**휴식** 10분간의 휴식 시간 동안 화장실을 이용할 수 있습니다.
9:50	**입실 마감** 9시 50분부터 출입을 통제하므로 늦어도 45분까지는 고사장에 도착하는 것이 좋습니다.
9:50 - 10:05	**신분증 검사** LC 시험 시작 전에 감독관이 신분증을 검사하고 답안지에 확인 서명을 합니다. RC 시험 시간에는 감독관이 돌아다니면서 다시 한 번 신분증을 검사하고 확인 서명을 합니다.
10:08 - 10:10	**파본 검사** 받은 문제지가 파본이 아닌지 확인한 후 문제지에 수험 번호를 적고 답안지에 문제지 번호를 적습니다. 파본이 확인되더라도 시험이 시작되면 문제지를 교체해 주지 않으므로 이때 문제지를 빨리, 제대로 확인하는 것이 중요합니다.
10:10 - 10:55	**LC 문제 풀이** 45분 동안 LC 문제를 풉니다.
10:55 - 12:10	**RC 문제 풀이** 75분 동안 RC 문제를 풉니다.

● 성적 확인

시험일로부터 19일 후에 오후 3시부터 인터넷과 ARS(060-800-0515)로 성적을 확인할 수 있습니다. 성적표 발급은 시험 접수 시에 선택한 방법으로, 즉 우편이나 온라인으로 이루어집니다.

모의고사 점수 계산법

토익 점수는 5점 단위로 채점되며 영역당 만점은 495점입니다. 그리고 총점수(Total Score)는 10점에서 990점 사이로, 두 영역에서 모두 만점을 받는 경우 990점을 받게 됩니다. 하지만 실제 성적은 토익 고유의 통계 처리 방식에 따라 산출되기 때문에, 단순히 정답 개수 혹은 오답 개수만으로 토익 성적을 산출할 수는 없습니다. 그러나 모의고사의 경우 통상적으로 아래의 두 가지 방법에 의해 본인의 점수를 가늠해 볼 수 있습니다.

■ 단순 환산법을 이용하는 경우: 문항당 5점씩 계산

예 LC에서 72개, RC에서 69개를 맞은 경우 → (72×5) + (69×5) = 720점

■ 점수 환산표를 이용하는 경우

Listening Comprehension		Reading Comprehension	
정답수	환산 점수대	정답수	환산 점수대
96-100	475-495	96-100	460-495
91-95	435-495	91-95	425-490
86-90	405-475	86-90	395-465
81-85	370-450	81-85	370-440
76-80	345-420	76-80	335-415
71-75	320-390	71-75	310-390
66-70	290-360	66-70	280-365
61-65	265-335	61-65	250-335
56-60	235-310	56-60	220-305
51-55	210-280	51-55	195-270
46-50	180-255	46-50	165-240
41-45	155-230	41-45	140-215
36-40	125-205	36-40	115-180
31-35	105-175	31-35	95-145
26-30	85-145	26-30	75-120
21-25	60-115	21-25	60-95
16-20	30-90	16-20	45-75
11-15	5-70	11-15	30-55
6-10	5-60	6-10	10-40
1-5	5-50	1-5	5-30
0	5-35	0	5-15

예 LC에서 90개, RC에서 76개를 맞은 경우 → (405~475) + (335~415) = 740~890점

Actual Test

LC

1

LISTENING TEST

In the Listening test, you will be asked to demonstrate how well you understand spoken English. The entire Listening test will last approximately 45 minutes. There are four parts, and directions are given for each part. You must mark your answers on the separate answer sheet. Do not write your answers in your test book.

PART 1

Directions: For each question in this part, you will hear four statements about a picture in your test book. When you hear the statements, you must select the one statement that best describes what you see in the picture. Then find the number of the question on your answer sheet and mark your answer. The statements will not be printed in your test book and will be spoken only one time.

Statement (D), "The man is holding his hands together," is the best description of the picture, so you should select answer (D) and mark it on your answer sheet.

1.

2.

GO ON TO THE NEXT PAGE ➡

3.

4.

5.

6.

GO ON TO THE NEXT PAGE ➤

PART 2

Directions: You will hear a question or statement and three responses spoken in English. They will not be printed in your test book and will be spoken only one time. Select the best response to the question or statement and mark the letter (A), (B), or (C) on your answer sheet.

7. Mark your answer on your answer sheet.

8. Mark your answer on your answer sheet.

9. Mark your answer on your answer sheet.

10. Mark your answer on your answer sheet.

11. Mark your answer on your answer sheet.

12. Mark your answer on your answer sheet.

13. Mark your answer on your answer sheet.

14. Mark your answer on your answer sheet.

15. Mark your answer on your answer sheet.

16. Mark your answer on your answer sheet.

17. Mark your answer on your answer sheet.

18. Mark your answer on your answer sheet.

19. Mark your answer on your answer sheet.

20. Mark your answer on your answer sheet.

21. Mark your answer on your answer sheet.

22. Mark your answer on your answer sheet.

23. Mark your answer on your answer sheet.

24. Mark your answer on your answer sheet.

25. Mark your answer on your answer sheet.

26. Mark your answer on your answer sheet.

27. Mark your answer on your answer sheet.

28. Mark your answer on your answer sheet.

29. Mark your answer on your answer sheet.

30. Mark your answer on your answer sheet.

31. Mark your answer on your answer sheet.

PART 3

Directions: You will hear some conversations between two or more people. You will be asked to answer three questions about what the speakers say in each conversation. Select the best response to each question and mark the letter (A), (B), (C), or (D) on your answer sheet. The conversations will not be printed in your test book and will be spoken only one time.

32. Why did the woman call the man?

(A) To ask for advice
(B) To demand an apology
(C) To request repairs
(D) To make a suggestion

33. What is suggested about the woman?

(A) She called the man earlier.
(B) She is a customer service representative.
(C) She is leaving the office soon.
(D) She is upset with the man.

34. What does the man tell the woman to do?

(A) Wait for him to visit her office
(B) Borrow a coworker's machine
(C) Consider purchasing some equipment
(D) Request more funding for the budget

35. Who most likely is the man?

(A) A real estate agent
(B) A banker
(C) An architect
(D) A financial advisor

36. What does the woman ask about?

(A) How much she needs to spend
(B) When a contract will be signed
(C) Where she should meet the man
(D) Why her offer was rejected

37. What will the woman probably do next?

(A) Schedule a meeting with a bank
(B) Ask about a price
(C) Give the man some information
(D) Offer to negotiate

38. In which department does the man work?

(A) Accounting
(B) Shipping
(C) Sales
(D) Personnel

39. What is the problem?

(A) The man has rejected the woman's claim.
(B) The woman did not complete her application.
(C) Insurance will not cover the woman's operation.
(D) Some information on a form is not accurate.

40. What will the woman most likely do next?

(A) Contact her insurance company
(B) Schedule a meeting with the man
(C) Finish a work assignment
(D) Sign some documents

41. What are the speakers mainly discussing?

(A) An investment made in their company
(B) A decline in their market share
(C) An opportunity to acquire a competitor
(D) A product available on the market

42. How does the woman suggest raising funds?

(A) By getting a bank loan
(B) By raising money themselves
(C) By finding investors
(D) By selling some of their assets

43. What does the man say he will do?

(A) Talk with some lawyers
(B) Call the owner of Deerfield Manufacturing
(C) Make a bid on some items
(D) Invest his personal funds

GO ON TO THE NEXT PAGE

44. What does the woman say about Samantha?

   (A) She did not complete an assignment on time.
   (B) She forgot to attend a conference.
   (C) She used some incorrect material.
   (D) She photocopied the wrong papers.

45. Why is the woman concerned?

   (A) She is late for a meeting.
   (B) She is unprepared for a presentation.
   (C) She has not made any sales yet.
   (D) She cannot log on to her computer.

46. What does the man offer to do?

   (A) Print a report
   (B) Speak with a sales representative
   (C) Give a speech
   (D) Rewrite a document

47. According to the woman, what happened last week?

   (A) A special dinner was held.
   (B) New employees were hired.
   (C) A sales record was set.
   (D) Awards were given out.

48. Why is the man pleased?

   (A) He will get some extra money.
   (B) His transfer application was accepted.
   (C) He signed a new client to a contract.
   (D) He met the CEO of the company.

49. What does the woman imply when she says, "You don't want to do that"?

   (A) The man had better apply for a promotion.
   (B) The man needs to finish his report.
   (C) The man should cancel his meeting.
   (D) The man ought to apologize at once.

50. What is the conversation mainly about?

   (A) A seminar
   (B) A conference
   (C) A workshop
   (D) A job fair

51. Where will the man post an announcement?

   (A) In a newspaper
   (B) On the Internet
   (C) On the bulletin board
   (D) In the employee lounge

52. What does the woman say she will do?

   (A) Discuss an event with some colleagues
   (B) Apply to teach a training program
   (C) Arrange a meeting with her supervisor
   (D) Take the day off tomorrow

53. What are the speakers mainly discussing?

   (A) An upcoming interview
   (B) The location of a business
   (C) A meeting with Mr. Briggs
   (D) A work assignment

54. How will the man go to Jenkins Consulting?

   (A) By subway
   (B) By bus
   (C) By car
   (D) By taxi

55. What does Mary offer to do?

   (A) Show the man where a place is
   (B) Complete the man's report
   (C) Talk to Mr. Briggs
   (D) Call someone at Jenkins Consulting

56. What is the conversation mostly about?

(A) Changing jobs
(B) Moving to a new home
(C) Getting managerial experience
(D) Asking for a pay raise

57. What does the woman mean when she says, "Definitely"?

(A) She is excited about working in Montgomery.
(B) The open position is better than her current job.
(C) She will apply to transfer to another branch.
(D) Her career is something she considers important.

58. What does the man suggest the woman do?

(A) Take classes at a college
(B) Buy a better car
(C) Move to another city
(D) Get some more experience

59. Who most likely is the man?

(A) A cashier
(B) A customer
(C) A supervisor
(D) A store owner

60. What is the problem?

(A) The wrong date was printed.
(B) An item has expired.
(C) Some products are out of stock.
(D) The customer lost her credit card.

61. What does Denice tell the man to do?

(A) Read the local newspaper
(B) Apologize to the woman
(C) Process a return
(D) Give a customer a discount

Summer Lecture Series

Speaker	Date
Harold Grace	June 11
Angela Steele	June 28
Marcia White	July 16
Orlando Watson	August 2

62. Look at the graphic. Which date is a replacement speaker needed on?

(A) June 11
(B) June 28
(C) July 16
(D) August 2

63. What does the man say about Derrick Stone?

(A) He is an employee at the library.
(B) His schedule is full this summer.
(C) He no longer lives in the area.
(D) He was considered as a speaker last year.

64. What will the man probably do next?

(A) Contact Derrick Stone
(B) Reschedule a lecture
(C) Send funds to a speaker
(D) Print a flyer for an event

GO ON TO THE NEXT PAGE

Department	Floor
Sales / Shipping	First
Accounting / HR	Second
R&D	Third
Marketing	Fourth

		2	1	Main Office
Elevator				
		3	Employee Lounge	4

65. What is the man's problem?

    (A) He is late for a meeting.

    (B) He forgot to bring some papers.

    (C) He cannot find an office.

    (D) He does not have his ID card.

66. Look at the graphic. Which floor will the speakers go to?

    (A) The first floor

    (B) The second floor

    (C) The third floor

    (D) The fourth floor

67. What is indicated about the speakers?

    (A) They worked together at a different company.

    (B) They both live in Scofield.

    (C) They will collaborate on a project soon.

    (D) They have a meeting scheduled for today.

68. What is suggested about the man?

    (A) He has not met the woman before.

    (B) He drove to the woman's office.

    (C) He hopes to sign the woman as a client.

    (D) He is only meeting the woman.

69. Look at the graphic. Where is the conference room?

    (A) Room 1

    (B) Room 2

    (C) Room 3

    (D) Room 4

70. What does the man request?

    (A) Some refreshments

    (B) Some visual equipment

    (C) Photocopies

    (D) A pen and a notepad

PART 4

Directions: You will hear some talks given by a single speaker. You will be asked to answer three questions about what the speaker says in each talk. Select the best response to each question and mark the letter (A), (B), (C), or (D) on your answer sheet. The talks will not be printed in your test book and will be spoken only one time.

71. What is the speaker mainly discussing?

(A) Plans to acquire a competitor
(B) The company's yearly profit
(C) The auto insurance industry
(D) Recent insurance pricing issues

72. What does the speaker want to do?

(A) Set up a meeting
(B) Change positions
(C) Purchase some insurance
(D) Analyze a rival company

73. What will most likely happen next?

(A) A budget will be explained.
(B) Another person will speak.
(C) A survey will be conducted.
(D) Some slides will be shown.

74. What does the speaker imply when she says, "That's not ideal for me"?

(A) She cannot conduct a telephone interview.
(B) She is not willing to leave her office.
(C) She believes an offer is very low.
(D) She cannot meet on Wednesday.

75. Why does the speaker suggest going by subway?

(A) She expects traffic to be heavy.
(B) Her building has no parking lot.
(C) Driving downtown is too difficult.
(D) Her office is next to the subway station.

76. What does the speaker request the listener do?

(A) Give a product demonstration
(B) Send a confirmation e-mail
(C) Bring some documents
(D) Give her a phone call

77. What does the speaker mean when he says, "That has never happened before"?

(A) The company has never matched its production goals.
(B) The company has never made a profit.
(C) The company has never rewarded its employees.
(D) The company has never opened international branches.

78. What will all of the employees receive?

(A) Cash
(B) Stock options
(C) Extra time off
(D) Various presents

79. What will the speaker do next week?

(A) Tour individual departments
(B) Name some winners
(C) Sign a new contract
(D) Introduce the current quarter's plan

80. What kind of business most likely is Castor?

(A) A textile company
(B) An electronics firm
(C) A cosmetics manufacturer
(D) A hair salon

81. What will happen on December 15?

(A) A sale will begin.
(B) A new product will become available.
(C) Some retail outlets will open.
(D) A production demonstration will take place.

82. Why would a person visit a place where Castor products are sold?

(A) To sign up to win a prize
(B) To apply for a job
(C) To place an order
(D) To receive a free sample

GO ON TO THE NEXT PAGE

83. According to the speaker, what is a possible benefit of building a new stadium?

(A) A professional sports team will play there.
(B) It will increase employment.
(C) Many concerts will be held there.
(D) It will provide entertainment for residents.

84. Why does the speaker say, "That likely won't remain the same though"?

(A) To claim the stadium will take years to build
(B) To indicate that a price will change
(C) To predict that taxes will increase
(D) To say the stadium will be made bigger

85. What will listeners probably hear next?

(A) Some ads
(B) A sports update
(C) A weather report
(D) Some music

86. Who most likely are the listeners?

(A) Business owners
(B) Jobseekers
(C) Recruiters
(D) Marketing students

87. According to the speaker, what disadvantage do small companies have?

(A) A lack of resources
(B) Little local influence
(C) Poor marketing skills
(D) Few quality employees

88. What does the speaker tell the listeners to do?

(A) Do a role-playing activity
(B) Take notes on her comments
(C) Find a person to work with
(D) Describe their personal situations

89. Where does the talk most likely take place?

(A) At a convention
(B) At a trade show
(C) At a staff meeting
(D) At an awards ceremony

90. How does the speaker hope to make money for the company?

(A) By eliminating several franchises
(B) By purchasing cheaper ingredients
(C) By spending more on marketing
(D) By changing the company's image

91. What does the speaker say about some desserts?

(A) They will no longer be served.
(B) They are low-fat options.
(C) Their prices have been lowered.
(D) Their serving sizes are large.

92. Why is the message being played?

(A) The bank is not open now.
(B) There is a holiday.
(C) The operators are all busy.
(D) There is a technical problem.

93. How can a person find out how much money is owed on a credit card?

(A) By pressing 1
(B) By pressing 2
(C) By dialing another number
(D) By leaving a voice message

94. What is mentioned about the bank's services?

(A) They are being upgraded.
(B) They can be accessed online.
(C) They are no longer available online.
(D) They are used by people worldwide.

Contact Person	Phone Number
Robert Spartan	874-8547
Jessica Davis	874-9038
Marcia West	874-1294
Allen Barksdale	874-7594

Training Schedule		
Mon.	9:00 A.M. – 12:00 P.M.	Sales Dept.
Mon.	1:00 P.M. – 4:00 P.M.	Personnel Dept.
Tues.	9:00 A.M. – 12:00 P.M.	Publicity Dept.
Tues.	1:00 P.M. – 4:00 P.M.	Accounting Dept.

95. What does the speaker mention about Canada?

(A) Some new branches recently opened there.

(B) It is the company's most profitable area.

(C) The revenues there have not been reported yet.

(D) Sales are equal to those in Asia.

96. According to the speaker, what do some listeners need to do?

(A) Apply for a benefit

(B) Work overtime

(C) Submit their data reports

(D) Sign up for a seminar

97. Look at the graphic. What number will the listeners call?

(A) 874-8547

(B) 874-9038

(C) 874-1294

(D) 874-7594

98. Look at the graphic. Which department do the listeners work in?

(A) The Sales Department

(B) The Personnel Department

(C) The Publicity Department

(D) The Accounting Department

99. What does the speaker say about the training session?

(A) Everyone must take part in it.

(B) It will last for two hours.

(C) It concerns some new equipment.

(D) The listeners will do it in a lab.

100. What does the speaker tell John to do?

(A) Pay for his own training

(B) Cancel his business trip

(C) Get training on a different day

(D) Make a flight reservation

This is the end of the Listening test.

Actual Test

LC

Test

2

LISTENING TEST

In the Listening test, you will be asked to demonstrate how well you understand spoken English. The entire Listening test will last approximately 45 minutes. There are four parts, and directions are given for each part. You must mark your answers on the separate answer sheet. Do not write your answers in your test book.

PART 1

Directions: For each question in this part, you will hear four statements about a picture in your test book. When you hear the statements, you must select the one statement that best describes what you see in the picture. Then find the number of the question on your answer sheet and mark your answer. The statements will not be printed in your test book and will be spoken only one time.

Statement (D), "The man is holding his hands together," is the best description of the picture, so you should select answer (D) and mark it on your answer sheet.

1.

2.

GO ON TO THE NEXT PAGE ➤

3.

4.

5.

6.

GO ON TO THE NEXT PAGE ➡

PART 2

Directions: You will hear a question or statement and three responses spoken in English. They will not be printed in your test book and will be spoken only one time. Select the best response to the question or statement and mark the letter (A), (B), or (C) on your answer sheet.

7. Mark your answer on your answer sheet.

8. Mark your answer on your answer sheet.

9. Mark your answer on your answer sheet.

10. Mark your answer on your answer sheet.

11. Mark your answer on your answer sheet.

12. Mark your answer on your answer sheet.

13. Mark your answer on your answer sheet.

14. Mark your answer on your answer sheet.

15. Mark your answer on your answer sheet.

16. Mark your answer on your answer sheet.

17. Mark your answer on your answer sheet.

18. Mark your answer on your answer sheet.

19. Mark your answer on your answer sheet.

20. Mark your answer on your answer sheet.

21. Mark your answer on your answer sheet.

22. Mark your answer on your answer sheet.

23. Mark your answer on your answer sheet.

24. Mark your answer on your answer sheet.

25. Mark your answer on your answer sheet.

26. Mark your answer on your answer sheet.

27. Mark your answer on your answer sheet.

28. Mark your answer on your answer sheet.

29. Mark your answer on your answer sheet.

30. Mark your answer on your answer sheet.

31. Mark your answer on your answer sheet.

PART 3

Directions: You will hear some conversations between two or more people. You will be asked to answer three questions about what the speakers say in each conversation. Select the best response to each question and mark the letter (A), (B), (C), or (D) on your answer sheet. The conversations will not be printed in your test book and will be spoken only one time.

32. What are the speakers mainly discussing?

(A) A writing seminar
(B) The woman's presentation
(C) The man's report
(D) An upcoming meeting

33. What does the woman dislike about the man's work?

(A) Some of the writing is not clear.
(B) He did not include his analysis.
(C) It contains a few mistakes.
(D) There are no graphs or charts in it.

34. By when should the man complete the assignment?

(A) Before the woman's meeting ends
(B) Before lunch finishes
(C) Before the end of the day
(D) Before this Friday

35. Who most likely is the woman?

(A) A trainer
(B) An interviewer
(C) A client
(D) A computer programmer

36. What does the woman indicate about the new employees?

(A) They come from places around the country.
(B) They are not able to understand the information.
(C) They know more than previous new hires.
(D) They went on a tour of a facility today.

37. What does the woman suggest will happen tomorrow?

(A) A program for employees will finish.
(B) Some job applicants will be interviewed.
(C) New employees will be sent on a trip.
(D) A training session will start.

38. Why did the woman call the man?

(A) To find out his location
(B) To have him give her car a tune up
(C) To inquire about her vehicle
(D) To learn how much she owes for a service

39. Why does the woman say, "I don't believe so"?

(A) She cannot wait for an hour and a half.
(B) She does not want to get the oil changed.
(C) She is unable to come tomorrow morning.
(D) She does not think a service is necessary.

40. What does the man recommend the woman do?

(A) Rent a car for the next two days
(B) Consider buying a new vehicle
(C) Complete the work on her car
(D) Speak with Greg before she leaves

41. What does the woman say about Mr. Sanders?

(A) He is currently out of the country.
(B) He was unable to meet her today.
(C) He is applying for a job at her firm.
(D) He congratulated her on her performance.

42. What does the woman imply when she says, "Would you mind getting together for a bit"?

(A) She needs some of the man's files.
(B) She does not have any new clients.
(C) She wants to talk about Mr. Sanders.
(D) She would like to talk about a transfer.

43. What will the speakers do tomorrow?

(A) Have a meal together
(B) Meet in the woman's office
(C) Prepare for a presentation
(D) Travel to PLL, Inc.

GO ON TO THE NEXT PAGE

44. What are the speakers discussing?

(A) A new employee
(B) An awards ceremony
(C) A gift for a colleague
(D) A donation to a charity

45. What is suggested about the woman?

(A) She is in the same department as the men.
(B) She will be away from her workplace this afternoon.
(C) She is collecting money from some employees.
(D) She is good friends with Justine Hamilton.

46. What does Richard tell the man to do?

(A) Help organize an event
(B) Make a suggestion
(C) Buy a present
(D) Give money to Darlene

47. What are the speakers talking about?

(A) A marketing seminar
(B) A product demonstration
(C) A stockholders' meeting
(D) A speech by the CEO

48. According to the man, what has he been doing today?

(A) Meeting members of the press
(B) Designing a product
(C) Visiting local stores
(D) Practicing his speech

49. What does the man suggest the woman do?

(A) Contact Matthew
(B) Set up some items
(C) Repair an item
(D) Prepare her presentation

50. What will the clients do on Thursday night?

(A) See a sporting event
(B) Watch a movie
(C) Have dinner at a restaurant
(D) Attend a concert

51. What is suggested about the clients?

(A) They will arrive in the afternoon.
(B) They are driving from their office.
(C) They are staying for one week.
(D) They have visited the area before.

52. What does the woman say about Cynthia?

(A) She drives a van.
(B) She speaks a foreign language.
(C) She works in the Berlin office.
(D) She is flying to the city tomorrow.

53. What does Craig say about the flyers?

(A) They cost too much to print.
(B) He approved the design.
(C) They were made by the Graphics Department.
(D) He dislikes their appearance.

54. What did Jason do?

(A) He registered for a conference.
(B) He made a new design.
(C) He visited the printer.
(D) He spoke with the woman.

55. What does the woman imply when she says, "I had totally forgotten about that"?

(A) A price cannot be reduced.
(B) No new individuals can be hired.
(C) The budget was recently changed.
(D) An order needs to be canceled.

56. Where does the conversation most likely take place?

   (A) In an office
   (B) At a factory
   (C) At a conference center
   (D) In a dentist's office

57. What will happen at 2:00?

   (A) A dental appointment will begin.
   (B) A shipment will be sent out.
   (C) A telephone call will be made.
   (D) A meeting with the CEO will start.

58. What does the man say about the clients?

   (A) They are visiting from England.
   (B) Their orders are not arriving on time.
   (C) They need demonstrations of some products.
   (D) They canceled a recent purchase.

59. What are the speakers mainly discussing?

   (A) A lack of volunteers
   (B) Job advertisements
   (C) A charity event
   (D) Sponsors of a fair

60. What does the man suggest about the previous year's county fair?

   (A) It set a record for attendance.
   (B) It did not have enough workers.
   (C) It was canceled due to the weather.
   (D) It lasted for one week.

61. What will the woman do after lunch?

   (A) Interview job applicants
   (B) Make a new schedule
   (C) Talk to some sponsors
   (D) Visit another company

This coupon is valid at all

Roth Clothing Stores

Present this coupon to get the following discount:

Wednesday 10%
Thursday 15%
Friday 20%
Saturday 25%

---

62. Look at the graphic. When is the man making his purchase?

   (A) On Wednesday
   (B) On Thursday
   (C) On Friday
   (D) On Saturday

63. Why does the man need a suit?

   (A) For an awards ceremony
   (B) For an interview
   (C) For a graduation ceremony
   (D) For a wedding

64. What is suggested about the man?

   (A) He will have his suit fitted at the store.
   (B) He will get an extra $10 discount.
   (C) He will make his purchase on another day.
   (D) He is a frequent shopper at the store.

GO ON TO THE NEXT PAGE

Room	Maximum Number of People
Silver Room	80
Gold Room	100
Platinum Room	120
Diamond Room	150

65. What type of event will the man's company hold?

(A) A stockholders' meeting
(B) A company orientation
(C) An awards ceremony
(D) A retirement party

66. Look at the graphic. Which room is the most appropriate for the man's company?

(A) Silver Room
(B) Gold Room
(C) Platinum Room
(D) Diamond Room

67. What does the woman suggest doing?

(A) Paying the deposit this week
(B) Getting together for a meeting
(C) Confirming a reservation online
(D) Selecting the food to be served

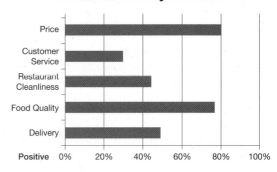

Customer Survey Results

68. What does the woman say about the restaurants in Surrey?

(A) Some of them closed due to a lack of business.
(B) They conducted surveys one week ago.
(C) They hired several new employees.
(D) They brought in more money than before.

69. What does the man say about the restaurants?

(A) They frequently offer special prices.
(B) They changed their menus recently.
(C) They use food produced in nearby areas.
(D) They train employees to be polite.

70. Look at the graphic. What will the woman discuss next?

(A) Customer Service
(B) Restaurant Cleanliness
(C) Food Quality
(D) Delivery

PART 4

Directions: You will hear some talks given by a single speaker. You will be asked to answer three questions about what the speaker says in each talk. Select the best response to each question and mark the letter (A), (B), (C), or (D) on your answer sheet. The talks will not be printed in your test book and will be spoken only one time.

71. Where does the announcement most likely take place?

(A) At a bus terminal
(B) In a train station
(C) In a subway station
(D) At an airport

72. Why is there a problem?

(A) A machine stopped working.
(B) Too many seats were sold.
(C) The computer system failed.
(D) Some passengers are late.

73. What does the speaker say that volunteers will be given?

(A) Extra mileage
(B) Five hundred euros
(C) A seat in business class
(D) A free first-class ticket

74. What type of store do the listeners work at?

(A) An appliance store
(B) A clothing store
(C) A supermarket
(D) An electronics store

75. What does the speaker mean when he says, "That's not good enough"?

(A) Prices must be lowered.
(B) Employees have to work harder.
(C) The company should make more money.
(D) A service needs to improve.

76. What does the speaker tell Larry to do?

(A) Place an advertisement
(B) Contact some customers
(C) Apply for a transfer
(D) Interview some job candidates

77. Why is the store having a sale?

(A) It is celebrating its grand opening.
(B) It needs to get rid of some items.
(C) It is going out of business soon.
(D) It is holding its annual sale.

78. How much is the discount on fruit?

(A) 20%
(B) 30%
(C) 40%
(D) 50%

79. What does the speaker say about parking?

(A) It is free for thirty minutes.
(B) There are a limited number of spaces.
(C) It can be done behind the store.
(D) A parking lot is across the street.

80. What problem does the speaker mention?

(A) Some items were damaged.
(B) An order was sent to the wrong address.
(C) Incorrect items were mailed.
(D) A bill was too high.

81. What will happen in three days?

(A) A restaurant will open.
(B) A sale will end.
(C) A contract will be signed.
(D) An order will be shipped.

82. Why does the speaker say, "It's imperative that you do this"?

(A) He wants a full refund.
(B) He expects an apology.
(C) He needs replacement items quickly.
(D) He requires free installation.

GO ON TO THE NEXT PAGE ➡

83. Where most likely does the speech take place?

(A) At a retirement party
(B) At a farewell party
(C) At an awards ceremony
(D) At a signing ceremony

84. Who is the speaker?

(A) An author
(B) An editor
(C) A proofreader
(D) An agent

85. What does the speaker suggest about Peter Welling?

(A) He has known her for many years.
(B) He is a member of her family.
(C) He signed her to her first contract.
(D) He helped motivate her to work.

86. Why does the speaker thank Mr. Hancock?

(A) He was a popular speaker at an event.
(B) His firm successfully marketed a seminar.
(C) He helped the firm earn record profits.
(D) He signed contracts with several companies.

87. What will happen in February?

(A) A proposal will be sent.
(B) An international visit will be made.
(C) An event will take place.
(D) A company will be founded.

88. What will the speaker's assistant do?

(A) Mail a contract
(B) Provide some information
(C) Pick up a client at the airport
(D) Sign some documents

89. Who most likely are the listeners?

(A) Ticket collectors
(B) Volunteers
(C) Vendors
(D) Festival attendees

90. What does the speaker tell the listeners to wear?

(A) Sunglasses
(B) T-shirts
(C) Gloves
(D) Hats

91. What most likely will happen next?

(A) People will visit the hospital.
(B) People will be allowed into the festival.
(C) A concert will begin.
(D) Tickets will be sold.

92. How much vitamin B does the speaker need?

(A) A two-month supply
(B) A three-month supply
(C) A six-month supply
(D) A twelve-month supply

93. What does the speaker mean when he says, "I was unable to do so"?

(A) He could not order more of something.
(B) He could not pay for an order.
(C) He could not provide his address.
(D) He could not alter the delivery date.

94. What does the speaker request?

(A) A reduced price
(B) A phone call
(C) A confirmation e-mail
(D) A free sample

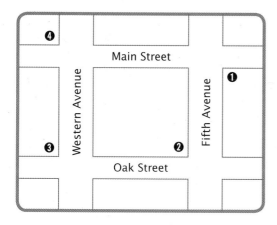

E-Mail Inbox	
Sender	**Subject**
Greg Towson	Sales Figures for March
Andrea Sparks	Denver Trip Itinerary
Nicholas Wentz	Openings at Other Branches
Melissa Martinez	Employee Complaints

95. Why was the bridge closed?

(A) A ship collided with it.
(B) The lanes were being painted.
(C) It was being fixed.
(D) An extension was added to it.

96. Look at the graphic. Where is Faraday Towers?

(A) Site 1
(B) Site 2
(C) Site 3
(D) Site 4

97. What will listeners hear next?

(A) An advertisement
(B) A weather broadcast
(C) Economic news
(D) Some music

98. Look at the graphic. Who sent the e-mail the speaker mentions?

(A) Greg Towson
(B) Andrea Sparks
(C) Nicholas Wentz
(D) Melissa Martinez

99. According to the speaker, what happened on Monday?

(A) A new advertisement was released.
(B) Sales data was submitted.
(C) A sale at a store began.
(D) Some new workers were hired.

100. Why will the listeners most likely be pleased next week?

(A) Everyone will receive a bonus.
(B) Sales numbers will be positive.
(C) Employees' hours will be reduced.
(D) Some awards will be presented.

This is the end of the Listening test.

Actual
Test

LC

3

LISTENING TEST

In the Listening test, you will be asked to demonstrate how well you understand spoken English. The entire Listening test will last approximately 45 minutes. There are four parts, and directions are given for each part. You must mark your answers on the separate answer sheet. Do not write your answers in your test book.

PART 1

Directions: For each question in this part, you will hear four statements about a picture in your test book. When you hear the statements, you must select the one statement that best describes what you see in the picture. Then find the number of the question on your answer sheet and mark your answer. The statements will not be printed in your test book and will be spoken only one time.

Statement (D), "The man is holding his hands together," is the best description of the picture, so you should select answer (D) and mark it on your answer sheet.

1.

2.

GO ON TO THE NEXT PAGE ➡

3.

4.

5.

6.

GO ON TO THE NEXT PAGE ➡

PART 2

Directions: You will hear a question or statement and three responses spoken in English. They will not be printed in your test book and will be spoken only one time. Select the best response to the question or statement and mark the letter (A), (B), or (C) on your answer sheet.

7. Mark your answer on your answer sheet.

8. Mark your answer on your answer sheet.

9. Mark your answer on your answer sheet.

10. Mark your answer on your answer sheet.

11. Mark your answer on your answer sheet.

12. Mark your answer on your answer sheet.

13. Mark your answer on your answer sheet.

14. Mark your answer on your answer sheet.

15. Mark your answer on your answer sheet.

16. Mark your answer on your answer sheet.

17. Mark your answer on your answer sheet.

18. Mark your answer on your answer sheet.

19. Mark your answer on your answer sheet.

20. Mark your answer on your answer sheet.

21. Mark your answer on your answer sheet.

22. Mark your answer on your answer sheet.

23. Mark your answer on your answer sheet.

24. Mark your answer on your answer sheet.

25. Mark your answer on your answer sheet.

26. Mark your answer on your answer sheet.

27. Mark your answer on your answer sheet.

28. Mark your answer on your answer sheet.

29. Mark your answer on your answer sheet.

30. Mark your answer on your answer sheet.

31. Mark your answer on your answer sheet.

PART 3

Directions: You will hear some conversations between two or more people. You will be asked to answer three questions about what the speakers say in each conversation. Select the best response to each question and mark the letter (A), (B), (C), or (D) on your answer sheet. The conversations will not be printed in your test book and will be spoken only one time.

32. What is the woman doing?

(A) Interviewing for a position
(B) Requesting a transfer
(C) Discussing a new project
(D) Talking about moving

33. Why does the man mention his boss?

(A) To repeat his boss's offer
(B) To say he will meet his boss soon
(C) To suggest the woman meet with his boss
(D) To provide his boss's contact information

34. What is suggested about the woman?

(A) She is willing to begin work in February.
(B) She agrees to work at Trinity Chemicals.
(C) She currently lives in Brownsville.
(D) She does not have much prior experience.

35. What does the man suggest about the woman?

(A) She will get transferred soon.
(B) She is a part-time employee.
(C) She recently moved to the city.
(D) She lives far from the office.

36. What did the woman do yesterday?

(A) She bought a new car.
(B) She interviewed for a position.
(C) She had a request rejected.
(D) She tried to visit an office.

37. What does the man offer to do?

(A) Give a tour of the facility
(B) Assist with an application process
(C) Submit a benefits form
(D) Provide directions to a branch office

38. What does the man imply when he says, "You should thank Roger"?

(A) Roger ran a successful campaign.
(B) Roger worked on an advertisement.
(C) Roger solved the woman's problem.
(D) Roger sold the most items last month.

39. What is suggested about the woman?

(A) She needs the services of a graphic designer.
(B) She works in the Sales Department.
(C) She is the man's supervisor.
(D) She shares an office with the man.

40. What will the man give the woman?

(A) A flyer
(B) An invoice
(C) An application form
(D) A telephone number

41. Why did the woman visit the man?

(A) She needs him to unlock her office door.
(B) She discovered a problem with some paperwork.
(C) Her company ID is not functioning right.
(D) Her computer log in was not processed right.

42. What does the man want the woman to do?

(A) Complete some forms
(B) Attend an orientation session
(C) Have her picture taken
(D) Answer a questionnaire

43. How much time does the man say the woman needs?

(A) Five minutes
(B) Ten minutes
(C) Fifteen minutes
(D) Thirty minutes

GO ON TO THE NEXT PAGE

44. What is indicated about the company?

(A) It is in the manufacturing industry.
(B) It has lost money for more than a year.
(C) It has offices in several countries.
(D) It recently hired several new employees.

45. How does the woman propose firing employees?

(A) By how long ago they were hired
(B) By how they are performing
(C) By how much they are paid
(D) By how close to retirement they are

46. What does the man want the woman to do?

(A) Research the recent sales data
(B) Decide which employees to fire
(C) Speak with some supervisors
(D) Schedule a meeting for tomorrow

47. What is the problem?

(A) A meeting was canceled.
(B) Some items need to be delivered.
(C) A price was increased.
(D) An order has not yet arrived.

48. What does the man say he will do?

(A) Meet with a coworker
(B) Attend a seminar
(C) Register for a marketing conference
(D) Have lunch in his office

49. What does Kelly suggest doing?

(A) Visiting 209 Westinghouse Road
(B) Consulting with Mr. Andrews
(C) Speaking with Jessica
(D) Visiting the Marketing Department

50. Why did the man call the woman?

(A) To find out her location
(B) To confirm her recent order
(C) To ask for her address
(D) To say he can pick up her package

51. Why does the man say, "I'm really sorry"?

(A) To apologize for a mistake
(B) To reject the woman's request
(C) To ask the woman to repeat herself
(D) To say that an item is not available

52. What will the woman have to do for the man?

(A) Provide photographic identification
(B) Complete some paperwork
(C) Pay cash for some items
(D) Have a meeting with his assistant

53. What are the speakers mainly discussing?

(A) A computer program
(B) A problem with the Internet
(C) The woman's e-mail
(D) A staff meeting

54. What does Matt say about the memo?

(A) He forgot to read it.
(B) It was sent out this morning.
(C) He wrote it for his colleagues.
(D) It referred to a budget meeting.

55. Who most likely is Mr. Rogers?

(A) The woman's client
(B) The speakers' supervisor
(C) A computer programmer
(D) A maintenance worker

56. Where does the conversation most likely take place?

(A) At a newspaper
(B) At a supermarket
(C) At a restaurant
(D) At a bakery

57. What does the man propose doing?

(A) Calling an editor to complain
(B) Training employees better
(C) Canceling newspaper subscription
(D) Offering items at a discount

58. What is the woman concerned about?

(A) The cost of rent for the building
(B) The space that is available
(C) The prices that are charged
(D) The quality of the service

59. Where does the conversation most likely take place?

(A) At an amusement park
(B) At a museum
(C) At a theater
(D) At a gift shop

60. What does the man ask about?

(A) The availability of a bus
(B) The price of a ticket
(C) The time of a tour
(D) The location of a store

61. According to the woman, how can the man get a discount?

(A) By spending at least $15
(B) By making an online purchase
(C) By downloading a coupon
(D) By becoming a member

Thank you for shopping at Marcy's

Item Number	Item	Price
KP895	Screwdriver	$5.99
RY564	Power Drill	$28.99
XJ292	Saw	$12.99
MK646	Hammer	$6.99

62. What is indicated about the store?

(A) It had a sale on the weekend.
(B) It has extended its hours of operation.
(C) It is located in a shopping center.
(D) It had its grand opening last week.

63. Look at the receipt. Which item should the man get a discount on?

(A) The screwdriver
(B) The power drill
(C) The saw
(D) The hammer

64. What will the man most likely do next?

(A) Give the woman his credit card
(B) Speak with a customer service agent
(C) Receive a coupon from the woman
(D) Show the woman the items he bought

GO ON TO THE NEXT PAGE

Section	Price per Ticket
Section A	$15
Section B	$25
Section C	$40
Section D	$60

Orientation Schedule		
Time	**Speaker**	**Topic**
9:00 A.M. – 9:15 A.M.	Tristan Roberts	Welcome Speech
9:15 A.M. – 9:45 A.M.	Eric Mueller	Job Duties and Responsibilities
9:45 A.M. – 10:00 A.M.	Marcus Wembley	Insurance Paperwork
10:00 A.M. – 10:30 A.M.	Porter Stroman	Company Facilities

65. What does the man say about tonight's performance?

(A) It is sold out.
(B) It has been postponed.
(C) It is the show's opening night.
(D) It will start at 7:00 P.M.

66. Look at the graphic. How much will the woman pay for each ticket?

(A) $15
(B) $25
(C) $40
(D) $60

67. What will the woman probably do next?

(A) Provide some personal information
(B) Choose which seats she wants
(C) Confirm her address
(D) Spell her name for the man again

68. Look at the graphic. Who is the man?

(A) Tristan Roberts
(B) Eric Mueller
(C) Marcus Wembley
(D) Porter Stroman

69. What is the woman doing this afternoon?

(A) Taking some personal time off
(B) Flying to another city
(C) Attending a conference
(D) Speaking at an orientation session

70. How will the woman discuss the matter with the man?

(A) By e-mail
(B) Over the phone
(C) By text message
(D) In person

PART 4

Directions: You will hear some talks given by a single speaker. You will be asked to answer three questions about what the speaker says in each talk. Select the best response to each question and mark the letter (A), (B), (C), or (D) on your answer sheet. The talks will not be printed in your test book and will be spoken only one time.

71. How long will the next part of the workshop last?

    (A) Thirty minutes
    (B) Sixty minutes
    (C) Ninety minutes
    (D) One hundred twenty minutes

72. What does the speaker imply when she says, "I know that can be hard at times"?

    (A) Banks rarely lend money to new businesses.
    (B) Few people successfully start businesses.
    (C) Paying taxes can cost a lot of money.
    (D) Getting a business license is not easy.

73. What will the listeners probably do next?

    (A) Answer some questions
    (B) Look at a graphic
    (C) Fill out a questionnaire
    (D) Take a break

74. What is being advertised?

    (A) A lower price
    (B) A special offer
    (C) A new menu
    (D) An internship opportunity

75. What is indicated about the coffee beans used?

    (A) They come from the same place.
    (B) They are imported from Indonesia.
    (C) They are roasted two times.
    (D) They come from local farmers.

76. What is suggested about Coffee Time?

    (A) It is lowering its prices soon.
    (B) More employees are needed there.
    (C) Its owner will open a second branch.
    (D) Many of its customers are students.

77. Why did the speaker make the phone call?

    (A) To ask if an item is in stock
    (B) To confirm a price
    (C) To make a change to an order
    (D) To alter his payment date

78. What does the speaker mean when he says, "The timing is absolutely crucial"?

    (A) He must call some customers soon.
    (B) He needs some items by Saturday.
    (C) He can pay by this afternoon.
    (D) He wants his order delivered today.

79. What does the speaker request?

    (A) Installation instructions
    (B) An e-mailed response
    (C) A new bill
    (D) A full refund

80. What is the news report mainly about?

    (A) National news
    (B) Economic conditions
    (C) A technological breakthrough
    (D) The state budget

81. What does the speaker say about housing prices?

    (A) They have remained steady.
    (B) They are declining severely.
    (C) They are moving up slowly.
    (D) They are increasing rapidly.

82. What will listeners hear next?

    (A) A traffic update
    (B) A sports report
    (C) Some music
    (D) A weather report

GO ON TO THE NEXT PAGE

83. What problem does the speaker mention?

(A) Cashiers do not do their jobs well.
(B) Customers are complaining about prices.
(C) Transactions are taking too long.
(D) Cash registers are not working properly.

84. What does the man suggest doing?

(A) Putting up a sign for customers
(B) Asking cashiers to help with bagging
(C) Charging customers for the bags they use
(D) Having bags be close to customers

85. What does the man request by next week?

(A) Pictures of the cashiers
(B) A report on a change
(C) The hiring of new employees
(D) Training for employees

86. What is the talk mainly about?

(A) Some branches in Europe that will open
(B) The company's revenues around the world
(C) The situations at other company locations
(D) A manager who was recently hired

87. What does the speaker imply when she says, "I think Claire Putnam deserves some congratulations"?

(A) Ms. Putnam manages the Paris branch.
(B) Ms. Putnam will be an excellent CEO.
(C) Ms. Putnam is the employee of the year.
(D) Ms. Putnam made her managers work harder.

88. What will happen in April?

(A) Managers will go on business trips.
(B) A manager will give a speech.
(C) The company will publish some reports.
(D) New branches will open in Europe.

89. What did Greg Sullivan do?

(A) Signed a new contract
(B) Quit his job
(C) Moved to another state
(D) Asked for a raise

90. Where does the speaker say that Jessica must go?

(A) To a lunch meeting
(B) To Murphy International
(C) To her office
(D) To another country

91. What does the speaker suggest about Greg Sullivan?

(A) He was able to speak a foreign language.
(B) He had a client at RWT International.
(C) He wrote detailed reports on his work.
(D) He got along well with his colleagues.

92. Who most likely is the speaker?

(A) A government employee
(B) A lawyer
(C) An accountant
(D) A consultant

93. What does the speaker indicate about his talk?

(A) It will last for less than an hour.
(B) It will explain how to follow the law.
(C) It will require the listeners to answer questions.
(D) It will involve showing a video.

94. What does the speaker ask the listeners to do?

(A) Look at some printed material
(B) Raise their hands when they have questions
(C) Sign some documents
(D) Submit forms to his assistant

Departure Time	Destination
11:00 A.M.	Glendale
11:30 A.M.	Portsmouth
12:45 P.M.	Haverford
1:00 P.M.	Glendale
2:15 P.M.	Springfield
3:30 P.M.	Portsmouth

Floor	Exhibit
First	Art and Architecture
Second	Native American Relics
Third	American History
Fourth	Pop Culture

95. In which industry does the speaker most likely work?

(A) The manufacturing industry
(B) The shipping industry
(C) The computer industry
(D) The textile industry

96. Look at the graphic. Where will the meeting be?

(A) Glendale
(B) Portsmouth
(C) Haverford
(D) Springfield

97. What does the speaker suggest doing after arriving?

(A) Purchasing supplies
(B) Finding accommodations
(C) Getting some food
(D) Renting a vehicle

98. Look at the graphic. On which floor is an exhibit closing soon?

(A) The first floor
(B) The second floor
(C) The third floor
(D) The fourth floor

99. Why would a listener go to the first floor?

(A) To return a borrowed item
(B) To sign up for a tour
(C) To watch a movie
(D) To purchase souvenirs

100. Where does the speaker tell listeners to go?

(A) To the ticket booth
(B) To a temporary exhibit
(C) To the gift shop
(D) To the café

This is the end of the Listening test.

Actual Test

LC

Test

4

LISTENING TEST

In the Listening test, you will be asked to demonstrate how well you understand spoken English. The entire Listening test will last approximately 45 minutes. There are four parts, and directions are given for each part. You must mark your answers on the separate answer sheet. Do not write your answers in your test book.

PART 1

Directions: For each question in this part, you will hear four statements about a picture in your test book. When you hear the statements, you must select the one statement that best describes what you see in the picture. Then find the number of the question on your answer sheet and mark your answer. The statements will not be printed in your test book and will be spoken only one time.

Statement (D), "The man is holding his hands together," is the best description of the picture, so you should select answer (D) and mark it on your answer sheet.

1.

2.

GO ON TO THE NEXT PAGE ➡

ACTUAL TEST **4**

3.

4.

5.

6.

GO ON TO THE NEXT PAGE ➡

PART 2

Directions: You will hear a question or statement and three responses spoken in English. They will not be printed in your test book and will be spoken only one time. Select the best response to the question or statement and mark the letter (A), (B), or (C) on your answer sheet.

7. Mark your answer on your answer sheet.

8. Mark your answer on your answer sheet.

9. Mark your answer on your answer sheet.

10. Mark your answer on your answer sheet.

11. Mark your answer on your answer sheet.

12. Mark your answer on your answer sheet.

13. Mark your answer on your answer sheet.

14. Mark your answer on your answer sheet.

15. Mark your answer on your answer sheet.

16. Mark your answer on your answer sheet.

17. Mark your answer on your answer sheet.

18. Mark your answer on your answer sheet.

19. Mark your answer on your answer sheet.

20. Mark your answer on your answer sheet.

21. Mark your answer on your answer sheet.

22. Mark your answer on your answer sheet.

23. Mark your answer on your answer sheet.

24. Mark your answer on your answer sheet.

25. Mark your answer on your answer sheet.

26. Mark your answer on your answer sheet.

27. Mark your answer on your answer sheet.

28. Mark your answer on your answer sheet.

29. Mark your answer on your answer sheet.

30. Mark your answer on your answer sheet.

31. Mark your answer on your answer sheet.

Directions: You will hear some conversations between two or more people. You will be asked to answer three questions about what the speakers say in each conversation. Select the best response to each question and mark the letter (A), (B), (C), or (D) on your answer sheet. The conversations will not be printed in your test book and will be spoken only one time.

32. Where does the conversation take place?
    (A) At a shopping center
    (B) In an office
    (C) At a restaurant
    (D) In an apartment building

33. What does the woman suggest the man do?
    (A) Apply for another job
    (B) Have a dinner party at his home
    (C) Get to know his neighbors
    (D) Get his place renovated

34. What will the man do on Friday night?
    (A) Go to a work-related event
    (B) Stay at his home
    (C) Watch a sporting event
    (D) Attend a cookout

35. Why did the woman call the man?
    (A) She was charged too much money.
    (B) Her electricity is not working.
    (C) She needs the gas disconnected.
    (D) Her home suffered some damage.

36. What does the man ask the woman for?
    (A) Her phone number
    (B) Her name
    (C) Her address
    (D) Her account number

37. What will the man send the woman?
    (A) A refund
    (B) A bill
    (C) A letter of apology
    (D) A coupon

38. Where does the conversation most likely take place?
    (A) At a newspaper
    (B) At a bank
    (C) At a utility company
    (D) At a post office

39. What does the woman mean when she says, "Not at all"?
    (A) She is satisfied with the service she gets.
    (B) She does not want to answer the question.
    (C) She does not have much time to talk.
    (D) She is interested in what the man is saying.

40. What does the man suggest the woman do?
    (A) Purchase an app
    (B) Visit another branch
    (C) Talk to his supervisor
    (D) Pay for a new service

41. Who most likely is the woman?
    (A) A salesperson
    (B) A cashier
    (C) A bank teller
    (D) A store owner

42. What does the man indicate about himself?
    (A) He has spoken with the woman before.
    (B) He moved to the area last week.
    (C) He graduated from college recently.
    (D) He was recently hired for a job.

43. What does the man ask about?
    (A) The changing rooms
    (B) The return policy
    (C) The customer service desk
    (D) The types of styles available

GO ON TO THE NEXT PAGE

44. What is the problem?

(A) An order has been delayed.
(B) Some machines are not working.
(C) A customer did not send a payment.
(D) Some equipment parts are missing.

45. What does the woman imply when she says, "The second one looks more serious"?

(A) Repairs will not be completed today.
(B) A replacement cost will be very high.
(C) More workers need to be hired.
(D) The CEO ought to be contacted.

46. Where does the man tell the woman to go?

(A) To the branch in Europe
(B) To Midland
(C) To her office
(D) To the company doing the repairs

47. What is Bob looking for?

(A) Some toner cartridges
(B) A stapler
(C) Some paperclips
(D) Some copy paper

48. According to the woman, what will happen on Thursday?

(A) A repairman will arrive.
(B) A document will be signed.
(C) Some supplies will be delivered.
(D) Some papers will be mailed.

49. What does George tell Bob to do?

(A) Ask to be reimbursed
(B) Visit another department
(C) Speak with his boss
(D) Go to a store across the street

50. What does the woman request the man do?

(A) Give her a ride somewhere
(B) Help her with an assignment
(C) Let her know his address
(D) Make a suggestion for her

51. What does the woman need fixed?

(A) Her briefcase
(B) Her phone
(C) Her laptop
(D) Her printer

52. What will the woman most likely do next?

(A) Look for a bus that she can take
(B) Find out the location of a store
(C) Ask another colleague for assistance
(D) Make a phone call to a friend

53. Why most likely is the woman visiting Duncan Associates?

(A) To make a presentation
(B) To sign a contract
(C) To interview for a position
(D) To discuss an offer

54. How does the man tell the woman to visit Duncan Associates?

(A) By car
(B) By bus
(C) By taxi
(D) By subway

55. Why does the man say, "I made that mistake as well"?

(A) To indicate he took a bus and was late for a meeting
(B) To mention that he wrote down the address incorrectly
(C) To tell the woman to be cautious around Ms. Voss
(D) To state he did not prepare well for a meeting once

56. What are the speakers mainly discussing?

(A) A contract that was signed
(B) An opportunity to be promoted
(C) A meeting that was announced
(D) An emergency that must be solved

57. How does the man feel about working overtime?

(A) He is pleased to make more money.
(B) He is not interested in doing it.
(C) He wishes he could do it more often.
(D) He dislikes staying late after work.

58. What does the woman recommend doing?

(A) Completing their budget report
(B) Going to a meeting room
(C) Applying for a transfer
(D) Speaking with Mr. Miller

59. Why does Lucy want to change shifts?

(A) She has a doctor's appointment.
(B) She wants to go to her hometown.
(C) She will be interviewing for another job.
(D) She has to meet a family member.

60. What is Tina doing tomorrow?

(A) Watching a movie
(B) Attending a job fair
(C) Meeting a client
(D) Going out for dinner

61. Why does the man offer to help Lucy?

(A) He does not want to work tomorrow.
(B) He wants to work more hours.
(C) He would like to get more experience.
(D) He has no plans for the weekend.

City	Distance To
Watertown	5km
New Weston City	19km
Providence	46km
Belmont	83km

62. Look at the graphic. How far do the speakers have to drive before they stop for the first time?

(A) 5 kilometers
(B) 19 kilometers
(C) 46 kilometers
(D) 83 kilometers

63. What does the woman say she will do?

(A) Look for a place to park
(B) Call her supervisor
(C) Get directions to their final destination
(D) Find a place to eat online

64. What are the speakers doing this afternoon?

(A) Attending a meeting
(B) Giving a demonstration
(C) Going to a seminar
(D) Leading a training session

GO ON TO THE NEXT PAGE

Black and White Copies (Brochure)	$2/page
Color Copies (Brochure)	$4/page
Black and White Copies (Poster)	$3/page
Color Copies (Poster)	$5/page

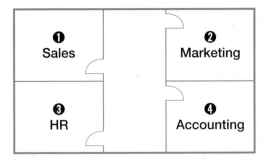

65. Why is the man in a hurry?

(A) He will hand out items at a conference tomorrow.

(B) An event has been rescheduled to start earlier.

(C) Some last-minute changes caused a big delay.

(D) His boss needs the items by the end of the day.

66. Look at the graphic. What is the basic rate the man will pay?

(A) $2 per page

(B) $3 per page

(C) $4 per page

(D) $5 per page

67. How does the woman want to get the information from the man?

(A) In person

(B) By fax

(C) By phone

(D) By e-mail

68. What is the woman looking for?

(A) A company card

(B) A presentation folder

(C) Some snack food

(D) Her clients

69. What does the man offer to do?

(A) Provide directions

(B) Make a purchase

(C) Spend his own money

(D) Pour some coffee

70. Look at the graphic. Where will the man most likely go next?

(A) Office 1

(B) Office 2

(C) Office 3

(D) Office 4

PART 4

Directions: You will hear some talks given by a single speaker. You will be asked to answer three questions about what the speaker says in each talk. Select the best response to each question and mark the letter (A), (B), (C), or (D) on your answer sheet. The talks will not be printed in your test book and will be spoken only one time.

71. Why did the speaker call Ms. Hardy?
    (A) To ask to meet her today
    (B) To postpone their conference
    (C) To invite her to a seminar
    (D) To have her e-mail him some files

72. What does the speaker say about his boss?
    (A) He asked the speaker to go on a trip.
    (B) He canceled a planned meeting.
    (C) He is currently out of the office.
    (D) He plans to accompany the speaker.

73. What does the speaker suggest about Ms. Hardy?
    (A) Her office is next to his.
    (B) She is ready to sign a contract.
    (C) Her manager wants to meet her.
    (D) He wants her to contact him.

74. What happened five years ago?
    (A) Approval was granted.
    (B) Funds were requested.
    (C) Plans were made.
    (D) A city was founded.

75. Where will the tunnel be built?
    (A) Under a river
    (B) Beneath a bay
    (C) Through a mountain
    (D) Through a hill

76. What does the speaker imply when she says, "This should no longer be the case"?
    (A) The population will stop declining.
    (B) More industries will arrive.
    (C) Unemployment will get better.
    (D) Traffic will improve.

77. What problem does the speaker mention?
    (A) Sales have declined.
    (B) Customers have complained.
    (C) Prices have increased.
    (D) Quality has gotten bad.

78. What kind of event will be held?
    (A) A sale
    (B) A free giveaway
    (C) A fundraiser
    (D) A raffle

79. When will the event end?
    (A) Tomorrow
    (B) This weekend
    (C) This month
    (D) Next month

80. Who are the listeners?
    (A) Interns
    (B) Job applicants
    (C) Researchers
    (D) Assistants

81. What does the speaker tell the listeners to do?
    (A) Take some papers with them
    (B) Fill out some forms
    (C) Respond to an e-mail
    (D) Go on a short tour

82. How can the listeners get assistance?
    (A) By contacting the speaker
    (B) By asking the speaker's helper
    (C) By consulting a manual
    (D) By looking at a Web site

GO ON TO THE NEXT PAGE

83. What industry does the speaker work in?

(A) Construction
(B) Textiles
(C) Manufacturing
(D) Travel

84. Why does the speaker say, "We're quite pleased about that"?

(A) A client approved an idea.
(B) A project will finish ahead of schedule.
(C) No accidents have occurred lately.
(D) There is still money left in the budget.

85. What does the speaker tell the listeners to do?

(A) Speak with some employees
(B) Introduce themselves to one another
(C) Look at some plans
(D) Put on some safety gear

86. Where does the announcement take place?

(A) On an airplane
(B) On a bus
(C) On a subway
(D) On a train

87. What does the speaker mean when she says, "Please have them available if they are requested"?

(A) The listeners will be asked for their passports.
(B) The listeners may have to show their tickets.
(C) The listeners might have to change seats.
(D) The listeners need to have their receipts.

88. What does the speaker say is available?

(A) Refreshments
(B) Reading material
(C) Wireless Internet
(D) Blankets and pillows

89. What is the speaker mainly discussing?

(A) Summer vacation
(B) Employee benefits
(C) Office renovations
(D) A business trip

90. What will happen tomorrow?

(A) New computers will be delivered.
(B) A list will be provided.
(C) Desks will be purchased.
(D) Employees will be hired.

91. What does the speaker tell the listeners to do?

(A) Box up the necessary equipment
(B) Clean up their workspaces
(C) Sign up for a work event
(D) Move some of their computer files

92. How has the Delmont Ski Resort changed?

(A) It has new places for skiers.
(B) It has larger rooms.
(C) It has been renovated.
(D) It has hired a new chef.

93. What special is being offered to visitors?

(A) Reduced room prices
(B) Free skiing lessons
(C) Half price on skiing equipment
(D) A complimentary daily breakfast

94. What is Montross?

(A) A nearby city
(B) A mountain
(C) A restaurant
(D) A café

Lecturer	Time	Topic
Leslie Davidson	10:00 A.M. – 11:00 A.M.	Imports and Exports
Marcus Wild	11:10 A.M. – 12:00 P.M.	International Law
Jeremy Sparks	1:00 P.M. – 1:50 P.M.	Effective Logistics
Allison Booth	2:00 P.M. – 3:20 P.M.	Computer Technology

Date	Event
June 27	Fundraiser
July 15	A Midsummer Night's Dream
July 25	Fundraiser
August 3	Romeo and Juliet
August 11	Fundraiser

95. Why did the speaker make the call?

(A) To request a brochure for a seminar
(B) To inquire about prices
(C) To confirm the time of a lecture
(D) To book tickets for a conference

96. When will the event take place?

(A) This weekend
(B) Next weekend
(C) This month
(D) Next month

97. Look at the graphic. Which lecturer does the speaker want to hear?

(A) Leslie Davidson
(B) Marcus Wild
(C) Jeremy Sparks
(D) Allison Booth

98. Who most likely are the listeners?

(A) Audience members
(B) Performers
(C) Volunteers
(D) Theater critics

99. What will the speaker give each listener?

(A) A bonus
(B) Paid vacation
(C) Free tickets
(D) A role in a play

100. Look at the graphic. When does the speech take place?

(A) June 27
(B) July 25
(C) August 3
(D) August 11

This is the end of the Listening test.

Actual Test

LC

5

LISTENING TEST

In the Listening test, you will be asked to demonstrate how well you understand spoken English. The entire Listening test will last approximately 45 minutes. There are four parts, and directions are given for each part. You must mark your answers on the separate answer sheet. Do not write your answers in your test book.

PART 1

Directions: For each question in this part, you will hear four statements about a picture in your test book. When you hear the statements, you must select the one statement that best describes what you see in the picture. Then find the number of the question on your answer sheet and mark your answer. The statements will not be printed in your test book and will be spoken only one time.

Statement (D), "The man is holding his hands together," is the best description of the picture, so you should select answer (D) and mark it on your answer sheet.

1.

2.

GO ON TO THE NEXT PAGE ➡

3.

4.

5.

6.

GO ON TO THE NEXT PAGE ➡

PART 2

Directions: You will hear a question or statement and three responses spoken in English. They will not be printed in your test book and will be spoken only one time. Select the best response to the question or statement and mark the letter (A), (B), or (C) on your answer sheet.

7. Mark your answer on your answer sheet.

8. Mark your answer on your answer sheet.

9. Mark your answer on your answer sheet.

10. Mark your answer on your answer sheet.

11. Mark your answer on your answer sheet.

12. Mark your answer on your answer sheet.

13. Mark your answer on your answer sheet.

14. Mark your answer on your answer sheet.

15. Mark your answer on your answer sheet.

16. Mark your answer on your answer sheet.

17. Mark your answer on your answer sheet.

18. Mark your answer on your answer sheet.

19. Mark your answer on your answer sheet.

20. Mark your answer on your answer sheet.

21. Mark your answer on your answer sheet.

22. Mark your answer on your answer sheet.

23. Mark your answer on your answer sheet.

24. Mark your answer on your answer sheet.

25. Mark your answer on your answer sheet.

26. Mark your answer on your answer sheet.

27. Mark your answer on your answer sheet.

28. Mark your answer on your answer sheet.

29. Mark your answer on your answer sheet.

30. Mark your answer on your answer sheet.

31. Mark your answer on your answer sheet.

PART 3

Directions: You will hear some conversations between two or more people. You will be asked to answer three questions about what the speakers say in each conversation. Select the best response to each question and mark the letter (A), (B), (C), or (D) on your answer sheet. The conversations will not be printed in your test book and will be spoken only one time.

32. Why did the man visit the store?
    (A) To get a present for his wife
    (B) To have an item repaired
    (C) To find out what is on sale
    (D) To pick up an item he ordered

33. What does the woman say about the earrings?
    (A) They are made of gold.
    (B) They are being discounted.
    (C) They are handmade.
    (D) They are her favorite style.

34. What does the man ask the woman for?
    (A) A necklace
    (B) A ring
    (C) A bracelet
    (D) A watch

35. What are the speakers mainly discussing?
    (A) The woman's work hours
    (B) An item that the man wants
    (C) The magazines the man reads
    (D) The hours of the bookstore

36. Why does the woman mention the backroom?
    (A) To tell the man she will go there
    (B) To indicate where her manager is
    (C) To say where an item might be
    (D) To point out that she just came from there

37. What is suggested about the man?
    (A) He needs to return to his workplace soon.
    (B) He wants to purchase a new bicycle.
    (C) He has never visited the store before.
    (D) He subscribes to several magazines.

38. Where does the conversation most likely take place?
    (A) At a café
    (B) At a restaurant
    (C) At a catering company
    (D) At a deli

39. Why does the woman have to leave soon?
    (A) She is late for work.
    (B) She has to complete a project.
    (C) She needs to catch a train.
    (D) She has a meeting to attend.

40. What will the man bring the woman?
    (A) A menu
    (B) A beverage
    (C) A piece of cheesecake
    (D) A napkin

41. What is the man's problem?
    (A) He received data with mistakes in it.
    (B) He forgot to print a document for the woman.
    (C) He did not make any sales this week.
    (D) He has not completed some assigned work.

42. Why does the woman say, "You should have handled that a long time ago"?
    (A) To ask for an apology
    (B) To insist on getting the budget report
    (C) To reject the man's request
    (D) To advise the man to try a different solution

43. What is suggested about the Sales Department?
    (A) Its employees have taken the day off.
    (B) It does not have any working phones now.
    (C) It is on higher floor than the man's office.
    (D) It is supervised by the woman.

GO ON TO THE NEXT PAGE

44. What are the speakers mainly discussing?

(A) The branch office in Louisville
(B) The need to conduct interviews
(C) A project that is starting soon
(D) Some newly hired employees

45. What does the man suggest doing?

(A) Having a meal together
(B) Assigning him a different project
(C) Introducing him to Henry
(D) Interviewing more people

46. What will the woman do tomorrow?

(A) Take part in an orientation session
(B) Eat lunch with a client
(C) Spend time at another office
(D) Give a tour to some visitors

47. Where most likely does the conversation take place?

(A) At a furniture store
(B) At a construction company
(C) At a home improvement store
(D) At an electronics store

48. What does the man say about products by Whitman?

(A) They are very expensive.
(B) They are not good.
(C) They do not have enough colors.
(D) They do not last long enough.

49. What is suggested about the man?

(A) He will ask the women for advice.
(B) He would like to receive a free sample.
(C) He plans to visit another store.
(D) He will make a purchase tomorrow.

50. Where does the woman work?

(A) At a clothing store
(B) At a dental clinic
(C) At a gym
(D) At a childcare facility

51. What does the man want to do?

(A) Get a second opinion
(B) Speak with another person
(C) Pay with cash
(D) Change his appointment

52. What is suggested about the Wakefield Shopping Center?

(A) It has several different floors.
(B) It is close to the woman's location.
(C) It recently opened for the day.
(D) It is having a sale at all of its stores.

53. What is the man's problem?

(A) He forgot to buy a bus pass.
(B) He cannot drive for a few days.
(C) He got lost on his way to work.
(D) He often gets caught in morning traffic.

54. What does the woman imply when she says, "Don't you live in the Silver Springs neighborhood"?

(A) She is unfamiliar with the city.
(B) She cannot drive the man to his home.
(C) She thinks she cannot help the man.
(D) She does not remember the exact location.

55. What does the woman tell the man to do?

(A) Wait outside her home in the morning
(B) Give her a call when he wants to leave
(C) Let her know what his address is
(D) Send her a reminder before work ends

56. What is the problem?

(A) A consulting company was fired.
(B) A campaign was delayed.
(C) An ad has not been finished.
(D) Sales have declined.

57. According to the woman, what has she been doing?

(A) Attending meetings
(B) Reading a report
(C) Working with a focus group
(D) Writing an ad

58. What does the woman tell the man to do?

(A) Focus harder on his assignment
(B) Speak with someone in Marketing
(C) Ask other people what they think
(D) Compile more data on sales

---

59. Where does the conversation most likely take place?

(A) At a clothing store
(B) At a grocery store
(C) At an appliance store
(D) At a stationery store

60. What does the woman want to do?

(A) Pay with a credit card
(B) Order something online
(C) Exchange some items
(D) Get a refund

61. What does Mr. Davenport indicate about Ms. Cormack?

(A) She owns the store.
(B) She has met him before.
(C) She belongs to the shoppers' club.
(D) She bought the items from him last night.

Item	Quantity	Price
Copy Paper (5,000 Sheets)	4	$12.99
Ballpoint Pens (Box of 20)	2	$10.99
Stapler	2	$5.99
Paperclips (1,000)	1	$8.99

62. When did the man make the order?

(A) Last week
(B) Two days ago
(C) Yesterday
(D) This morning

63. Look at the graphic. What is the unit price of the item the man wants more of?

(A) $5.99
(B) $8.99
(C) $10.99
(D) $12.99

64. What will Ms. Muller do?

(A) Call the store later
(B) Receive an order
(C) Submit an online payment
(D) Arrange for shipping

GO ON TO THE NEXT PAGE

June 19	June 20	June 21	June 22	June 23
		Annual Parade		

65. What does the woman say about the parade?

(A) It is being held for the first time.
(B) It will be on the weekend.
(C) It is a popular event in the city.
(D) It causes traffic to be bad.

66. Look at the graphic. When will the product demonstration be held?

(A) On June 19
(B) On June 20
(C) On June 22
(D) On June 23

67. What will the woman send the man?

(A) The names of some reporters
(B) A copy of a press release
(C) A script to proofread
(D) An advertisement for the parade

Davis Clothes
★ **Special Sale** ★

When August 15-25
What All clothes at the store
How Much 20% discount
Why End-of-summer sale

68. Look at the graphic. Which section has a mistake?

(A) When
(B) What
(C) How Much
(D) Why

69. What does the man ask the woman to do?

(A) Talk to the employees
(B) Call the newspaper
(C) Place a new advertisement
(D) Apologize to a customer

70. What does the man say about posters?

(A) They should be in color.
(B) The woman should make them by hand.
(C) They will probably be effective.
(D) The woman needs to hang them in the windows.

PART 4

Directions: You will hear some talks given by a single speaker. You will be asked to answer three questions about what the speaker says in each talk. Select the best response to each question and mark the letter (A), (B), (C), or (D) on your answer sheet. The talks will not be printed in your test book and will be spoken only one time.

71. What will happen today?
    (A) A store will have its grand opening.
    (B) Some training will take place.
    (C) Customer complaints will be solved.
    (D) A sale will be held.

72. Why are some of the listeners nervous?
    (A) They are worried about being late.
    (B) They do not like angry customers.
    (C) They have to speak in public.
    (D) They have no relevant experience.

73. What does the speaker tell the listeners to do?
    (A) Be polite to customers
    (B) Work overtime
    (C) Complete some forms
    (D) Ask their bosses for help

74. What is the problem?
    (A) Some software has a virus.
    (B) A machine has broken.
    (C) A person has not arrived.
    (D) Some parts are missing.

75. When will the demonstration begin?
    (A) In a few minutes
    (B) In an hour
    (C) Tomorrow
    (D) Next week

76. What will probably happen next?
    (A) An apology will be made.
    (B) Another person will speak.
    (C) An item will be repaired.
    (D) A lab will be opened.

77. What is suggested about the speaker?
    (A) He has met the listener in person.
    (B) He is an employee at Darwin Construction.
    (C) He will visit the listener tomorrow.
    (D) He works in the R&D Department.

78. How does the speaker change the order?
    (A) By canceling it
    (B) By ordering many different items
    (C) By having the shipping expedited
    (D) By purchasing a cheaper item

79. Why does the speaker say, "She's new here"?
    (A) To explain why a person made a mistake
    (B) To ask about introducing someone
    (C) To insist a person be given a tour
    (D) To say way some paperwork should be submitted

80. Where does the talk most likely take place?
    (A) At a bakery
    (B) At a cafeteria
    (C) At a restaurant
    (D) At a café

81. What does the speaker imply when she says, "You should give it some serious thought"?
    (A) The listeners should come back later.
    (B) The pork chop tastes good.
    (C) There are no seats available.
    (D) The dessert is recommended.

82. What does the speaker tell the listeners to do?
    (A) Look at the menu
    (B) Pay a bill
    (C) Make their orders
    (D) Change tables

GO ON TO THE NEXT PAGE

83. According to the speaker, what happened at last month's meeting?

(A) Sales data was discussed.
(B) An idea was suggested.
(C) A new product was introduced.
(D) Some promotions were announced.

84. What does the speaker say about complaints about customer service?

(A) They have been reduced recently.
(B) They are making sales decline.
(C) They have increased by 45%.
(D) They no longer occur.

85. What is suggested about Henry?

(A) He is the departmental manager.
(B) He works in the Marketing Department.
(C) He is a new employee.
(D) He is attending the meeting.

86. Why does the speaker apologize?

(A) He lost track of time.
(B) He missed his flight.
(C) He made a mistake.
(D) He arrived late.

87. Who most likely is the speaker?

(A) A curator
(B) A sculptor
(C) A painter
(D) A designer

88. What will the speaker do later?

(A) Sell some products
(B) Lead a tour
(C) Give a demonstration
(D) Sign autographs

89. What is the purpose of the message?

(A) To provide an e-mail address
(B) To give some instructions
(C) To ask the listener to call again
(D) To reschedule an appointment

90. Where is Greg Anderson?

(A) On vacation
(B) Out of the country
(C) At a doctor's appointment
(D) At a relative's home

91. What does the speaker suggest about Ruth Duncan?

(A) She is his colleague.
(B) She is an intern.
(C) She is at a factory.
(D) She handles his personal business.

92. What does the speaker say about Leslie Haynes?

(A) She resigned her position.
(B) She is currently sick.
(C) She will give a report soon.
(D) She will attend the parade.

93. What will the weather be like on the day of the parade?

(A) It will be cloudy.
(B) It will be sunny.
(C) It will be rainy.
(D) It will be windy.

94. What does the speaker mean when he says, "That's all for now"?

(A) A commercial will come on next.
(B) Some music will be played.
(C) His report is done.
(D) The news broadcast is going to end.

Speaker	Topic	Time
Glenn Harper	Business Regulations	1:00 – 1:50 P.M.
Tanya Radcliffe	Role-Playing Activities	2:00 – 2:50 P.M.
Maria Wills	International Laws	3:00 – 3:50 P.M.
Jessica Dane	Q&A Session	4:00 – 4:50 P.M.
Teresa Jone	Team-Building Activities	5:00 – 5:50 P.M.

Mr. Martindale's Afternoon Deliveries

Customer	Address
Henry Voss	584 Cloverdale Lane
Judith Smith	90 Anderson Drive
Karen Winkler	291 State Street
Peter Duncan	73 Washington Avenue

95. Look at the graphic. Who is the speaker?

(A) Tanya Radcliffe
(B) Maria Willa
(C) Jessica Dane
(D) Teresa Jones

96. What will the listeners do during the session?

(A) Read from a book
(B) Give feedback to one another
(C) Make oral presentations
(D) Watch a short video

97. What does the speaker tell the listeners to do?

(A) Take good notes
(B) Fill out some documents
(C) Introduce themselves
(D) Get into groups

98. Look at the graphic. Where is the speaker now?

(A) 584 Cloverdale Lane
(B) 90 Anderson Drive
(C) 291 State Street
(D) 73 Washington Avenue

99. How did the speaker try to contact the customer?

(A) By phone
(B) By text message
(C) By fax
(D) By e-mail

100. What does the speaker request?

(A) A receipt
(B) A cash payment
(C) Help with installation
(D) Verbal instructions

This is the end of the Listening test.

ANSWER SHEET

TOEIC 실전 테스트

확 인

수험번호

성 명 한글 / 한자

LISTENING COMPREHENSION (Part 1-4)

No.	ANSWER	No.	ANSWER	No.	ANSWER	No.	ANSWER	No.	ANSWER
1	Ⓐ Ⓑ Ⓒ Ⓓ	21	Ⓐ Ⓑ Ⓒ	41	Ⓐ Ⓑ Ⓒ Ⓓ	61	Ⓐ Ⓑ Ⓒ Ⓓ	81	Ⓐ Ⓑ Ⓒ Ⓓ
2	Ⓐ Ⓑ Ⓒ Ⓓ	22	Ⓐ Ⓑ Ⓒ	42	Ⓐ Ⓑ Ⓒ Ⓓ	62	Ⓐ Ⓑ Ⓒ Ⓓ	82	Ⓐ Ⓑ Ⓒ Ⓓ
3	Ⓐ Ⓑ Ⓒ Ⓓ	23	Ⓐ Ⓑ Ⓒ	43	Ⓐ Ⓑ Ⓒ Ⓓ	63	Ⓐ Ⓑ Ⓒ Ⓓ	83	Ⓐ Ⓑ Ⓒ Ⓓ
4	Ⓐ Ⓑ Ⓒ Ⓓ	24	Ⓐ Ⓑ Ⓒ	44	Ⓐ Ⓑ Ⓒ Ⓓ	64	Ⓐ Ⓑ Ⓒ Ⓓ	84	Ⓐ Ⓑ Ⓒ Ⓓ
5	Ⓐ Ⓑ Ⓒ Ⓓ	25	Ⓐ Ⓑ Ⓒ	45	Ⓐ Ⓑ Ⓒ Ⓓ	65	Ⓐ Ⓑ Ⓒ Ⓓ	85	Ⓐ Ⓑ Ⓒ Ⓓ
6	Ⓐ Ⓑ Ⓒ Ⓓ	26	Ⓐ Ⓑ Ⓒ	46	Ⓐ Ⓑ Ⓒ Ⓓ	66	Ⓐ Ⓑ Ⓒ Ⓓ	86	Ⓐ Ⓑ Ⓒ Ⓓ
7	Ⓐ Ⓑ Ⓒ Ⓓ	27	Ⓐ Ⓑ Ⓒ	47	Ⓐ Ⓑ Ⓒ Ⓓ	67	Ⓐ Ⓑ Ⓒ Ⓓ	87	Ⓐ Ⓑ Ⓒ Ⓓ
8	Ⓐ Ⓑ Ⓒ Ⓓ	28	Ⓐ Ⓑ Ⓒ	48	Ⓐ Ⓑ Ⓒ Ⓓ	68	Ⓐ Ⓑ Ⓒ Ⓓ	88	Ⓐ Ⓑ Ⓒ Ⓓ
9	Ⓐ Ⓑ Ⓒ Ⓓ	29	Ⓐ Ⓑ Ⓒ	49	Ⓐ Ⓑ Ⓒ Ⓓ	69	Ⓐ Ⓑ Ⓒ Ⓓ	89	Ⓐ Ⓑ Ⓒ Ⓓ
10	Ⓐ Ⓑ Ⓒ Ⓓ	30	Ⓐ Ⓑ Ⓒ	50	Ⓐ Ⓑ Ⓒ Ⓓ	70	Ⓐ Ⓑ Ⓒ Ⓓ	90	Ⓐ Ⓑ Ⓒ Ⓓ
11	Ⓐ Ⓑ Ⓒ Ⓓ	31	Ⓐ Ⓑ Ⓒ	51	Ⓐ Ⓑ Ⓒ Ⓓ	71	Ⓐ Ⓑ Ⓒ Ⓓ	91	Ⓐ Ⓑ Ⓒ Ⓓ
12	Ⓐ Ⓑ Ⓒ Ⓓ	32	Ⓐ Ⓑ Ⓒ	52	Ⓐ Ⓑ Ⓒ Ⓓ	72	Ⓐ Ⓑ Ⓒ Ⓓ	92	Ⓐ Ⓑ Ⓒ Ⓓ
13	Ⓐ Ⓑ Ⓒ Ⓓ	33	Ⓐ Ⓑ Ⓒ	53	Ⓐ Ⓑ Ⓒ Ⓓ	73	Ⓐ Ⓑ Ⓒ Ⓓ	93	Ⓐ Ⓑ Ⓒ Ⓓ
14	Ⓐ Ⓑ Ⓒ Ⓓ	34	Ⓐ Ⓑ Ⓒ	54	Ⓐ Ⓑ Ⓒ Ⓓ	74	Ⓐ Ⓑ Ⓒ Ⓓ	94	Ⓐ Ⓑ Ⓒ Ⓓ
15	Ⓐ Ⓑ Ⓒ Ⓓ	35	Ⓐ Ⓑ Ⓒ	55	Ⓐ Ⓑ Ⓒ Ⓓ	75	Ⓐ Ⓑ Ⓒ Ⓓ	95	Ⓐ Ⓑ Ⓒ Ⓓ
16	Ⓐ Ⓑ Ⓒ Ⓓ	36	Ⓐ Ⓑ Ⓒ	56	Ⓐ Ⓑ Ⓒ Ⓓ	76	Ⓐ Ⓑ Ⓒ Ⓓ	96	Ⓐ Ⓑ Ⓒ Ⓓ
17	Ⓐ Ⓑ Ⓒ Ⓓ	37	Ⓐ Ⓑ Ⓒ	57	Ⓐ Ⓑ Ⓒ Ⓓ	77	Ⓐ Ⓑ Ⓒ Ⓓ	97	Ⓐ Ⓑ Ⓒ Ⓓ
18	Ⓐ Ⓑ Ⓒ Ⓓ	38	Ⓐ Ⓑ Ⓒ	58	Ⓐ Ⓑ Ⓒ Ⓓ	78	Ⓐ Ⓑ Ⓒ Ⓓ	98	Ⓐ Ⓑ Ⓒ Ⓓ
19	Ⓐ Ⓑ Ⓒ Ⓓ	39	Ⓐ Ⓑ Ⓒ	59	Ⓐ Ⓑ Ⓒ Ⓓ	79	Ⓐ Ⓑ Ⓒ Ⓓ	99	Ⓐ Ⓑ Ⓒ Ⓓ
20	Ⓐ Ⓑ Ⓒ Ⓓ	40	Ⓐ Ⓑ Ⓒ	60	Ⓐ Ⓑ Ⓒ Ⓓ	80	Ⓐ Ⓑ Ⓒ Ⓓ	100	Ⓐ Ⓑ Ⓒ Ⓓ

READING COMPREHENSION (Part 5-7)

No.	ANSWER	No.	ANSWER	No.	ANSWER	No.	ANSWER	No.	ANSWER
101	Ⓐ Ⓑ Ⓒ Ⓓ	121	Ⓐ Ⓑ Ⓒ Ⓓ	141	Ⓐ Ⓑ Ⓒ Ⓓ	161	Ⓐ Ⓑ Ⓒ Ⓓ	181	Ⓐ Ⓑ Ⓒ Ⓓ
102	Ⓐ Ⓑ Ⓒ Ⓓ	122	Ⓐ Ⓑ Ⓒ Ⓓ	142	Ⓐ Ⓑ Ⓒ Ⓓ	162	Ⓐ Ⓑ Ⓒ Ⓓ	182	Ⓐ Ⓑ Ⓒ Ⓓ
103	Ⓐ Ⓑ Ⓒ Ⓓ	123	Ⓐ Ⓑ Ⓒ Ⓓ	143	Ⓐ Ⓑ Ⓒ Ⓓ	163	Ⓐ Ⓑ Ⓒ Ⓓ	183	Ⓐ Ⓑ Ⓒ Ⓓ
104	Ⓐ Ⓑ Ⓒ Ⓓ	124	Ⓐ Ⓑ Ⓒ Ⓓ	144	Ⓐ Ⓑ Ⓒ Ⓓ	164	Ⓐ Ⓑ Ⓒ Ⓓ	184	Ⓐ Ⓑ Ⓒ Ⓓ
105	Ⓐ Ⓑ Ⓒ Ⓓ	125	Ⓐ Ⓑ Ⓒ Ⓓ	145	Ⓐ Ⓑ Ⓒ Ⓓ	165	Ⓐ Ⓑ Ⓒ Ⓓ	185	Ⓐ Ⓑ Ⓒ Ⓓ
106	Ⓐ Ⓑ Ⓒ Ⓓ	126	Ⓐ Ⓑ Ⓒ Ⓓ	146	Ⓐ Ⓑ Ⓒ Ⓓ	166	Ⓐ Ⓑ Ⓒ Ⓓ	186	Ⓐ Ⓑ Ⓒ Ⓓ
107	Ⓐ Ⓑ Ⓒ Ⓓ	127	Ⓐ Ⓑ Ⓒ Ⓓ	147	Ⓐ Ⓑ Ⓒ Ⓓ	167	Ⓐ Ⓑ Ⓒ Ⓓ	187	Ⓐ Ⓑ Ⓒ Ⓓ
108	Ⓐ Ⓑ Ⓒ Ⓓ	128	Ⓐ Ⓑ Ⓒ Ⓓ	148	Ⓐ Ⓑ Ⓒ Ⓓ	168	Ⓐ Ⓑ Ⓒ Ⓓ	188	Ⓐ Ⓑ Ⓒ Ⓓ
109	Ⓐ Ⓑ Ⓒ Ⓓ	129	Ⓐ Ⓑ Ⓒ Ⓓ	149	Ⓐ Ⓑ Ⓒ Ⓓ	169	Ⓐ Ⓑ Ⓒ Ⓓ	189	Ⓐ Ⓑ Ⓒ Ⓓ
110	Ⓐ Ⓑ Ⓒ Ⓓ	130	Ⓐ Ⓑ Ⓒ Ⓓ	150	Ⓐ Ⓑ Ⓒ Ⓓ	170	Ⓐ Ⓑ Ⓒ Ⓓ	190	Ⓐ Ⓑ Ⓒ Ⓓ
111	Ⓐ Ⓑ Ⓒ Ⓓ	131	Ⓐ Ⓑ Ⓒ Ⓓ	151	Ⓐ Ⓑ Ⓒ Ⓓ	171	Ⓐ Ⓑ Ⓒ Ⓓ	191	Ⓐ Ⓑ Ⓒ Ⓓ
112	Ⓐ Ⓑ Ⓒ Ⓓ	132	Ⓐ Ⓑ Ⓒ Ⓓ	152	Ⓐ Ⓑ Ⓒ Ⓓ	172	Ⓐ Ⓑ Ⓒ Ⓓ	192	Ⓐ Ⓑ Ⓒ Ⓓ
113	Ⓐ Ⓑ Ⓒ Ⓓ	133	Ⓐ Ⓑ Ⓒ Ⓓ	153	Ⓐ Ⓑ Ⓒ Ⓓ	173	Ⓐ Ⓑ Ⓒ Ⓓ	193	Ⓐ Ⓑ Ⓒ Ⓓ
114	Ⓐ Ⓑ Ⓒ Ⓓ	134	Ⓐ Ⓑ Ⓒ Ⓓ	154	Ⓐ Ⓑ Ⓒ Ⓓ	174	Ⓐ Ⓑ Ⓒ Ⓓ	194	Ⓐ Ⓑ Ⓒ Ⓓ
115	Ⓐ Ⓑ Ⓒ Ⓓ	135	Ⓐ Ⓑ Ⓒ Ⓓ	155	Ⓐ Ⓑ Ⓒ Ⓓ	175	Ⓐ Ⓑ Ⓒ Ⓓ	195	Ⓐ Ⓑ Ⓒ Ⓓ
116	Ⓐ Ⓑ Ⓒ Ⓓ	136	Ⓐ Ⓑ Ⓒ Ⓓ	156	Ⓐ Ⓑ Ⓒ Ⓓ	176	Ⓐ Ⓑ Ⓒ Ⓓ	196	Ⓐ Ⓑ Ⓒ Ⓓ
117	Ⓐ Ⓑ Ⓒ Ⓓ	137	Ⓐ Ⓑ Ⓒ Ⓓ	157	Ⓐ Ⓑ Ⓒ Ⓓ	177	Ⓐ Ⓑ Ⓒ Ⓓ	197	Ⓐ Ⓑ Ⓒ Ⓓ
118	Ⓐ Ⓑ Ⓒ Ⓓ	138	Ⓐ Ⓑ Ⓒ Ⓓ	158	Ⓐ Ⓑ Ⓒ Ⓓ	178	Ⓐ Ⓑ Ⓒ Ⓓ	198	Ⓐ Ⓑ Ⓒ Ⓓ
119	Ⓐ Ⓑ Ⓒ Ⓓ	139	Ⓐ Ⓑ Ⓒ Ⓓ	159	Ⓐ Ⓑ Ⓒ Ⓓ	179	Ⓐ Ⓑ Ⓒ Ⓓ	199	Ⓐ Ⓑ Ⓒ Ⓓ
120	Ⓐ Ⓑ Ⓒ Ⓓ	140	Ⓐ Ⓑ Ⓒ Ⓓ	160	Ⓐ Ⓑ Ⓒ Ⓓ	180	Ⓐ Ⓑ Ⓒ Ⓓ	200	Ⓐ Ⓑ Ⓒ Ⓓ

ANSWER SHEET

TOEIC 실전 테스트

수험번호
성 명 한글
한자

확 인

LISTENING COMPREHENSION (Part 1-4)

No.	ANSWER	No.	ANSWER	No.	ANSWER	No.	ANSWER	No.	ANSWER
1	Ⓐ Ⓑ Ⓒ Ⓓ	21	Ⓐ Ⓑ Ⓒ Ⓓ	41	Ⓐ Ⓑ Ⓒ Ⓓ	61	Ⓐ Ⓑ Ⓒ Ⓓ	81	Ⓐ Ⓑ Ⓒ Ⓓ
2	Ⓐ Ⓑ Ⓒ Ⓓ	22	Ⓐ Ⓑ Ⓒ Ⓓ	42	Ⓐ Ⓑ Ⓒ Ⓓ	62	Ⓐ Ⓑ Ⓒ Ⓓ	82	Ⓐ Ⓑ Ⓒ Ⓓ
3	Ⓐ Ⓑ Ⓒ Ⓓ	23	Ⓐ Ⓑ Ⓒ Ⓓ	43	Ⓐ Ⓑ Ⓒ Ⓓ	63	Ⓐ Ⓑ Ⓒ Ⓓ	83	Ⓐ Ⓑ Ⓒ Ⓓ
4	Ⓐ Ⓑ Ⓒ Ⓓ	24	Ⓐ Ⓑ Ⓒ Ⓓ	44	Ⓐ Ⓑ Ⓒ Ⓓ	64	Ⓐ Ⓑ Ⓒ Ⓓ	84	Ⓐ Ⓑ Ⓒ Ⓓ
5	Ⓐ Ⓑ Ⓒ Ⓓ	25	Ⓐ Ⓑ Ⓒ Ⓓ	45	Ⓐ Ⓑ Ⓒ Ⓓ	65	Ⓐ Ⓑ Ⓒ Ⓓ	85	Ⓐ Ⓑ Ⓒ Ⓓ
6	Ⓐ Ⓑ Ⓒ Ⓓ	26	Ⓐ Ⓑ Ⓒ Ⓓ	46	Ⓐ Ⓑ Ⓒ Ⓓ	66	Ⓐ Ⓑ Ⓒ Ⓓ	86	Ⓐ Ⓑ Ⓒ Ⓓ
7	Ⓐ Ⓑ Ⓒ Ⓓ	27	Ⓐ Ⓑ Ⓒ Ⓓ	47	Ⓐ Ⓑ Ⓒ Ⓓ	67	Ⓐ Ⓑ Ⓒ Ⓓ	87	Ⓐ Ⓑ Ⓒ Ⓓ
8	Ⓐ Ⓑ Ⓒ Ⓓ	28	Ⓐ Ⓑ Ⓒ Ⓓ	48	Ⓐ Ⓑ Ⓒ Ⓓ	68	Ⓐ Ⓑ Ⓒ Ⓓ	88	Ⓐ Ⓑ Ⓒ Ⓓ
9	Ⓐ Ⓑ Ⓒ Ⓓ	29	Ⓐ Ⓑ Ⓒ Ⓓ	49	Ⓐ Ⓑ Ⓒ Ⓓ	69	Ⓐ Ⓑ Ⓒ Ⓓ	89	Ⓐ Ⓑ Ⓒ Ⓓ
10	Ⓐ Ⓑ Ⓒ Ⓓ	30	Ⓐ Ⓑ Ⓒ Ⓓ	50	Ⓐ Ⓑ Ⓒ Ⓓ	70	Ⓐ Ⓑ Ⓒ Ⓓ	90	Ⓐ Ⓑ Ⓒ Ⓓ
11	Ⓐ Ⓑ Ⓒ Ⓓ	31	Ⓐ Ⓑ Ⓒ Ⓓ	51	Ⓐ Ⓑ Ⓒ Ⓓ	71	Ⓐ Ⓑ Ⓒ Ⓓ	91	Ⓐ Ⓑ Ⓒ Ⓓ
12	Ⓐ Ⓑ Ⓒ Ⓓ	32	Ⓐ Ⓑ Ⓒ Ⓓ	52	Ⓐ Ⓑ Ⓒ Ⓓ	72	Ⓐ Ⓑ Ⓒ Ⓓ	92	Ⓐ Ⓑ Ⓒ Ⓓ
13	Ⓐ Ⓑ Ⓒ Ⓓ	33	Ⓐ Ⓑ Ⓒ Ⓓ	53	Ⓐ Ⓑ Ⓒ Ⓓ	73	Ⓐ Ⓑ Ⓒ Ⓓ	93	Ⓐ Ⓑ Ⓒ Ⓓ
14	Ⓐ Ⓑ Ⓒ Ⓓ	34	Ⓐ Ⓑ Ⓒ Ⓓ	54	Ⓐ Ⓑ Ⓒ Ⓓ	74	Ⓐ Ⓑ Ⓒ Ⓓ	94	Ⓐ Ⓑ Ⓒ Ⓓ
15	Ⓐ Ⓑ Ⓒ Ⓓ	35	Ⓐ Ⓑ Ⓒ Ⓓ	55	Ⓐ Ⓑ Ⓒ Ⓓ	75	Ⓐ Ⓑ Ⓒ Ⓓ	95	Ⓐ Ⓑ Ⓒ Ⓓ
16	Ⓐ Ⓑ Ⓒ Ⓓ	36	Ⓐ Ⓑ Ⓒ Ⓓ	56	Ⓐ Ⓑ Ⓒ Ⓓ	76	Ⓐ Ⓑ Ⓒ Ⓓ	96	Ⓐ Ⓑ Ⓒ Ⓓ
17	Ⓐ Ⓑ Ⓒ Ⓓ	37	Ⓐ Ⓑ Ⓒ Ⓓ	57	Ⓐ Ⓑ Ⓒ Ⓓ	77	Ⓐ Ⓑ Ⓒ Ⓓ	97	Ⓐ Ⓑ Ⓒ Ⓓ
18	Ⓐ Ⓑ Ⓒ Ⓓ	38	Ⓐ Ⓑ Ⓒ Ⓓ	58	Ⓐ Ⓑ Ⓒ Ⓓ	78	Ⓐ Ⓑ Ⓒ Ⓓ	98	Ⓐ Ⓑ Ⓒ Ⓓ
19	Ⓐ Ⓑ Ⓒ Ⓓ	39	Ⓐ Ⓑ Ⓒ Ⓓ	59	Ⓐ Ⓑ Ⓒ Ⓓ	79	Ⓐ Ⓑ Ⓒ Ⓓ	99	Ⓐ Ⓑ Ⓒ Ⓓ
20	Ⓐ Ⓑ Ⓒ Ⓓ	40	Ⓐ Ⓑ Ⓒ Ⓓ	60	Ⓐ Ⓑ Ⓒ Ⓓ	80	Ⓐ Ⓑ Ⓒ Ⓓ	100	Ⓐ Ⓑ Ⓒ Ⓓ

READING COMPREHENSION (Part 5-7)

No.	ANSWER	No.	ANSWER	No.	ANSWER	No.	ANSWER	No.	ANSWER
101	Ⓐ Ⓑ Ⓒ Ⓓ	121	Ⓐ Ⓑ Ⓒ Ⓓ	141	Ⓐ Ⓑ Ⓒ Ⓓ	161	Ⓐ Ⓑ Ⓒ Ⓓ	181	Ⓐ Ⓑ Ⓒ Ⓓ
102	Ⓐ Ⓑ Ⓒ Ⓓ	122	Ⓐ Ⓑ Ⓒ Ⓓ	142	Ⓐ Ⓑ Ⓒ Ⓓ	162	Ⓐ Ⓑ Ⓒ Ⓓ	182	Ⓐ Ⓑ Ⓒ Ⓓ
103	Ⓐ Ⓑ Ⓒ Ⓓ	123	Ⓐ Ⓑ Ⓒ Ⓓ	143	Ⓐ Ⓑ Ⓒ Ⓓ	163	Ⓐ Ⓑ Ⓒ Ⓓ	183	Ⓐ Ⓑ Ⓒ Ⓓ
104	Ⓐ Ⓑ Ⓒ Ⓓ	124	Ⓐ Ⓑ Ⓒ Ⓓ	144	Ⓐ Ⓑ Ⓒ Ⓓ	164	Ⓐ Ⓑ Ⓒ Ⓓ	184	Ⓐ Ⓑ Ⓒ Ⓓ
105	Ⓐ Ⓑ Ⓒ Ⓓ	125	Ⓐ Ⓑ Ⓒ Ⓓ	145	Ⓐ Ⓑ Ⓒ Ⓓ	165	Ⓐ Ⓑ Ⓒ Ⓓ	185	Ⓐ Ⓑ Ⓒ Ⓓ
106	Ⓐ Ⓑ Ⓒ Ⓓ	126	Ⓐ Ⓑ Ⓒ Ⓓ	146	Ⓐ Ⓑ Ⓒ Ⓓ	166	Ⓐ Ⓑ Ⓒ Ⓓ	186	Ⓐ Ⓑ Ⓒ Ⓓ
107	Ⓐ Ⓑ Ⓒ Ⓓ	127	Ⓐ Ⓑ Ⓒ Ⓓ	147	Ⓐ Ⓑ Ⓒ Ⓓ	167	Ⓐ Ⓑ Ⓒ Ⓓ	187	Ⓐ Ⓑ Ⓒ Ⓓ
108	Ⓐ Ⓑ Ⓒ Ⓓ	128	Ⓐ Ⓑ Ⓒ Ⓓ	148	Ⓐ Ⓑ Ⓒ Ⓓ	168	Ⓐ Ⓑ Ⓒ Ⓓ	188	Ⓐ Ⓑ Ⓒ Ⓓ
109	Ⓐ Ⓑ Ⓒ Ⓓ	129	Ⓐ Ⓑ Ⓒ Ⓓ	149	Ⓐ Ⓑ Ⓒ Ⓓ	169	Ⓐ Ⓑ Ⓒ Ⓓ	189	Ⓐ Ⓑ Ⓒ Ⓓ
110	Ⓐ Ⓑ Ⓒ Ⓓ	130	Ⓐ Ⓑ Ⓒ Ⓓ	150	Ⓐ Ⓑ Ⓒ Ⓓ	170	Ⓐ Ⓑ Ⓒ Ⓓ	190	Ⓐ Ⓑ Ⓒ Ⓓ
111	Ⓐ Ⓑ Ⓒ Ⓓ	131	Ⓐ Ⓑ Ⓒ Ⓓ	151	Ⓐ Ⓑ Ⓒ Ⓓ	171	Ⓐ Ⓑ Ⓒ Ⓓ	191	Ⓐ Ⓑ Ⓒ Ⓓ
112	Ⓐ Ⓑ Ⓒ Ⓓ	132	Ⓐ Ⓑ Ⓒ Ⓓ	152	Ⓐ Ⓑ Ⓒ Ⓓ	172	Ⓐ Ⓑ Ⓒ Ⓓ	192	Ⓐ Ⓑ Ⓒ Ⓓ
113	Ⓐ Ⓑ Ⓒ Ⓓ	133	Ⓐ Ⓑ Ⓒ Ⓓ	153	Ⓐ Ⓑ Ⓒ Ⓓ	173	Ⓐ Ⓑ Ⓒ Ⓓ	193	Ⓐ Ⓑ Ⓒ Ⓓ
114	Ⓐ Ⓑ Ⓒ Ⓓ	134	Ⓐ Ⓑ Ⓒ Ⓓ	154	Ⓐ Ⓑ Ⓒ Ⓓ	174	Ⓐ Ⓑ Ⓒ Ⓓ	194	Ⓐ Ⓑ Ⓒ Ⓓ
115	Ⓐ Ⓑ Ⓒ Ⓓ	135	Ⓐ Ⓑ Ⓒ Ⓓ	155	Ⓐ Ⓑ Ⓒ Ⓓ	175	Ⓐ Ⓑ Ⓒ Ⓓ	195	Ⓐ Ⓑ Ⓒ Ⓓ
116	Ⓐ Ⓑ Ⓒ Ⓓ	136	Ⓐ Ⓑ Ⓒ Ⓓ	156	Ⓐ Ⓑ Ⓒ Ⓓ	176	Ⓐ Ⓑ Ⓒ Ⓓ	196	Ⓐ Ⓑ Ⓒ Ⓓ
117	Ⓐ Ⓑ Ⓒ Ⓓ	137	Ⓐ Ⓑ Ⓒ Ⓓ	157	Ⓐ Ⓑ Ⓒ Ⓓ	177	Ⓐ Ⓑ Ⓒ Ⓓ	197	Ⓐ Ⓑ Ⓒ Ⓓ
118	Ⓐ Ⓑ Ⓒ Ⓓ	138	Ⓐ Ⓑ Ⓒ Ⓓ	158	Ⓐ Ⓑ Ⓒ Ⓓ	178	Ⓐ Ⓑ Ⓒ Ⓓ	198	Ⓐ Ⓑ Ⓒ Ⓓ
119	Ⓐ Ⓑ Ⓒ Ⓓ	139	Ⓐ Ⓑ Ⓒ Ⓓ	159	Ⓐ Ⓑ Ⓒ Ⓓ	179	Ⓐ Ⓑ Ⓒ Ⓓ	199	Ⓐ Ⓑ Ⓒ Ⓓ
120	Ⓐ Ⓑ Ⓒ Ⓓ	140	Ⓐ Ⓑ Ⓒ Ⓓ	160	Ⓐ Ⓑ Ⓒ Ⓓ	180	Ⓐ Ⓑ Ⓒ Ⓓ	200	Ⓐ Ⓑ Ⓒ Ⓓ

500
문제로 끝내는 실전 토익 LC

실전 토익

실전 토익

LC

Michael A. Putlack | Stephen Poirier |
Tony Covello | 다락원 토익 연구소 공저

토익의 최신 경향을 반영한
LC 실전 모의고사 5회분

실제와 **똑같은 난이도**의
대화 및 담화와 문제

꼭 필요한 설명만으로 이루어진
간결하고 명쾌한 해설

해설집

다락원

500

문제로 끝내는 실전 토익

Michael A. Putlack | Stephen Poirier |
Tony Covello | 다락원 토익 연구소 공저

해설집

LC

다락원

Actual Test 1

PART 1

1.

(A) Clothes are being tried on in the dressing room.
(B) The woman is sewing some clothing.
(C) There are clothes hanging on a rack.
(D) She is speaking to someone in person.

(A) 드레스룸에서 옷이 착용되고 있다.
(B) 여자가 옷에 바느질을 하고 있다.
(C) 옷걸이에 옷이 걸려 있다.
(D) 그녀는 누군가와 얼굴을 맞대고 이야기를 하고 있다.

사진 오른쪽에서 볼 수 있는 옷걸이에 대해 묘사한 (C)가 정답이다. 사진 속 여자는 전화 통화를 하고 있으므로 여자가 옷을 입고 있다고 한 (A)나 바느질을 하고 있다고 한 (B)는 정답이 될 수 없다. (D)의 in person은 '직접', '몸소'라는 뜻이므로 전화 통화를 하는 상황과는 어울리지 않는 표현이다.

어휘 try on (옷 등을) 입어보다 dressing room 드레스룸 sew 바느질하다 rack 옷걸이 in person 직접, 몸소

2.

(A) The woman is standing behind the counter.
(B) The woman is giving the man his hotel key.
(C) The man is checking his luggage.
(D) The man is completing a registration form.

(A) 여자는 카운터 뒤편에 서 있다.
(B) 여자가 남자에게 호텔 키를 주고 있다.
(C) 남자가 자신의 짐을 확인하고 있다.
(D) 남자는 신청서를 작성하고 있다.

여자가 서 있는 위치를 올바르게 묘사한 (A)가 정답이다. 사진 속 인물들이 키를 주고받거나 신청서를 작성하고 있지는 않으므로 (B)와 (D)는 정답이 될 수 없다. (C)의 경우, cheking을 checking in(짐을 부치다, 짐을 맡기다)으로 잘못 들으면 이를 정답으로 고르는 실수를 할 수 있다.

어휘 check 확인하다, 점검하다 complete 완성하다 registration form 신청서

3.

(A) The traffic light has just changed.
(B) Some people are crossing the street.
(C) Everyone is moving in the same direction.
(D) Cars are moving through the crosswalk.

(A) 신호등이 바뀌었다.
(B) 사람들이 길을 건너고 있다.
(C) 모든 사람들이 같은 방향으로 움직이고 있다.
(D) 자동차가 횡단보도를 지나가고 있다.

신호등이 바뀌었는지의 여부는 사진만으로 확인이 불가능하므로 (A)는 정답이 아니다. 멀리 보이는 사람들은 서로 다른 방향으로 걷고 있고, 오른쪽에 보이는 차량은 정차 중이기 때문에 (D)와 (C) 역시 오답이다. 정답은 횡단보도를 건너고 있는 사람들을 적절히 묘사한 (B)이다.

어휘 traffic light 교통 신호등 cross 건너다, 가로지르다 crosswalk 횡단보도

4.

(A) Traffic is heavy going both ways.
(B) Someone is asking for directions.
(C) The cars are facing the same direction.
(D) The trees have all lost their leaves.

(A) 양쪽 도로에 교통량이 많다.
(B) 누군가 길을 묻고 있다.
(C) 차들이 같은 방향을 향하고 있다.
(D) 나무들의 잎이 모두 떨어져 있다.

차들이 한 방향으로 주차되어 있는 모습을 설명한 (C)가 정답이다. 사람의 모습은 찾아볼 수 없기 때문에 (B)는 정답이 될 수 없고, (A)와 (D)는 모두 사진 속 상황과 관련이 없는 진술을 하고 있다.

어휘 traffic 교통, 교통량 ask for directions 길을 묻다 face 얼굴; 향하다

5.

(A) She is sowing the ground with seeds.
(B) She is tying her shoes in a knot.
(C) She is using her sewing machine.
(D) She is sitting in an armchair.

2

(A) 그녀는 땅에 씨앗을 심고 있다.
(B) 그녀는 신발끈을 묶고 있다.
(C) 그녀는 재봉틀을 사용하고 있다.
(D) 그녀는 팔걸이의자에 앉아 있다.

사진 속 여자는 의자에 앉아 뜨개질을 하고 있다. (A)는 sew(바느질하다)와 형태 및 발음이 비슷한 sow(씨를 뿌리다)를 이용한 함정이며, (B)는 knit(니트)와 형태 및 발음이 비슷한 knot(매듭)를 이용한 함정이다. 재봉틀은 보이지 않으므로 (C) 역시 오답이다. 정답은 여자의 앉아 있는 모습을 설명한 (D)이다.

어휘 sow (씨를) 뿌리다 seed 씨, 씨앗 tie 묶다 knot 매듭 sewing machine 재봉틀

6.

(A) Material is being checked out from the library.
(B) Books are being read by the students.
(C) The people are standing face to face.
(D) They are booking seats for an event.

(A) 도서관에서 자료가 대출되고 있다.
(B) 학생들에 의해 책이 읽히고 있다.
(C) 사람들이 얼굴을 마주보고 서 있다.
(D) 그들은 행사의 좌석을 예약하고 있다.

두 사람이 책을 읽고 있는 모습을 묘사한 (B)가 정답이다. 서가로만 이루어진 곳에서 책이 대출될 수는 없으므로 (A)는 오답이고, 사진 속 두 사람은 등을 지고 있으므로 (C)는 사진과 반대되는 진술이다. (D)의 book은 '책'이 아니라 '예약하다'라는 뜻의 동사로 사용되었다.

어휘 material 재료, 자료 check out (책을) 대출하다 face to face 얼굴을 맞대고 book 책; 예약하다

PART 2

7.

Who do you prefer to promote?
(A) The promotion was a success.
(B) I prefer that new shampoo.
(C) Helen is doing great work.

누가 승진하기를 바라나요?
(A) 프로모션은 성공적이었어요.
(B) 저는 새로 나온 저 샴푸가 좋아요.
(C) Helen이 일을 잘하고 있어요.

의문사 who에 유의하면 정답은 Helen이라는 사람을 지목한 (C)임을 쉽게 알 수 있다. (A)의 promotion은 '판촉 행사'라는 의미이다.

어휘 prefer 선호하다 promote 승진하다 promotion 승진; 판촉 행사

8.

It would be better to follow Mr. Henderson's advice.
(A) Nobody is following her.
(B) Why do you think so?
(C) I advised her to wait.

Henderson 씨의 조언을 따르는 것이 좋겠어요.
(A) 아무도 그녀를 따라가고 있지 않아요.
(B) 왜 그렇게 생각하나요?
(C) 저는 그녀에게 기다리라고 충고했어요.

Henderson 씨의 조언에 따르자는 견해를 나타내고 있으므로 그 이유를 물

은 (B)가 가장 자연스러운 답변이다. (A)와 (C)는 각각 문제에 사용된 follow와 advice를 이용한 함정이다.

어휘 follow 따르다, 따라가다 advice 조언, 충고

9.

Didn't you remember to sign in?
(A) Yes, I can see the sign.
(B) No, I don't remember her name.
(C) It totally slipped my mind.

서명을 해야 한다는 점을 잊고 있었나요?
(A) 네, 사인이 보여요.
(B) 아니요, 그녀의 이름은 기억나지 않아요.
(C) 완전히 잊고 있었어요.

(C)의 slip one's mind(잊다)의 뜻을 알고 있으면 쉽게 풀 수 있는 문제이다.

어휘 sign in 서명하다, 이름을 적다 totally 완전히, 전적으로 slip one's mind 잊다

10.

You can operate a forklift, can't you?
(A) I'm familiar with it.
(B) Yes, I can eat with a fork.
(C) No, he can't lift it.

지게차를 운전할 수 있죠, 그렇지 않나요?
(A) 익숙하죠.
(B) 네, 저는 포크로 음식을 먹을 수 있어요.
(C) 아니요, 그는 그것을 들어올리지 못해요.

부가의문문을 이용한 문제이다. forklift(지게차)를 운전할 수 있는지 묻고 있으므로 '익숙하다'며 긍정의 의미를 나타낸 (A)가 정답이다. (B)와 (C)는 각각 forklift와 발음이 유사한 fork와 lift를 이용한 오답이다.

어휘 operate 가동하다 forklift 지게차 be familiar with ~에 익숙하다, 친숙하다

11.

When did Mr. Harrison's plane take off?
(A) From Gate 21A.
(B) Headed to Barcelona.
(C) Two hours ago.

Harrison 씨의 비행기가 언제 이륙했나요?
(A) 21A 게이트에서요.
(B) 바르셀로나행이었어요.
(C) 2시간 전에요.

의문사 when을 이용하여 비행기의 이륙 시간을 묻고 있으므로 정답은 (C)이다. (A)와 (B)는 장소를 묻는 질문에 어울릴법한 대답이다.

어휘 take off 이륙하다 head to ~으로 향하다

12.

Ms. Marston is waiting in her office.
(A) Tell her I'll be there in a moment.
(B) Yes, that's her by the office.
(C) Sorry, but I'm not in my office now.

Marston 씨께서 사무실에서 기다리고 계세요.
(A) 잠시 후에 도착한다고 얘기해 주세요.

(B) 네, 사무실 옆에 있는 사람이 그녀예요.
(C) 미안하지만 저는 지금 사무실에 있지 않아요.

Marston 씨가 기다리고 있다는 사실을 이야기하고 있으므로 '곧 가겠다는
말을 전해 달라'고 대답한 (A)가 가장 자연스러운 답변이다.

어휘 in a moment 잠시 후에

13.

How long will the road construction take?
(A) A stretch of road downtown.
(B) Two or three days.
(C) A work crew is there now.

도로 공사 기간이 얼마나 걸릴까요?
(A) 시내로 이어지는 도로요.
(B) 이틀이나 사흘이요.
(C) 공사 인부 한 명이 지금 그곳에 있어요.

how long을 이용하여 도로 공사의 기간을 묻고 있다. 따라서 '2~3일'이라고
구체적인 기간을 밝힌 (B)가 정답이다.

어휘 road construction 도로 공사 a stretch of road 도로, 도로 구간
work crew 작업 인부

14.

Do you like the oak table or the maple one?
(A) Yes, that's right.
(B) No, we don't have a table.
(C) Neither, to be honest.

오크 테이블이 좋은가요, 아니면 메이플 테이블이 좋은가요?
(A) 네, 맞아요.
(B) 아니요, 우리는 테이블을 가지고 있지 않아요.
(C) 솔직히 말하면 둘 다 마음에 들지 않아요.

선택의문문으로 묻고 있으므로 둘 중 하나를 택하던가, 둘 다 선택하던가, 혹
은 둘 다 거부하는 답변이 정답이다. 보기 중에서는 neither로 대답한 (C)가
가장 적절한 대답이다.

어휘 oak 오크 나무 maple 단풍나무 neither 둘 다 아닌 to be
honest 솔직히 말하면

15.

Can the store give us a better price than that?
(A) Two dollars per gallon.
(B) I'll speak with the manager.
(C) Yes, that's the price.

그 매장이 저 가격보다 더 낮은 가격을 제시할 수 있을까요?
(A) 갤런당 2달러예요.
(B) 제가 매니저와 이야기를 해 볼게요.
(C) 네, 그 가격이에요.

조동사 can을 이용하여 어떤 매장이 낮은 가격을 제시할 수 있는지 묻고 있
다. 따라서 '(잘 모르니) 매니저에게 물어보겠다'는 의미를 내포하고 있는 (B)
가 정답이다.

어휘 per ~마다 gallon 갤런 (부피 단위)

16.

Inspections are taking place during the night shift.
(A) Keep me informed on how they go.
(B) Working from midnight to eight A.M.

(C) She's investigating the matter.

야간 근무 시간에 시찰이 이루어질 거예요.
(A) 진행 상황을 계속 알려 주세요.
(B) 자정부터 오전 8시까지의 작업이요.
(C) 그녀가 그 문제를 조사하고 있어요.

inspections(시찰)이 예정되어 있다는 정보를 알려 주고 있다. 따라서 '시찰
의 진행 과정을 알려 달라'는 당부를 하고 있는 (A)가 가장 자연스러운 답변
이다.

어휘 inspection 점검, 시찰; 조사 take place 일어나다, 발생하다
night shift 야간 근무 keep ~ informed on ~에게 ~에 대해 알
려 주다 investigate 조사하다

17.

Can't I make one last attempt?
(A) Nobody attempted it.
(B) No, it wasn't the last one.
(C) You had your chance.

제가 마지막으로 한 번 더 해 보면 안 될까요?
(A) 아무도 그것을 시도해 보지 않았어요.
(B) 아니요, 그것은 마지막이 아니었어요.
(C) 이미 기회를 썼잖아요.

'한 번 더 기회를 달라'는 부탁의 의미를 나타내고 있으므로 이에 대한 수락
이나 거절의 의미를 나타내는 보기가 정답이다. 따라서 정답은 거절의 의미
를 담고 있는 (C)이다.

어휘 attempt 시도; 시도하다 chance 기회

18.

The contract will be delivered by tomorrow.
(A) Signed and approved.
(B) Thanks for the update.
(C) No, we're not in contact.

계약서는 내일 배송될 거예요.
(A) 서명을 받아서 확정되었어요.
(B) 알려 줘서 고마워요.
(C) 아니요, 우리는 연락하고 지내지 않아요.

계약에 관한 정보를 알려 주고 있으므로 이에 대해 '알려 줘서 고맙다'고
답변한 (B)가 가장 적절한 답변이다. (A)는 contract와 의미가 상통하는
singed(서명하다)와 approved(승인하다)로, (C)는 contract와 발음이 비슷
한 contact(접촉, 연락)로 혼동을 유발시키는 함정이다.

어휘 contract 계약, 계약서 deliver 배달하다 approve 승인하다
update 최신 정보; 업데이트 in contact 연락하는, 연락하며 지내는

19.

Is this the user's manual for the copier?
(A) No, I haven't used it all day.
(B) I think Mary's got it now.
(C) Ten double-sided copies.

이것이 복사기의 사용자 매뉴얼인가요?
(A) 아니요, 저는 하루 종일 그것을 사용하지 않았어요.
(B) Mary가 지금 가지고 있는 것 같은데요.
(C) 양면으로 10부 복사요.

be동사로 시작되는 질문이지만 보기 중에서 단순히 yes나 no만 찾아서는
정답을 찾기 힘든 문제이다. 정답은 (B)인데, (B) 앞에는 'No, it isn't.'라는 문

장이 생략된 것으로 보아야 한다. 참고로 이때의 it은 '매뉴얼'을 가리킨다.

어휘 manual 사용설명서, 매뉴얼 copier 복사기 all day 하루 종일
double-sided 양면의

20.

Why aren't you attending the conference in Las Vegas?
(A) Mr. Douglas sent Tina there instead.
(B) Yes, starting in a few minutes.
(C) I was in Las Vegas on vacation.

왜 라스베이거스의 콘퍼런스에 참석하지 않나요?
(A) Douglas 씨께서 저 대신 Tina를 보내셨어요.
(B) 네, 몇 분 후에 시작해요.
(C) 저는 휴가 때 라스베이거스에 있었어요.

의문사 why를 이용해 콘퍼런스에 참석하지 않은 이유를 묻고 있으므로 정답
은 불참 이유를 밝힌 (A)이다.

어휘 attend 참석하다 conference 콘퍼런스, 회의 on vacation 휴가
중에

21.

Management just announced everyone's getting a bonus.
(A) He's not a manager.
(B) What a pleasant surprise.
(C) When is the announcement?

조금 전에 모두가 보너스를 받게 될 것이라고 경영진 측이 발표했어요.
(A) 그는 매니저가 아니에요.
(B) 놀랍고 기쁜 소식이로군요.
(C) 발표가 언제인가요?

보너스 소식을 듣고 나올 수 있는 가장 자연스러운 반응은 (B)이다. 발표가
이미 이루어졌는데 '언제 발표될 것인지'를 묻는 (C)는 정답이 될 수 없다.

어휘 management 경영, 경영진 announce 알리다, 발표하다
bonus 보너스, 상여금

22.

The sale isn't still going on, is it?
(A) Actually, it ends on Friday.
(B) Yes, that's where we're going.
(C) No, I didn't buy them on sale.

세일이 진행 중이지 않죠, 그렇죠?
(A) 실은 금요일에 끝나요.
(B) 네, 그곳이 우리가 가려는 곳이에요.
(C) 아니요, 저는 세일 중에 사지 않았어요.

부가의문문을 이용해 세일이 끝났는지를 묻고 있다. 따라서 '금요일에 끝난
다'며 간접적으로 세일이 아직 끝나지 않았음을 밝힌 (A)가 적절한 답변이다.

어휘 sale 세일, 할인 판매 still 아직도, 여전히 go on 진행되다, 계속되다
on sale 세일 중에

23.

That product is currently out of stock.
(A) Thanks. I'll take two then.
(B) He owns stock in that firm.
(C) I'm sorry to hear that.

저 제품은 현재 재고가 없어요.

(A) 고마워요. 그러면 두 개 살게요.
(B) 그는 그 회사의 주식을 소유하고 있어요.
(C) 그 말을 들으니 유감이군요.

'재고가 없다'는 말에 대한 반응으로서 가장 적절한 답변을 골라야 한다. 재
고가 없다는 말에 '고맙다'고 답한 (A)는 정답이 될 수 없고, (B)의 stock은
'주식'이라는 의미이다. 따라서 정답은 아쉬움을 표현하고 있는 (C)이다.

어휘 currently 현재 out of stock 재고가 없는 own 소유하다 stock
주식 firm 회사

24.

Where should we set up the intern's desk?
(A) Yes, he's already at his desk.
(B) She's going to be here by nine.
(C) In the corner by Jack's cubicle.

인턴 사원의 책상을 어디에 놓아야 할까요?
(A) 네, 그는 이미 자리로 왔어요.
(B) 그녀는 9시까지 여기에 올 거예요.
(C) Jack 자리 옆의 코너에요.

의문사 where를 이용해 책상을 놓을 위치를 묻고 있다. 따라서 구체적인 장
소를 언급한 (C)가 정답이다.

어휘 set up 설치하다 intern 인턴 사원 cubicle 방, (칸막이로 구분된)
사무실

25.

Haven't they responded to our bid yet?
(A) Not to the best of my knowledge.
(B) I'll respond to you when I can.
(C) People keep making bids on the item.

우리가 제안한 가격에 그들이 답변을 하지 않았나요?
(A) 제가 알기로는 아직 안 했어요.
(B) 시간이 있을 때 답변할게요.
(C) 사람들이 계속해서 그 상품에 입찰을 하고 있어요.

부정의문문을 이용해 답변이 있었는지를 묻고 있다. 따라서 '없었다'는 부정
의 의미를 나타낸 (B)가 정답이다. (B)와 (C)는 각각 질문에 있는 respond와
bid를 중복 사용하여 오답을 유도하고 있는 함정이다.

어휘 respond 응답하다, 답변하다 bid 가격 제안; 입찰 to the best of
my knowledge 제가 알기로는 make a bid 입찰하다

26.

I suggest consulting on the matter with Ms. O'Leary first.
(A) I didn't pay the consultation fee.
(B) We'd better do that then.
(C) No, she's on vacation this week.

그 문제에 대해서는 먼저 O'Leary 씨와 상의할 것을 제안할게요.
(A) 저는 상담료를 지불하지 않았어요.
(B) 그러는 편이 좋겠군요.
(C) 아니요, 그녀는 이번 주에 휴가에요.

동사 suggest를 이용하여 제안을 하고 있으므로 이에 대한 수락이나 거절의
의미를 담은 문장이 답변으로 이어져야 한다. 정답은 수락의 의미를 담고 있
는 (B)이다.

어휘 consult 상담하다, 상의하다 consultation fee 상담료 had
better ~하는 것이 낫다

27.

Should we go downtown by bus or in your car?

(A) I took the bus this morning.

(B) I prefer to drive there.

(C) His car is at the garage.

시내까지 버스를 타고 갈까요, 아니면 당신 차로 갈까요?

(A) 저는 오늘 아침에 버스를 탔어요.

(B) 차를 가지고 가는 것이 좋겠어요.

(C) 그의 차는 차고에 있어요.

선택의문문을 통해 버스를 탈 것인지, 차를 가지고 갈 것인지를 묻고 있다. 따라서 정답은 후자를 지목하고 있는 (B)이다.

어휘 by bus 버스로 garage 차고

28.

What's the next item on the agenda?

(A) I need to check on that.

(B) No, I've got the agenda here.

(C) This item is on sale.

다음 안건은 무엇이죠?

(A) 확인해 봐야 해요.

(B) 아니요, 여기에 안건이 있어요.

(C) 이 제품은 세일 중이에요.

안건이 무엇인지 묻는 질문에 '(모르겠으니) 확인해 봐야겠다'고 대답한 (A)가 가장 자연스러운 답변이다. 의문사 what으로 시작하는 질문에 no로 대답한 (B)는 정답이 될 수 없다.

어휘 agenda 의제, 안건 check on ~을 확인하다, 살펴보다

29.

How many hours of overtime did Mr. Collins work?

(A) The overtime rate is higher.

(B) Until seven thirty every day.

(C) Susan in Accounting can tell you.

Collins 씨는 초과 근무를 몇 시간 했나요?

(A) 초과 근무 수당은 더 높아요.

(B) 매일 7시 30분까지요.

(C) 회계부의 Susan이 알려 줄 거예요.

how many hours를 이용하여 Collins 씨의 초과 근무 시간을 묻고 있다. 이에 대해 'Susan이 알고 있을 것이다'라고 답을 알려 줄 사람을 지목한 (C)가 정답이다. '시간'이 아니라 '시각'으로 답한 (B)를 정답으로 골라서는 안 된다.

어휘 overtime 초과 근무 overtime rate 초과 근무 수당

30.

Shall we book seats on the train leaving in the morning?

(A) Okay, let's do that.

(B) No, it hasn't left yet.

(C) Yes, the books are on the seat.

오전에 출발하는 기차의 좌석을 예매할까요?

(A) 그래요, 그렇게 하죠.

(B) 아니요, 아직 떠나지 않았어요.

(C) 네, 책은 의자 위에 있어요.

조동사 shall로 시작하는 의문문은 보통 제안의 의미를 나타낸다. 따라서 제안을 수락하겠다는 의미를 나타낸 (A)가 가장 자연스러운 답변이다.

어휘 book 예약하다; 책 seat 좌석, 자리

31.

The electrician has arrived to look at the lighting.

(A) Yes, it's bright in here.

(B) Show him where the problem is.

(C) I already paid the electric bill.

조명을 살펴보기 위해 전기 기술자가 도착했어요.

(A) 네, 여기는 밝아요.

(B) 어디가 문제인지 알려 주세요.

(C) 저는 이미 전기 요금을 납부했어요.

전기 기사가 도착한 후에 무엇을 해야 할지 생각해 보면 정답을 쉽게 찾을 수 있다. '전기 기사에게 문제점을 알려 달라'고 지시한 (B)가 정답이다.

어휘 electrician 전기 기술자 lightning 조명 pay 지불하다 electric bill 전기 요금 청구서

PART 3

[32-34]

W	Hello. This is Stacia Peterson in the Accounting Department. My computer has stopped working, so I need someone to repair it at once.
M	Yes, Ms. Peterson. I sent a person to your office to fix it a couple of hours ago just as you requested. Hasn't he arrived yet?
W	Actually, he already fixed it and then left. But ten minutes after that happened, the computer stopped working again.
M	It sounds like you might need to get a new machine. Why don't you speak with your boss to see if the funding is available to purchase one?

W	안녕하세요. 회계부의 Stacia Peterson이에요. 제 컴퓨터가 작동을 하지 않아서 지금 당장 수리를 해 줄 수 있는 사람이 필요해요.
M	네, Peterson 씨. 요청하신 대로 컴퓨터 수리를 위해 제가 두어 시간 전에 사무실로 사람을 보내 드렸는데요. 아직 도착을 하지 않았나요?
W	사실 그분은 이미 수리를 하고 떠났어요. 하지만 그리고 나서 10분 후에 컴퓨터가 또 다시 작동을 멈추었죠.
M	기기를 새로 구입하셔야 할 것 같군요. 사장님과 이야기해서 한 대 구입할 수 예산이 있는지 확인해 보시는 것이 어떨까요?

어휘 request 요청하다 machine 기계 funding 자금 purchase 구입하다

32.

여자는 왜 남자에게 전화를 했는가?

(A) 조언을 구하기 위해

(B) 사과를 요구하기 위해

(C) 수리를 요청하기 위해

(D) 제안을 하기 위해

대화의 시작 부분에서 여자는 자신의 컴퓨터가 고장이 나서 '수리할 사람이 필요하다'(so I need someone to repair it at once)는 점을 알리고 있다. 따라서 여자가 전화한 이유는 (C)이다.

6

어휘 demand 요구하다 apology 사과, 사죄

33.

여자에 대해 암시되어 있는 것은 무엇인가?
(A) 그 전에 남자에게 전화를 했다.
(B) 고객 서비스 담당 직원이다.
(C) 곧 사무실을 떠날 것이다.
(D) 남자에게 화가 나 있다.

여자가 컴퓨터 수리를 위해 사람을 보내 줄 것을 요청하자 남자는 'I sent a person to your office to fix it a couple of hours ago just as you requested.'라고 말한 후 수리 기사가 도착하지 않았는지 묻는다. 이를 통해 남자는 여자로부터 그 전에 컴퓨터 수리를 요청받았을 것이라고 짐작할 수 있으므로 (A)가 정답이다.

34.

남자는 여자에게 무엇을 하라고 말하는가?
(A) 그의 사무실 방문을 기다린다
(B) 동료의 기기를 빌린다
(C) 장비를 새로 구입하는 것을 고려한다
(D) 더 많은 예산을 요구한다

대화의 마지막 부분에서 남자는 여자의 컴퓨터가 수리가 불가능한 상태임을 암시하며 'Why don't you speak with your boss to see if the funding is available to purchase one?'이라고 말한다. 여기에서 one은 '컴퓨터'를 가리키므로 결국 남자가 권하는 것은 새 컴퓨터를 구입하는 것이다. 따라서 (C)가 정답이다.

어휘 borrow 빌리다

[35-37]

M Hello, Ms. Carter. This is Ken Stewart. I'd like you to know that the owner of the home you made a bid on has agreed to your offer. Congratulations.

W That's wonderful news. My family will be so excited to hear that. When do you think we can complete the paperwork?

M That should take a couple of days. Could you send me the name of the bank that will be financing your mortgage as well as the contact person? I need to speak with that person to arrange everything.

W Of course. Hold on one second. I've got that information written down here.

- -

M 안녕하세요, Carter 씨. Ken Stewart입니다. 입찰하신 주택의 집주인이 제시 가격을 받아들였다는 점을 알려 드리고자 합니다. 축하드립니다.

W 멋진 소식이로군요. 제 가족들도 들으면 정말로 기뻐할 거예요. 서류 절차는 언제쯤 마칠 수 있을 것으로 생각하시나요?

M 이틀 정도 걸릴 거예요. 대출을 해 줄 은행과 그곳 담당자 이름을 알려 주시겠어요? 모든 일을 처리하려면 그 사람과 이야기를 나누어야 하거든요.

W 물론이죠. 잠시만요. 여기에 관련된 내용이 적혀 있어요.

어휘 make a bid 입찰하다 paperwork 문서 작업, 서류 절차 finance 자금을 대다 mortgage 대출, 융자 as well as ~뿐만 아니라 ~도 contact person 연락을 주고 받을 수 있는 사람 arrange 배열하다; 처리하다 write down 적다

35.

남자는 누구인 것 같은가?
(A) 부동산 중개인
(B) 은행 직원
(C) 건축가
(D) 재정 자문가

대화의 시작 부분에서 남자는 여자에게 '입찰한 주택의 소유주가 제시 가격을 받아들였다'(owner of the home you made a bid on has agreed to your offer)는 소식을 알리고 있다. 보기 중 이러한 소식을 전할 수 있는 직업은 (A)의 '부동산 중개인'뿐이다.

36.

여자는 무엇에 대해 묻는가?
(A) 지출해야 할 금액
(B) 계약이 이루어질 시기
(C) 남자와 만날 장소
(D) 제안이 거절된 이유

'When do you think we can complete the paperwork?'라는 문장을 통해 여자가 궁금해 하는 점은 문서, 즉 계약서가 작성될 시점이라는 점을 알 수 있다. 따라서 (B)가 정답이다.

37.

여자는 이다음에 무엇을 할 것 같은가?
(A) 은행과 약속 시간을 정한다
(B) 가격에 대해 묻는다
(C) 남자에게 정보를 준다
(D) 협상을 제안한다

대화의 후반부에서 남자가 여자에게 거래 은행명과 담당자 이름을 알려 달라고 하자 여자는 잠시 기다려 달라고 하면서 'I've got that information written down here.'라고 말한다. 즉 여자는 관련 정보를 남자에게 알려 줄 것이므로 정답은 (C)이다.

[38-40]

M Hello, Ms. Del Rio. This is Steven Carter calling from HR. I need to talk to you about your health insurance application.

W Is there some kind of a problem? I filled out the forms and submitted them to your office this morning.

M Yes, I have them here in front of me. However, you failed to sign two of the papers. And you didn't include another form. Without it, you cannot get any coverage.

W Oh, I can't believe I did that. Why don't I visit your office to do everything? I need to complete a report, but I can be there twenty minutes from now.

- -

M 안녕하세요, Del Rio 씨. 인사과의 Steven Carter입니다. 건강 보험 신청과 관련해서 통화를 해야 할 것 같아서요.

W 문제라도 있나요? 저는 양식을 작성해서 오늘 아침 당신 부서에 제출을 했는데요.

M 네, 제 앞에 있어요. 하지만 두 장의 문서에 사인을 하지 않으셨더군요. 그리고 포함이 안 되어 있는 서류도 있고요. 그것이 없으면 보험이 적용될 수 없어요.

W 오, 제가 그랬다니 믿을 수가 없군요. 제가 당신 부서로 가서 모든 것을 해결하는 것이 어떨까요? 보고서를 작성해야 하지만, 지금부터 20분 후에는 그곳으로 갈 수 있을 거예요.

어휘 health insurance 건강 보험 submit 제출하다 in front of ~의 앞에 fail to ~하는데 실패하다, ~하지 않다 include 포함하다 coverage 범위; (보험의) 보장

38.

남자는 어느 부서에서 일을 하는가?
(A) 회계
(B) 선적
(C) 영업
(D) 인사

HR이 '인사과'(Human Resources)라는 사실을 알고 있거나, 혹은 '건강 보험'(health insurance) 등 직원 복지 문제를 다루는 부서가 보통 인사과라는 점을 알고 있으면 어렵지 않게 (D)를 정답으로 고를 수 있다.

39.

무엇이 문제인가?
(A) 남자가 여자의 요구를 거부했다.
(B) 여자가 신청 절차를 완료하지 못했다.
(C) 보험에서 여자의 수술은 보장되지 않을 것이다.
(D) 서류상의 일부 내용이 정확하지 않다.

문제가 되는 부분은 '여자가 서명을 하지 않았다는 점'(you failed to sign two of the papers)과 '누락된 문서가 있다는 점'(you didn't include another form)이다. 따라서 이 두 가지 문제를 아우르는 (B)가 정답이다.

40.

여자는 이다음에 무엇을 할 것 같은가?
(A) 보험 회사에 연락한다
(B) 남자와 만날 시간을 정한다
(C) 담당 업무를 끝낸다
(D) 문서에 서명을 한다

여자의 마지막 말 'I need to complete a report, but I can be there twenty minutes from now.'에서 여자가 대화 직후에 할 일은 (C)의 '보고서 작성을 마치는 일'임을 알 수 있다. 참고로 (D)는 보고서 작성 이후에 여자가 하게 될 일이다.

[41-43]

M We've had discussions with the owner of the firm, and he's willing to sell to us.

W Do you think we should do it? Buying Deerfield Manufacturing would increase our market share considerably.

M That's true. But I'm not sure that we have enough money to make the purchase.

W Why don't we try to get some financing from the bank? If we request a reasonable amount, I'm sure we can acquire a loan.

M You're probably right about that. We could also consider attracting outside investment. I'll have our attorneys look into the matter in detail.

M 그 회사의 소유주와 논의를 했는데, 그분께서는 기꺼이 우리에게 매각을 하시려고 하더군요.

W 우리가 그래야 한다고 생각하나요? Deerfield Manufacturing을 매입하면 우리의 시장 점유율은 큰 폭으로 증가하겠군요.

M 그건 그렇죠. 하지만 우리에게 매입을 할 수 있을 정도의 금액이 있는지는 잘 모르겠어요.

W 은행에서 자금을 지원받는 것은 어떨까요? 우리가 합당한 금액을 신청하면 분명 융자를 받을 수 있을 거예요.

M 그 점에 대해서는 당신 말이 맞을 수도 있겠군요. 또한 외부 투자를 유치해 보는 것도 고려할 수 있을 거예요. 그 문제는 제가 변호사들로 하여금 상세하게 검토하게 할게요.

어휘 be willing to 기꺼이 ~하다 market share 시장 점유율 considerably 상당히 financing 자금 조달, 융자 loan 대출, 대부 attract 끌다, 유인하다 investment 투자 attorney 변호사 look into ~을 조사하다, 살펴보다 in detail 자세히, 상세히

41.

화자들은 주로 무엇을 논의하는가?
(A) 그들의 회사에 이루어진 투자
(B) 그들의 시장 점유율의 감소
(C) 경쟁사를 인수할 수 있는 기회
(D) 시장에서 구입할 수 있는 제품

'We've had discussions with the owner of the firm, and he's willing to sell to us.'라는 말을 통해 화자들이 기업 인수 문제를 논의하고 있다는 점을, 그리고 'Buying Deerfield Manufacturing would increase our market share considerably.'라는 말을 통해 인수 대상 기업이 화자들의 경쟁 회사라는 사실을 알 수 있다. 따라서 논의의 주제는 (C)이다.

42.

여자는 어떻게 자금을 마련하자고 제안하는가?
(A) 은행 융자를 받음으로써
(B) 자체적으로 돈을 마련함으로써
(C) 투자가를 찾음으로써
(D) 자산을 매각함으로써

남자가 인수 자금과 관련된 문제를 제기하자 여자는 'Why don't we try to get some financing from the bank?'라고 말한다. 즉 여자는 은행을 통해 자금을 마련하자는 제안으로 하고 있으므로 (A)가 정답이다. 참고로 (C)는 남자가 제안한 방법이다.

어휘 raise 올리다; (돈을) 모으다 investor 투자가 asset 자산

43.

남자는 자신이 무엇을 할 것이라고 말하는가?
(A) 변호사와 이야기한다
(B) Deerfield Manufacturing의 소유주에게 전화한다
(C) 몇몇 제품에 입찰을 한다
(D) 개인 자금을 투자한다

대화의 마지막 부분에서 남자는 'I'll have our attorneys look into the matter in detail.'이라고 말하면서 변호사에게 외부 투자 유치 문제를 검토시킬 것이라고 언급한다. 따라서 정답은 attorneys를 lawyers로 바꾸어 쓴 (A)이다.

대화 마지막 부분에서 남자는 'E-mail me the report, and I'll fix all of the incorrect data.'라고 말하며 자신에게 보고서를 보내면 본인이 문제를 바로 잡아 주겠다고 말한다. 따라서 남자가 제안한 것은 본인이 보고서를 수정하겠다는 것이므로 정답은 (D)이다.

어휘 sales representative 판매원, 영업 사원

W	Joseph, we've got a problem. Samantha submitted this report, but it's full of errors. I'm supposed to give a presentation on it in thirty minutes.
M	What exactly is the matter with it? Did she use the wrong data?
W	That's precisely what happened. She used sales information from the first quarter, but she was supposed to report on sales from the second quarter of the year.
M	That shouldn't be too much of a problem. I've got the correct information on my computer. E-mail me the report, and I'll fix all of the incorrect data. It shouldn't take me too long.

W Joseph, 문제가 있어요. Samantha가 이 보고서를 제출했는데, 오류투성이에요. 저는 30분 후 그에 관한 프레젠테이션을 하기로 되어 있고요.

M 정확히 무엇이 문제인가요? 그녀가 잘못된 데이터를 사용했나요?

W 바로 그랬어요. 그녀는 1분기의 매출 자료를 사용했지만, 올해 2분기 매출에 관해 보고서를 쓰기로 되어 있었죠.

M 그러면 그다지 심각한 문제는 아니겠네요. 제 컴퓨터에 올바른 정보가 있어요. 제게 이메일로 보고서를 보내 주면 제가 잘못된 데이터를 모두 바로잡아 놓을게요. 시간이 그렇게 많이 걸리지는 않을 거예요.

어휘 error 실수, 오류 precisely 정확히 incorrect 잘못된, 부정확한

44.

여자는 Samantha에 대해 무엇을 말하는가?
(A) 업무를 제시간에 끝내지 못했다.
(B) 콘퍼런스에 참석해야 한다는 것을 잊었다.
(C) 잘못된 자료를 사용했다.
(D) 엉뚱한 서류를 복사했다.

여자는 Samantha가 작성한 보고서가 오류투성이라고 말한 후, '그녀가 2분기 데이터를 사용해야 하는데 1분기 데이터를 사용했다'(She used sales information from the first quarter, but she was supposed to report on sales from the second quarter of the year.)고 지적한다. 따라서 정답은 (C)이다.

45.

여자는 왜 걱정하는가?
(A) 회의에 늦었다.
(B) 프레젠테이션 준비가 안 되어 있다.
(C) 아직까지 한 번도 판매를 하지 못했다.
(D) 컴퓨터에 로그인할 수 없다.

대화 초반부의 여자의 말 'I'm supposed to give a presentation on it in thirty minutes.'에서 it이 가리키는 것이 '오류투성이인 보고서'라는 점을 파악하면 여자가 걱정하는 이유는 (B)임을 알 수 있다.

46.

남자는 무엇을 하겠다고 제안하는가?
(A) 보고서를 출력한다
(B) 영업 사원과 이야기한다
(C) 강연을 한다
(D) 문서를 다시 쓴다

W	I've got some great news. Last week, the final two salespeople in the office managed to exceed their annual quotas.
M	That's never happened before, has it? It looks like we're all going to get bonuses next month. This is incredible news.
W	You can say that again. It's been an outstanding year for everyone. The CEO wants to take everyone in the department out to dinner on Friday.
M	I don't think I can make it because I'm meeting a customer then.
W	You don't want to do that. When Mr. Patterson asks to meet people here, we need to be in attendance.

W 좋은 소식이 있어요. 우리 부서에서 마지막으로 남아 있던 두 영업 사원이 지난 주에 연간 목표량을 초과 달성했어요.

M 전례가 없던 일이죠, 그렇죠? 우리 모두가 다음 달에 보너스를 받게 될 수도 있겠어요. 정말 놀라운 소식이군요.

W 정말 그래요. 모두에게 멋진 한 해였어요. 대표 이사님께서는 금요일에 우리 부서의 전 직원과 저녁 회식을 하고 싶어하세요.

M 저는 그 시간에 고객과 만나야 해서 갈 수가 없을 것 같아요.

W 그렇게는 안 될 걸요. Patterson 씨께서 여기에 있는 사람들과 만나겠다고 요청하시면 우리는 참석해야만 해요.

어휘 salespeople 영업 사원, 판매 직원 manage to 가까스로 ~하다 exceed 초과하다 quota 할당량 incredible 믿을 수 없는, 놀라운 outstanding 뛰어난 in attendance 참석한, 출석한

47.

여자에 의하면 지난 주에 어떤 일이 있었는가?
(A) 특별한 저녁 회식이 있었다.
(B) 신입 사원이 채용되었다.
(C) 기록적인 매출이 발생했다.
(D) 상이 수여되었다.

대화의 시작 부분에서 여자가 지난 주에 마지막 두 영업 사원이 목표량을 달성했다고 하자 남자는 'That's never happened before, has it?'이라고 묻는다. 이를 통해 전례가 없던 실적이 발생했을 것으로 짐작할 수 있으므로 (C)가 정답이다.

어휘 sales record 매출 기록, 기록적인 매출 give out ~을 나누어 주다, 배포하다

48.

남자는 왜 기뻐하는가?
(A) 추가적인 수당을 받게 될 것이다.
(B) 전근 신청이 승인되었다.
(C) 새로운 고객과 계약을 체결했다.
(D) 회사의 대표 이사와 만났다.

목표 달성 소식에 남자는 'It looks like we're all going to get bonuses

next month.'라고 말하며 보너스에 대한 기대감을 나타내고 있으므로 정답은 bonuses를 extra money로 바꾸어 쓴 (A)이다.

49.

여자가 "You don't want to do that"이라고 말할 때 그녀는 무엇을 암시하는가?
(A) 남자는 승진 신청을 해야 한다.
(B) 남자는 보고서 작성을 마쳐야 한다.
(C) 남자는 미팅을 취소해야 한다.
(D) 남자는 즉시 사과를 해야 한다.

주어진 문장은 '그럴 수 없을 것이다'는 뜻인데, 여기에서 do that은 문맥상 '고객을 만나는 일'(meeting a customer)을 의미한다. 따라서 이 문장은 간접적으로 남자가 고객과의 약속을 취소하고 대표 이사를 만나야 할 것이라는 뜻을 전하고 있으므로 정답은 (C)이다.

[50-52]

M	Mr. Lords gave us permission to attend next week's workshop on public speaking. Do you know how many people in the office intend to attend it? The company will pay for everybody to go.
W	That's a good question. I've heard quite a few people discussing it the past couple of days. Everyone seems rather excited about the event.
M	Well, the deadline for registration is tomorrow. I'd better make an announcement on the company Web page so that interested people can talk to me.
W	Good thinking. I'll spread the word as well. I know at least three people who want to go.
M	Lords 씨께서 공개 연설에 관한 다음 주 워크숍에 우리가 참석해도 좋다고 허락하셨어요. 사무실 사람들 중 몇 명이 참석하고 싶어 하는지 알고 있나요? 참석하는 모든 사람들의 경비는 회사가 지원해 줄 거예요.
W	좋은 질문이군요. 이틀 전에 상당수의 사람들이 그에 대해 논의하는 것을 들었어요. 모두들 이번 행사에 상당한 기대감을 가지고 있는 것 같아요.
M	음, 신청 마감일이 내일이군요. 관심을 가지고 있는 사람들이 제게 이야기할 수 있도록 회사 웹페이지에 공지를 하는 것이 좋겠어요.
W	좋은 생각이에요. 저도 소식을 전파할게요. 최소한 3명은 가고 싶어한다는 점을 알고 있어요.

어휘 permission 허락, 허가 intend to ~할 의향이 있다 quite a few 상당수의 rather 다소, 패 make an announcement on ~에 대해 안내[공지]하다 spread the word 말을 퍼뜨리다

50.

대화는 주로 무엇에 관한 것인가?
(A) 세미나
(B) 콘퍼런스
(C) 워크숍
(D) 직업 박람회

대화의 첫 문장에서 '공개 연설에 관한 다음 주 워크숍'(next week's workshop on public speaking)이 대화의 주제가 될 것임을 쉽게 예상할 수 있다. 정답은 (C)이다.

51.

남자는 어디에 공지를 할 것인가?
(A) 신문
(B) 인터넷
(C) 게시판
(D) 직원 휴게실

남자는 워크숍 참석을 원하는 사람들이 자신에게 이야기할 수 있도록 '회사 웹페이지에 공지를 하겠다'(I'd better make an announcement on the company Web page)고 했으므로 공지가 이루어질 곳은 (B)의 '인터넷'이다.

어휘 bulletin board 게시판 employee lounge 직원 휴게실

52.

여자는 자신이 무엇을 하겠다고 말하는가?
(A) 행사에 대해 다른 직원들과 이야기한다
(B) 교육 프로그램을 진행하겠다고 신청한다
(C) 관리자와 만나는 자리를 마련한다
(D) 내일 하루 쉰다

대화 마지막 부분의 'I'll spread the word as well.'에서 spread the word가 '소식을 전파하다'라는 뜻이라는 점을 알면 쉽게 정답을 찾을 수 있다. 즉 여자가 할 일은 동료들에게 워크숍 신청과 관련된 내용을 알리는 것이므로 (A)가 정답이다. 참고로 (A)의 event는 workshop을 나타낸다.

어휘 supervisor 감독관, 관리자 take a day off 하루 휴가를 내다

[53-55]

M	Lucy, I can't travel to Jenkins Consulting with you. Mr. Briggs needs me to do some work.
W1	Okay. I don't want to be late, so I'll just go ahead and leave now.
M	Great. I'll meet you there in an hour or so. Oh . . . I'll be driving. Do you know how to get there?
W1	Sorry, but I always take the bus since I don't own a car.
M	I wonder who knows where it is.
W2	You're going to Jenkins Consulting today? Why don't we go there together? I can give you directions.
M	Sounds good, Mary. I'll let you know as soon as I'm ready to leave.
M	Lucy, Jenkins 컨설팅에는 함께 갈 수가 없게 되었어요. Briggs 씨께서 제게 몇 가지 일을 시키셨거든요.
W1	그래요. 늦고 싶지는 않으니까 저는 지금 출발하도록 할게요.
M	좋아요. 대략 한 시간 후에 그곳에서 만나기로 하죠. 오… 저는 차를 가지고 갈 거예요. 그곳에 어떻게 가는지 알고 있나요?
W1	미안하지만 저는 차를 가지고 있지 않아서 항상 버스를 이용해요.
M	그곳 위치를 아는 사람이 있는지 궁금하군요.
W2	오늘 Jenkins 컨설팅에 간다고요? 같이 가는 것이 어때요? 제가 길을 알려 줄 수 있어요.
M	잘 되었군요, Mary. 제가 떠날 준비를 마치는 대로 알려 줄게요.

어휘 give ~ directions ~에게 길을 알려 주다 as soon as ~하자마자

53.

화자들은 주로 무엇을 논의하는가?
(A) 곧 있을 면접
(B) 회사의 위치
(C) Briggs 씨와의 회의
(D) 업무 할당

'Jenkins 컨설팅'이라는 업체의 위치에 대해 논의하고 있으므로 정답은 Jenkins Consulting을 a business로 표현한 (B)이다.

54.

남자는 Jenkins 컨설팅에 어떻게 갈 것인가?
(A) 지하철로
(B) 버스로
(C) 자동차로
(D) 택시로

남자는 'I'll be driving.'이라고 말한 후 Jenkins 컨설팅의 위치를 묻는다. 따라서 남자는 차를 몰고 그곳에 갈 것이므로 (C)가 정답이다. 참고로 여자1이 이용할 교통 수단을 물었다면 정답은 (B)가 될 것이다.

55.

Mary는 무엇을 하겠다고 제안하는가?
(A) 남자에게 위치를 알려 준다
(B) 남자의 보고서를 작성한다
(C) Briggs 씨에게 이야기한다
(D) Jenkins 컨설팅의 누군가에게 전화한다

대화 후반부에서 Mary는 Jenkins 컨설팅에 함께 가자는 제안을 하면서 'I can give you directions.'라고 말한다. 즉 자신이 길을 알려 줄 테니 함께 가자는 제안을 하고 있으므로 (A)가 정답이다.

[56-58]

W	Dave, did you happen to see the job posting on the internal message board? It's for a managerial position in the HR Department. I wonder if I should apply for it.
M	Why wouldn't you? You've got managerial experience, and I'm sure you're qualified. Would it be a better job than the one you've got now?
W	Definitely. The only thing is that it's not in this office. It's at the Montgomery branch, so I'd have a much longer commute.
M	If it's a good career opportunity, you might consider moving. Then you wouldn't have to worry about long driving times.

W Dave, 혹시 사내 게시판에 있는 채용 공고를 보았나요? 인사부의 관리자직에 관한 것이요. 제가 지원을 해야 하는지 궁금해요.

M 왜 안 하려고 하죠? 당신은 관리자 경력을 가지고 있고 자격 조건도 충분하잖아요. 지금 자리보다 더 좋은 자리가 되겠죠?

W 분명 그렇겠죠. 단지 문제가 되는 것은 그 자리가 이곳 사무실에 있지 않다는 점이에요. 몽고메리 지사의 자리이기 때문에 통근 시간이 훨씬 더 길어질 거예요.

M 경력에 있어서 좋은 기회가 된다면 이사를 고려해 보아야 할 거예요. 그러면 운전 시간이 오래 걸린다는 점은 걱정할 필요가 없을 거예요.

어휘 job posting 구인 광고 internal 내부의 message board 전자 게시판 managerial 경영의, 관리자의 qualified 자격을 갖춘 definitely 분명히, 확실히 the only thing is 유일한 단점은, 단지 문제가 되는 것은 commute 통근 opportunity 기회

56.

대화는 주로 무엇에 관한 것인가?
(A) 전근
(B) 새로운 집으로의 이사
(C) 관리자직 경력 쌓기
(D) 임금 인상 요구

여자가 '인사부의 관리자직'(a managerial position in the HR Department)에 지원해야 하는지가 대화의 주된 관심사이다. 따라서 정답은 (A)이다.

57.

여자가 "Definitely"이라고 말할 때 그녀는 무엇을 의미하는가?
(A) 그녀는 몽고메리에서 일하는 것에 큰 기대를 갖고 있다.
(B) 모집 중인 직위가 현재의 자리보다 더 좋다.
(C) 그녀는 다른 지사로 전근 신청을 할 것이다.
(D) 경력은 그녀가 중시하는 것이다.

definitely는 '확실히' 혹은 '명백히'라는 뜻을 나타내는 부사로도 쓰이지만, 이 경우와 같이 상대방의 말에 격한 동감을 표시할 때에도 자주 사용된다. 여기에서는 '모집 공고의 직위가 현재의 직위보다 낫다'는 남자의 말에 여자가 강한 동감을 나타내고 있으므로 그녀가 의미하는 바는 (B)로 볼 수 있다.

58.

남자는 여자에게 무엇을 하라고 제안하는가?
(A) 대학에서 수업을 듣는다
(B) 더 좋은 차를 구입한다
(C) 다른 도시로 이사를 간다
(D) 경력을 더 쌓는다

여자가 전근을 하게 되면 출퇴근 시간이 늘어날 것이라고 걱정하자 남자는 'If it's a good career opportunity, you might consider moving.'이라고 말하면서 여자에게 이사를 제안한다. 정답은 (C)이다.

[59-61]

W1	Hello. I'd like to purchase these items, please. And I've got this coupon.
M	Hmm . . . It looks as if the coupon has expired. I'm afraid you can't use it.
W1	Expired? But I cut this coupon out of the *Scranton Times* this morning. How is that possible?
M	Hold on a moment, please. Denice, could you look at this coupon here?
W2	Ah, yeah. The newspaper made a printing mistake regarding the date. You can go ahead and process it, Luke. Do the same for any other customers as well.
M	Thank you very much. All right, ma'am, your total comes to $87.98. Will this be cash or charge?
W1	Cash.

W1	안녕하세요. 이 제품들을 구입하고 싶어요. 그리고 이 쿠폰도 가지고 있고요.
M	흠… 사용 기간이 지난 것 같아 보이는군요. 안타깝지만 사용하실 수가 없어요.
W1	기간이 지났다고요? 하지만 오늘 아침에 *Scranton Times*에서 오려낸 것인데요. 어떻게 그런 일이 가능하죠?
M	잠시만요. Denice, 이 쿠폰 좀 봐 줄래요?
W2	아, 네. 신문사에서 날짜에 관한 인쇄 사고를 냈군요. 그대로 처리해 주면 돼요, Luke. 다른 손님들에게도 똑같이 해 주세요.
M	정말 고마워요. 좋습니다, 손님, 총 금액은 87.98달러입니다. 현금으로 하시겠어요, 아니면 카드로 하시겠어요?
W1	현금이요.

어휘 coupon 쿠폰 expire (기간이) 만료되다 regarding ~에 관하여 process 처리하다 total 전체, 전부 Will this be cash or charge? 현금으로 하시겠어요, 아니면 카드로 하시겠어요?

59.

남자는 누구인 것 같은가?

(A) 계산원
(B) 고객
(C) 관리자
(D) 매장 주인

전체적인 대화 내용으로 미루어 볼 때 남자는 쿠폰을 사용해서 계산을 하려는 고객을 상대 중인 (A)의 '계산원'일 것이다.

60.

무엇이 문제인가?

(A) 잘못된 날짜가 인쇄되었다.
(B) 제품의 유통 기한이 만료되었다.
(C) 몇몇 제품의 재고가 없다.
(D) 고객이 신용 카드를 분실했다.

'The newspaper made a printing mistake regarding the date.'에서 문제가 생긴 이유를 확인할 수 있다. 즉 신문사에서 날짜를 잘못 인쇄하여 쿠폰 사용에 관한 혼선이 빚어지고 있는 상황이므로 정답은 (A)이다.

61.

Denice는 남자에게 무엇을 하라고 말하는가?
(A) 지역 신문을 읽는다
(B) 여자에게 사과한다
(C) 환불을 해 준다
(D) 고객에게 할인을 해 준다

대화 후반부에서 여자2는 남자에게 '쿠폰을 적용시킬 것'(You can go ahead and process it, Luke.)과 '다른 손님의 경우에도 동일하게 행동할 것'(Do the same for any other customers as well.)을 지시하고 있다. 따라서 이 두 가지 사항 중 전자를 가리키고 있는 (D)가 정답이다.

[62-64]

여름 특강 안내

강사	날짜
Harold Grace	6월 11일
Angela Steele	6월 28일
Marcia White	7월 16일
Orlando Watson	8월 2일

W	We've got every speaker for this summer's lecture series at the library scheduled, right?
M	Unfortunately, one of them canceled on us. Marcia White e-mailed today to say that she can't make it.
W	Okay, we'll have to find a replacement for her. Do you have anyone in mind?
M	We could ask Derrick Stone to speak in her place. We wanted him to come here last year, but we couldn't accommodate his schedule. We could try again this year.
W	Let's do that. Were you the person that spoke with him last year?
M	That's right. I'll give him a call and see if he's interested.

W	도서관에서 열리는 이번 여름 특강의 강사 일정은 모두 정해졌죠, 그렇죠?
M	유감스럽게도 그들 중 한 명이 약속을 취소했어요. Marcia White가 오늘 이메일을 보내서 본인이 올 수 없다는 점을 알려 주었죠.
W	그렇군요, 그녀를 대신할 사람을 찾아야겠어요. 염두에 두고 있는 사람이 있나요?
M	그녀를 대신해서 Derrick Stone에게 강연을 부탁할 수도 있을 거예요. 작년에 이곳으로 와 주기를 바랐지만 그의 일정을 맞춰 줄 수가 없었죠. 올해 또 다시 요청해 볼 수 있을 거예요.
W	그렇게 하도록 해요. 작년에 그와 이야기를 나누었던 사람이 당신이었나요?
M	맞아요. 제가 전화를 해서 그가 관심을 가지고 있는지 알아볼게요.

어휘 lecture 강의, 강연 cancel on ~와 약속을 취소하다, ~을 바람맞히다 replacement 대신, 대체(물) in one's place ~을 대신해서 accommodate 수용하다; (요구 등에) 부응하다

62.

도표를 보아라. 대체 강사는 어떤 날에 필요한가?
(A) 6월 11일
(B) 6월 28일
(C) 7월 16일
(D) 8월 2일

'Marcia White e-mailed today to say that she can't make it.'이라는 문장에서 강연에 참가할 수 없는 강사는 Marcia White라는 사람임을 알 수 있다. 도표에서 그녀의 이름을 찾으면 그녀를 대신할 대체 강사가 강의를 할 날은 (C)의 '7월 16일'이다.

63.

남자는 Derrick Stone에 대해 무엇을 말하는가?
(A) 그는 도서관 직원이다.
(B) 그의 이번 여름 일정은 꽉 차 있다.
(C) 그는 더 이상 그 지역에 살지 않는다.
(D) 그는 작년에 강사로서 고려되었다.

남자는 대체 강사 후보로 Derrick Stone을 지목한 후, '작년에 그를 초청했지만 일정이 맞지 않았다'(We wanted him to come here last year, but we couldn't accommodate his schedule.)고 말한다. 따라서 그는 작년 행사 당시 강사로서 고려되었음을 알 수 있으므로 (D)가 정답이다.

어휘 no longer 더 이상 ~아닌

64.

남자는 이다음에 무엇을 할 것 같은가?

(A) Derrick Stone에게 연락한다
(B) 강의 스케줄을 조정한다
(C) 강사에게 돈을 보낸다
(D) 행사를 위한 전단을 인쇄한다

남자의 마지막 말 'I'll give him a call and see if he's interested.'에서 남자는 강사 후보인 Derrick Stone에게 전화할 것이라는 점을 알 수 있다. 따라서 남자가 하게 될 일은 (A)이다.

어휘 flyer 전단

[65-67]

부서	층
영업부 / 선적부	1층
회계부 / 인사부	2층
연구개발부	3층
마케팅부	4층

M Pardon me, but I'm a new employee here, and I seem to be a bit lost. Can you tell me where Roger Potter's office is, please?

W Oh, it's your lucky day. His office is right across the hall from mine. We both work in the Marketing Department. I'll take you there now.

M Thanks a lot. By the way, my name's Doug Harper. I work in the Accounting Department.

W It's nice to meet you, Doug. I'm Amy Messier. I've heard about you. You'll be working with me on the Scofield project.

M Yes, that's right. My boss told me that it has been assigned to me.

M 죄송하지만 제가 신입 사원이라 잠시 길을 잃은 것 같아요. Roger Potter의 사무실이 어디인지 알려 주실 수 있으신가요?

W 오, 운이 좋은 날이시군요. 그분의 사무실은 제 사무실에서 볼 때 복도 맞은 편에 있어요. 우리 둘 다 마케팅부에서 일을 하고 있죠. 제가 지금 그리로 안내해 드릴게요.

M 정말 고맙습니다. 그건 그렇고 제 이름은 Doug Harper예요. 회계부에서 일하고 있죠.

W 만나서 반가워요, Doug. 저는 Amy Messier예요. 당신에 대해서는 들은 적이 있어요. Scofield 프로젝트에서 저와 함께 일을 하게 될 거예요.

M 네, 맞아요. 제 상사가 말씀하시길, 그 업무가 제게 배정되었다고 했어요.

어휘 by the way 그건 그렇고, 하여튼 boss 상사, 사장 assign 배정하다, 맡기다

65.

남자의 문제는 무엇인가?

(A) 회의에 늦었다.
(B) 서류를 가지고 와야 한다는 점을 잊었다.
(C) 사무실을 찾을 수 없다.
(D) 신분증을 가지고 있지 않다.

대화의 시작 부분에서 남자는 자신이 길을 잃은 것 같다고 말한 후, 'Can

you tell me where Roger Potter's office is, please?'라고 말하면서 Roger Potter의 사무실 위치를 묻고 있다. 따라서 남자의 문제는 (C)이다.

66.

도표를 보아라. 화자들은 몇 층으로 갈 것인가?

(A) 1층
(B) 2층
(C) 3층
(D) 4층

남자가 찾는 곳은 Roger Potter 씨의 사무실인데, 여자는 그의 사무실이 자신의 사무실 맞은 편에 있다고 설명한다. 한편 여자는 Roger Potter 씨와 자신이 같은 부서, 즉 마케팅 부서에 있다고 했으므로 결국 화자들이 가게 될 곳은 마케팅 부서가 있는 (D)의 '4층'이다.

67.

화자들에 대해 알 수 있는 것은 무엇인가?

(A) 그들은 다른 회사에서 함께 일을 했다.
(B) 그들 모두 Scofield에서 산다.
(C) 그들은 곧 어떤 프로젝트에서 같이 일하게 될 것이다.
(D) 그들에게는 오늘 예정되어 있는 회의가 있다.

대화 후반부의 여자의 말 'You'll be working with me on the Scofield project.'에서 화자들은 Scofield라는 프로젝트에 함께 투입될 예정임을 알 수 있다. 따라서 정답은 (C)이다.

어휘 collaborate 협력하다, 협업하다

[68-70]

		2	1	사무실
엘리베이터				
		3	직원휴게실	4

M Hello, Jennifer. This is Dave. I just pulled into the parking lot, so I should be in your office in a moment.

W Don't go to my office this time. There are five people attending today's meeting, so you should drop by the conference room instead.

M I'm not sure where that is.

W Just take the elevator to the fourth floor. When you get out, it's the third room on the right. It's right beside the employee lounge.

M Okay. Does the room have a projector? I've got some slides to show you.

W No, but I'll have one of my assistants get one.

M 안녕하세요, Jennifer. Dave예요. 조금 전에 주차장으로 들어 왔기 때문에 잠시 후에 당신 사무실로 갈 수 있을 거예요.

W 이번에는 제 사무실로 오지 마세요. 오늘 회의에 참석할 사람이 다섯 명이라 그 대신 회의실로 오셔야 해요.

M 그곳이 어디인지 잘 모르겠는데요.

W 엘리베이터를 타고 4층으로 오세요. 내리면 오른쪽에서 세 번째 방이에요. 직원 휴게실 바로 옆이죠.

M 알겠어요. 회의실에 프로젝터가 있나요? 당신에게 보여 줄 슬라이드가 몇 장 있거든요.

W 없지만 제 부하 직원 중 한 명에게 가지고 오라고 할게요.

어휘 **pull into** ~에 도착하다 **drop by** ~에 들르다 **employee lounge** 직원 휴게실 **projector** 영사기, 프로젝터

68.
남자에 대해 암시되어 있는 것은 무엇인가?
(A) 전에 여자를 만난 적이 없다.
(B) 여자의 사무실까지 차를 몰고 갈 것이다.
(C) 여자가 고객으로서 서명하기를 바란다.
(D) 여자만 만날 것이다.

대화 초반부에서 남자는 '주차장으로 진입 중이다'(I just pulled into the parking lot)라고 말하면서 자신의 위치를 알려 주고 있으므로 남자는 현재 운전 중임을 알 수 있다. 따라서 정답은 (B)이다. 'Don't go to my office this time.'이라는 여자의 말에서 (A)는 오답임을, 회의 참석자가 다섯 명이라고 한 점에서 (D) 또한 정답이 아님을 알 수 있다.

69.
도표를 보아라. 회의실은 어디인가?
(A) 1호실
(B) 2호실
(C) 3호실
(D) 4호실

회의실의 위치를 묻는 남자에게 여자는 그곳이 4층 오른쪽 세 번째 방이며 직원 휴게실 바로 옆이라고 안내한다. 지도에서 이러한 조건에 부합되는 장소를 찾으면 회의실은 (D)일 것이다.

70.
남자는 무엇을 요구하는가?
(A) 다과
(B) 시청각 장비
(C) 복사
(D) 펜과 메모지

대화 후반부에서 남자는 'Does the room have a projector?'라고 말하면서 프로젝터의 설치 유무를 묻고 있다. 정답은 projector를 visual equipment로 바꾸어 쓴 (B)이다.

어휘 **refreshment** 간식, 다과 **visual equipment** 시청각 장비, 영상 기기 **photocopy** 복사 **notepad** 메모지

PART 4
[71-73]

M The next item on the agenda concerns Blue Harvest Insurance. As you're aware, it's our major competitor in the auto insurance field. It appears we may be able to acquire the company. I spoke with Harvey Field, the president, and he told me the owner is looking to sell if the price is right. If we acquired it, we'd become the largest auto insurance provider in the country. We need to conduct a detailed examination of Blue Harvest and come up with a price we're willing to pay. Susan Phillips in Accounting is in charge of this project, so I'll let her tell you what we intend to do.

M 다음 안건은 Blue Harvest 보험과 관련된 것입니다. 아시다시피, 그곳은 자동차 보험업계에서 우리의 주요 경쟁사입니다. 우리가 그 회사를 인수할 수도 있을 것으로 보입니다. 제가 Harvey Field 사장과 이야기를 나누어 보았는데, 그는 가격이 적당하다면 그곳 기업주가 매각도 고려할 것이라고 말해 주었습니다. 만약 우리가 인수를 하게 된다면, 우리는 전국에서 가장 큰 보험회사가 될 것입니다. 우리는 Blue Harvest에 대해 면밀한 조사를 실시해야 할 것이며 우리가 지불하고자 하는 매입 가격을 산정해야 합니다. 회계부의 Susan Phillips가 이번 프로젝트를 책임지고 있기 때문에, 우리가 어떤 일을 계획하고 있는지 그녀의 말을 들어 보도록 하겠습니다.

어휘 **agenda** 의제, 안건 **concern** 관련이 있다 **competitor** 경쟁자 **insurance** 보험 **acquire** 얻다, 획득하다, 인수하다 **provider** 공급업자 **conduct** 실시하다, 시행하다 **examination** 조사, 검토 **come up with** (아이디어 등을) 떠올리다 **be willing to** 기꺼이 ~하다 **in charge of** ~을 책임지는, ~을 담당하는

71.
화자는 주로 무엇을 논의하는가?
(A) 경쟁사를 인수할 계획
(B) 회사의 연간 수익
(C) 자동차 보험업계
(D) 최근의 보험료 산정 문제

담화 전반에 걸쳐 화자는 Blue Harvest라는 보험 회사를 인수할 가능성과 인수에 필요한 업무 등을 언급하고 있다. 따라서 담화의 주제는 (A)이다.

어휘 **profit** 이익, 이윤 **recent** 최근의 **price** 가격; 가격을 정하다

72.
화자는 무엇을 하기를 원하는가?
(A) 회의를 정한다
(B) 지위를 변경한다
(C) 보험을 든다
(D) 경쟁사를 분석한다

담화 중반부에서 화자는 경쟁사를 인수하기 위해서는 'Blue Harvest에 대한 면밀한 조사'(a detailed examination of Blue Harvest)와 '매입 가격을 산정하는 일'(come up with a price we're willing to pay)이 필요하다고 말한다. 따라서 정답은 이들 중 전자와 관련이 있는 (D)이다.

73.
이 다음에 어떤 일이 일어날 것 같은가?
(A) 예산안이 설명될 것이다.
(B) 다른 사람이 말을 할 것이다.

(C) 설문 조사가 실시될 것이다.
(D) 슬라이드가 보여질 것이다.

마지막 문장에서 화자는 Susan Phillips라는 책임자를 소개한 후, I'll let her tell you what we intend to do라고 말한다. 즉 담화 이후에는 Susan Phillips가 이야기를 할 것으로 예상되므로 정답은 (B)이다.

[74-76]

W Hello, David. This is Janice Holloway. I received your message and would love to meet to discuss your company's services. You mentioned Wednesday, but that's not ideal for me. Instead, I'm free on Thursday afternoon between two and four. Would you mind visiting my office? My firm is in the Jackson Building on Seventh Avenue. I recommend taking the subway here because traffic is always terrible that time of the day. Take Exit 4 at Seventh Avenue Station and walk straight ahead for two minutes. I'm on the ninth floor in room 902. Please call me back to confirm you'll be able to make it here.

W 안녕하세요, David. Janice Holloway예요. 당신의 메시지를 받았는데, 만나서 당신 회사의 서비스에 관해 논의하면 좋겠어요. 당신은 수요일을 언급했지만, 제게는 그다지 좋은 시간이 아니에요. 대신, 저는 목요일 오후 2시부터 4시까지가 한가해요. 제 사무실로 오실 수 있나요? 저희 회사는 7번가 Jackson 빌딩 안에 있어요. 당일 그 시간대에는 교통 체증이 심각하기 때문에 지하철을 타고 여기에 오는 것을 추천할게요. Seventh Avenue 역 4번 출구로 나와서 2분 동안 직진하세요. 저는 9층의 902호실에 있어요. 제게 다시 전화를 해서 당신이 여기에 올 수 있는지 알려 주세요.

어휘 ideal 이상적인 recommend 추천하다 terrible 끔찍한 confirm 확인하다 make it 오다

74.

화자가 "That's not ideal for me"라고 말할 때 그녀는 무엇을 암시하는가?
(A) 그녀는 전화 인터뷰를 실시할 수 없다.
(B) 그녀는 자신의 사무실을 떠나려고 하지 않을 것이다.
(C) 그녀는 제안 가격이 너무 낮다고 생각한다.
(D) 그녀는 수요일에 만날 수 없다.

문맥상 that이 가리키는 것은 상대방이 만나자고 한 '수요일'이므로 주어진 문장의 의미는 (D)로 볼 수 있다. 그 다음 문장에서도 화자는 상대방에게 수요일이 아니라 목요일에 만나자는 제안을 하고 있다.

75.

화자는 왜 지하철을 이용하라고 제안하는가?
(A) 교통 체증이 심할 것으로 예상된다.
(B) 빌딩에 주차장이 없다.
(C) 시내에서 운전하는 것은 어렵다.
(D) 그녀의 사무실이 지하철역 바로 옆이다.

화자는 상대방에게 지하철 이용을 추천하면서 traffic is always terrible that time of the day라고 그 이유를 설명한다. 즉 교통 체증 때문에 지하철 이용을 제안을 한 것이므로 (A)가 정답이다. 사무실이 지하철역에서 2분 거리인 것은 사실이지만 가깝다는 점이 지하철을 추천한 직접적인 사유는 아니다.

어휘 parking lot 주차장 next to ~의 옆에

76.

화자는 청자에게 무엇을 하라고 요청하는가?

(A) 제품을 시연한다
(B) 확인용 이메일을 보낸다
(C) 서류를 가지고 온다
(D) 자신에게 전화를 한다

마지막 문장 'Please call me back to confirm you'll be able to make it here.'에서 화자가 요구한 것은 (D)의 '전화 통화'임을 알 수 있다.

어휘 product demonstration 제품 설명, 제품 시연 confirmation 확인 give ~ a phone call ~에게 전화하다

[77-79]

M Let me congratulate everybody on your performance last quarter. You not only met your expected production targets but also exceeded them by 25%. That has never happened before. As a result, we'll be handing out bonuses to everyone. First of all, every employee at the company will receive a cash bonus of five hundred dollars. In addition, the top two performers in each department will receive an extra five days of paid vacation. Those winners will be announced next week after I consult with the department heads. Now, let's keep up the great work and outdo ourselves this quarter.

M 지난 분기의 성과에 대해 모든 분들께 축하를 드리고자 합니다. 여러분께서는 생산 목표량을 달성하셨을 뿐만 아니라 목표량의 25%를 초과 달성하셨습니다. 유례가 없던 일입니다. 그 결과로, 저희는 모든 분들께 보너스를 지급해 드릴 예정입니다. 먼저, 사내 모든 직원들은 현금으로 500달러의 보너스를 받게 될 것입니다. 또한, 각 부서에서 가장 성과가 우수한 두 명의 직원에게는 5일간의 특별 휴가가 주어질 것입니다. 제가 부서장들과 상의를 한 후, 수상자는 다음 주에 발표될 것입니다. 자, 분위기를 이어서 이번 분기에도 잘 해 봅시다.

어휘 performance 성과; 공연 not only A but also B A뿐만 아니라 B도 meet 만나다; 맞추다 production target 생산 목표(량) exceed 초과하다 hand out 나누어 주다 bonus 보너스, 상여금 first of all 우선, 먼저 extra 추가의, 별도의 paid vacation 유급 휴가 announce 발표하다 consult 상의하다, 논의하다 keep up 유지하다 outdo oneself 전보다 잘하다

77.

화자가 "That has never happened before"라고 말할 때 그는 무엇을 의미하는가?
(A) 회사는 생산 목표를 달성한 적이 없다.
(B) 회사는 전에 수익을 낸 적이 없다.
(C) 회사는 직원들에게 보상을 한 적이 없다.
(D) 회사는 해외 지사를 개설한 적이 없다.

주어진 문장을 직역하면 '그러한 일은 전에 일어난 적이 없다'는 뜻인데, 바로 앞 문장에서 '그러한 일'이란 바로 목표량 달성임을 알 수 있다. 따라서 화자가 의미한 바는 (A)이다.

어휘 match 맞추다, 일치하다; (목표 등에) 부응하다 make a profit 이익을 내다, 수익을 내다 reward 보상하다 international 국제적인

78.

모든 직원들은 무엇을 받게 될 것인가?
(A) 현금
(B) 스톡 옵션

(C) 특별 휴가
(D) 다양한 선물

화자는 목표량을 초과 달성한 것에 대한 보상으로 전 직원들이 a cash bonus of five hundred dollars(500달러의 보너스)를 받게 될 것이라고 말한다. 정답은 (A)이다.

79.
화자는 다음 주에 무엇을 할 것인가?
(A) 각 부서를 방문한다
(B) 수상자를 지명한다
(C) 새 계약서에 서명한다
(D) 이번 분기의 계획을 소개한다

next week가 문제의 핵심 어구이므로 next week가 언급되는 부분을 잘 살펴야 한다. 화자는 담화 후반부에 'Those winners will be announced next week after I consult with the department heads.'라고 말하고 있으므로 다음 주에 이루어질 일은 (B)이다. 참고로 이 문장에서 각 부서장과의 회의가 다음 주에 이루어질 것인지 혹은 이번 주에 이루어질 것인지는 알 수 없다.

[80-82]

W Castor is pleased to announce our newest perfume, Escape. Escape is a rich blend of aromas designed to make you feel fresh and smell wonderful. It will be available at retail outlets and on our online sales platforms on December 15, just in time for the holidays. Escape comes in a convenient pump spray bottle and is available in two sizes, 100 and 200 milliliters. Both are reasonably priced for people of all incomes. Complimentary samples are available wherever Castor products are sold, and customers can make advance orders now. Be one of the first to try Escape, which has a rich fragrance you'll never forget.

W Castor의 최신 향수인 Escape를 알려 드리게 되어 기쁘게 생각합니다. Escape는 풍부한 향을 담고 있으며 상쾌한 기분과 놀라운 향기를 느낄 수 있도록 개발되었습니다. 휴가 시즌에 맞춰 12월 15일자로 소매점 및 온라인 판매 사이트에서 구입하실 수 있습니다. Escape는 편리한 펌프 스프레이 병으로 출시되며 100밀리미터와 200밀리리터 두 가지 사이즈로 구입이 가능합니다. 수입에 상관없이 모든 사람들을 위해 두 제품 모두 저렴한 가격으로 가격이 책정되었습니다. Castor 제품을 판매하는 모든 곳에서 무료 샘플을 받으실 수 있으며, 고객분들께서는 지금 예약 주문을 하실 수도 있습니다. 결코 잊을 수 없는 풍부한 향을 지닌 Escape를 가장 먼저 경험해 보십시오.

어휘 perfume 향수 rich 부자인; (향기 등이) 풍부한 blend 섞다; 혼합(물) aroma 향기 retail outlet 소매점 reasonably 합리적으로, 이성적으로 income 수입, 소득 complimentary sample 무료 샘플 advance order 예약 주문 fragrance 향기

80.
Castor는 어떤 종류의 회사인 것 같은가?
(A) 섬유 회사
(B) 전자 제품 회사
(C) 화장품 제조업체
(D) 미용실

Castor라는 업체명은 담화 후반부 중 'Complimentary samples are available wherever Castor products are sold, and customers can

make advance orders now.'에서 들을 수 있는데, 여기에서 무료 샘플이라 함은 Escape라는 향수의 샘플을 의미한다. 따라서 Castor는 (C)의 '화장품 회사'일 것이다.

81.
12월 15일에 어떤 일이 일어날 것인가?
(A) 세일이 시작될 것이다.
(B) 신제품을 구입할 수 있게 된다.
(C) 몇몇 소매점들이 문을 열 것이다.
(D) 제품 시연회가 실시될 것이다.

'It will be available at retail outlets and on our online sales platforms on December 15, just in time for the holidays.'라는 문장을 통해 12월 15일은 신제품인 Escape가 출시되는 날임을 알 수 있다. 정답은 (B)이다.

82.
사람들은 왜 Castor 제품이 판매되는 곳으로 갈 것인가?
(A) 경품에 응모하기 위해
(B) 일자리에 지원하기 위해
(C) 주문을 하기 위해
(D) 무료 샘플을 받기 위해

'Complimentary samples are available wherever Castor products are sold, and customers can make advance orders now.'에서 무료 샘플을 받기 위해서는 Castor 제품의 판매처로 가야 한다는 점을 알 수 있다. complimentary를 놓치지 않고 들었으면 쉽게 정답을 찾을 수 있는 문제로, 정답은 (D)이다.

[83-85]

M Before I play the latest tune by the Dervishes, I should report on last night's city council meeting. A decision was made to construct a sports facility near Highland Park. Supporters claim the stadium will create many jobs for local residents both during construction and after it's done. However, many believe the city's existing facility is sufficient and another one isn't necessary. The final cost is estimated at fifteen million dollars. That likely won't remain the same though. It's not known how the stadium will be funded, but property taxes may need to be raised. Okay, that's enough news for now.

M Dervishes의 최신 곡을 틀기 전에 어젯밤 시 의회의 회의에 대한 보도를 해 드리겠습니다. Highland 공원 근방에 스포츠 시설을 건설하겠다는 결정이 내려졌습니다. 지지자들은 건설 기간 동안, 그리고 건설 기간 이후에 지역 주민들을 위한 일자리가 많이 만들어질 것이라고 주장합니다. 하지만 다수의 사람들은 현재의 시내 시설들로도 충분하며 추가적인 시설은 필요하지 않다고 생각합니다. 최종 비용은 1천 5백만 달러로 추산됩니다. 하지만 계속 같은 가격으로 남아 있지는 않을 것입니다. 경기장 건설 자금이 어떻게 마련될 것인지는 알려지지 않았지만, 재산세가 인상되어야 할 수도 있습니다. 좋습니다, 현재로서는 이것이 전부입니다.

어휘 tune 곡 report on ~에 대해 보고[보도]하다 city council 시의회 claim 주장하다 existing 현재 존재하는 sufficient 충분한 final cost 최종 비용 estimate 추산하다, 추정하다 fund 자금; 자금을 대다 property tax 재산세

83.
화자에 의하면 새로운 경기장을 건설하는 것의 이점은 무엇인가?

(A) 프로 스포츠 팀이 그곳에서 경기를 할 것이다.
(B) 취업률이 증가할 것이다.
(C) 그곳에서 많은 콘서트가 열릴 것이다.
(D) 지역 주민들을 위한 행사가 마련될 것이다.

화자는 건설을 지지하는 사람들의 말을 빌려 '경기장이 지어지면 일자리가 많아 질 것'(the stadium will create many jobs for local residents)이라고 말한다. 따라서 경기장을 건설하는 것에 대한 이점은 (B)로 볼 수 있다.

어휘 professional 전문적인, 프로의 employment 고용, 채용(률) entertainment 오락, 여흥, 연회

84.

화자는 왜 "That likely won't remain the same though"라고 말하는가?
(A) 경기장을 짓기까지 여러 해가 걸릴 것이라고 주장하기 위해
(B) 비용이 바뀔 것이라는 점을 나타내기 위해
(C) 세금이 인상될 것이라고 예측하기 위해
(D) 경기장이 더 크게 지어질 것이라고 말하기 위해

주어진 문장은 '가격이 계속 같은 상태로 있지는 않을 것이다'는 의미로, 여기에서 that은 바로 앞 문장의 final cost를 가리킨다. 따라서 주어진 문장의 의미하는 바는 (B)이다.

85.

청자들은 이다음에 무엇을 듣게 될 것인가?
(A) 광고
(B) 스포츠 뉴스
(C) 날씨 뉴스
(D) 음악

담화 첫 부분에서 before I play the latest tune by the Dervishes라는 부분을 놓치지 않고 들었다면 청자들이 뉴스를 들은 후에 듣게 될 것은 'Dervishes의 최신 곡'임을 알 수 있다. 따라서 (D)가 정답이다.

[86-88]

> **W** Thank you for attending this afternoon's workshop. We'll be discussing different methods small businesses can use to improve their marketing. As you know, the biggest difficulty small businesses face is that they have fewer resources than their larger competitors. So we'll learn how to minimize those disadvantages and how to maximize the benefits of being small. Our three goals over the next four hours are to understand selective audience targeting, how to utilize the image of being small, and how to benefit from local opportunities in ways larger firms cannot. Let's start by partnering up with one another and making a list of traditional concepts in targeting potential customers.
>
> - - - - - - - -
>
> **W** 오늘 오후의 워크숍에 참석해 주셔서 감사합니다. 우리는 중소기업들이 효과적인 마케팅을 위해 사용할 수 있는 여러 가지 방법에 대해 논의할 것입니다. 아시다시피, 중소기업들이 마주하는 가장 큰 어려움은 규모가 큰 경쟁업체보다 적은 자원을 지니고 있다는 점입니다. 따라서 우리는 그러한 단점을 최소화하고 작다는 것의 장점을 최대화시킬 수 있는 방법을 찾아야 합니다. 이후 4시간 동안 우리의 세 가지 목표는 선택적 오디언스 타게팅 이해하기, 작다는 이미지를 활용하는 방법, 그리고 큰 회사가 할 수 없는 방법을 통해 지역적인 기회로부터 이익을 얻는 법이 될 것입니다. 파트너끼리 모여서 잠재 고객 타게팅의 전통적인 개념들을 표로 만들어 보는 것으로 시작해 보죠.

어휘 face 마주하다, 직면하다 resource 자원 minimize 최소화하다 disadvantage 불리한 점 maximize 최대화하다 benefit 혜택; 이익을 얻다 goal 목적, 목표 selective 선택적인 audience targeting 오디언스 타게팅 (데이터에서 특정 조건을 만족하는 대상만 추출해 목표 대상으로 삼는 마케팅 기법) utilize 활용하다 partner up with ~와 파트너가 되다, ~와 협동하다 potential customer 잠재 고객 make a list of ~을 표로 만들다

86.

청자들은 누구인 것 같은가?
(A) 기업체 오너
(B) 구직자
(C) 신입 사원
(D) 마케팅 전공 학생

담화의 전반적인 내용을 통해 이 담화는 small businesses를 위한 강연임을 알 수 있다. 따라서 청자들은 중소기업의 사장일 것이므로 정답은 (A)가 된다.

87.

화자에 의하면 중소기업이 가지고 있는 단점은 무엇인가?
(A) 자원의 부족
(B) 지역적 영향력의 부재
(C) 마케팅 능력의 부족
(D) 뛰어난 직원의 부재

화자는 중소기업이 직면하는 가장 큰 문제로 '대기업에 비해 자원이 부족하다'(they have fewer resources than their larger competitors)는 점을 지적하고 있다. 따라서 담화에서 언급된 중소기업의 단점은 (A)이다.

88.

화자는 청자들에게 무엇을 하라고 말하는가?
(A) 롤플레이 활동을 한다
(B) 자신이 한 말을 필기한다
(C) 함께 할 사람을 찾는다
(D) 각자의 상황을 설명한다

화자는 마지막 문장에서 '파트너끼리 모여서'(partnering up with one another)과 '기존 개념들을 표로 만드는 일'(making a list of traditional concepts)을 하자고 제안하고 있다. 보기 중 정답은 이들 중 전자의 의미와 관련된 (C)이다.

[89-91]

> **M** I'm the first to admit that conditions are less than ideal for fast-food restaurants these days. We've seen a massive decline in spending by consumers concerned about the nutritional value of their meals. To improve our profitability, we must rebrand ourselves as a healthy establishment. We'll focus on our food selection, ingredients, and image. We'll be creating new menu options, such as sweet potato crisps to replace French fries. Several dessert selections will be eliminated since they're high in calories. Most importantly, our advertising will focus on items like salads and grilled chicken. Now, look at these slides, which show how we expect these moves to affect revenues.

M 요즘 패스트푸드점의 상황은 결코 이상적이지 못하다는 점을 우선적으로 인정하고자 합니다. 우리는, 패스트푸드점 식단의 영양학적 가치에 대해 우려하는 소비자들에 의한, 큰 폭의 소비 감소를 목격해 왔습니다. 수익성을 개선시키기 위해서는 우리의 브랜드 이미지를 건강한 식당으로 바꾸어야 합니다. 우리는 메뉴, 재료, 그리고 이미지에 집중할 것입니다. 감자칩을 대신할 고구마칩과 같은 새로운 메뉴를 개발하게 될 것입니다. 칼로리가 높다는 이유로 몇몇 디저트는 사라질 것입니다. 가장 중요한 것은, 우리의 광고가 샐러드나 그릴에 구운 치킨 같은 메뉴에 초점을 맞추게 될 것이라는 점입니다. 자, 이 슬라이드를 보시면, 이러한 조치를 통해 수익에 어떠한 영향이 미칠 것으로 예상되는지 아시게 될 것입니다.

어휘 admit 인정하다 ideal 이상적인 massive 대량의 decline 감소, 쇠퇴 nutritional 영양학적인 value 가치 profitability 수익성 rebrand 브랜드 이미지를 쇄신하다 ingredient 재료 eliminate 없애다, 제거하다 grilled 그릴에 구운 move 움직임 revenue 수입

89.
담화는 어디에서 이루어지는 것 같은가?
(A) 협의회
(B) 무역 박람회
(C) 직원 회의
(D) 시상식

담화 곳곳에서 we와 fast-food restaurants의 관계가 드러나 있다. 즉 화자의 회사는 패스트푸드 식당을 관할하는 회사이며, 청중은 그러한 회사의 직원일 것으로 추측할 수 있다. 따라서 담화가 이루어지고 있는 곳은 (C)의 '직원 회의'일 것이다.

90.
화자는 회사가 어떻게 수익을 낼 것으로 기대하는가?
(A) 몇몇 가맹점을 없앰으로써
(B) 보다 저렴한 재료를 구입함으로써
(C) 마케팅에 돈을 더 많이 씀으로써
(D) 회사의 이미지를 바꿈으로써

화자는 수익성을 높이기 위해 '건강한 식당으로 브랜드 이미지를 바꾸어야 한다'(we must rebrand ourselves as a healthy establishment)는 점을 강조한다. 따라서 (D)가 정답이다.

91.
화자는 디저트에 대해 무엇을 말하는가?
(A) 더 이상 제공되지 않을 것이다.
(B) 저지방 메뉴이다.
(C) 가격이 인하되었다.
(D) 사이즈가 크다

'Several dessert selections will be eliminated since they're high in calories.'라는 문장을 통해 칼로리가 높은 일부 디저트는 메뉴에서 사라질 것임을 알 수 있다. 정답은 (A)이다.

[92-94]

W You have reached Hudson Bank's credit services. Our offices are currently closed for the day. Our business hours are from Monday to Friday from 9 A.M. to 7 P.M. To report a lost or stolen card, press 1. To check your account balance, press 2. To transfer your account balance from another card to your Hudson Bank card, press 3. To apply for a new Hudson Bank credit card or to increase your credit limit, press 4. To leave a message to have us call you back, press 5. You may also check your account by going to www.hudsonbank.com. This message will automatically repeat in ten seconds.

W Hudson 은행의 신용 서비스에 연결되셨습니다. 저희 지점들의 금일 영업은 종료되었습니다. 저희의 영업 시간은 월요일부터 금요일까지, 오전 9시부터 오후 7시까지입니다. 카드 분실이나 도난을 신고하시려면 1번을 눌러 주십시오. 결제 금액을 확인하시려면 2번을 눌러 주십시오. 다른 카드의 잔액을 Hudson 카드로 이체하시려면 3번을 눌러 주십시오. Hudson 은행 신용 카드를 신규로 신청하시거나 카드 한도를 증액시키시려면 4번을 눌러 주십시오. 답신 전화를 요구하는 메시지를 남기시려면 5번을 눌러 주십시오. 계좌 조회는 www.hudsonbank.com에서도 가능합니다. 이 메시지는 10초 후 자동으로 반복됩니다.

어휘 account balance 계좌 잔액; (신용 카드의) 결제 금액 transfer 송금하다 apply for ~을 신청하다 credit limit 카드 한도 automatically 자동으로

92.
왜 메시지가 재생되고 있는가?
(A) 은행이 현재 문을 닫았다.
(B) 휴일이다.
(C) 교환원들이 모두 통화 중이다.
(D) 기술적인 문제가 있다.

'Our offices are currently closed for the day.'라는 문장에서 당일 영업 종료로 인해 메시지가 재생되고 있다는 점을 확인할 수 있다. 정답은 (A)이다.

93.
신용 카드로 결제한 금액이 얼마인지는 어떻게 알 수 있는가?
(A) 1번을 누름으로써
(B) 2번을 누름으로써
(C) 다른 전화번호로 전화를 함으로써
(D) 음성 메시지를 남김으로써

질문의 how much money is owed on a credit card는 신용 카드를 써서 부채를 지고 있는 금액, 즉 '신용 카드로 결제한 금액'(account balance)을 뜻한다. 메시지에서 이는 2번을 누름으로써 확인이 가능하다고 했으므로 정답은 (B)이다.

94.
은행의 서비스에 대해 언급되어 있는 것은 무엇인가?
(A) 업그레이드되고 있다.
(B) 온라인으로 이용이 가능하다.
(C) 더 이상 온라인으로 이용할 수 없다.
(D) 전세계 사람들에 의해 이용되고 있다.

담화 후반부에서 화자는 'You may also check your account by going to www.hudsonbank.com.'이라고 말하면서 계좌 조회는 온라인으로도 할 수 있다고 안내한다. 따라서 보기 중 언급되어 있는 사항은 (B)이다.

어휘 no longer 더 이상 ~이 아니다

[95-97]

담당자	전화번호
Robert Spartan	874-8547
Jessica Davis	874-9038
Marcia West	874-1294
Allen Barksdale	874-7594

W According to our sales predictions, we'll experience an excellent second quarter just about everywhere. Sales are up in Asia, Australia, and Europe. They're a bit down in the United States, but we'll still be profitable. The only place we're losing money is in Canada, but we just expanded there, so that's not very surprising. Now, one last thing before we finish. Some of you still haven't signed up for your medical insurance. That needs to be done no later than today at 6:00, so get in touch with Jessica Davis at once. This benefit is part of your employment package, so take advantage of it.

W 판매량을 예측해 보니 전 지역에서 대단한 2분기를 맞이하게 될 것 같습니다. 아시아, 호주, 그리고 유럽 내의 판매량이 증가하고 있습니다. 미국에서는 약간 저조한 편이지만, 계속해서 수익은 날 것입니다. 적자가 발생하고 있는 유일한 지역은 캐나다인데, 얼마 전 그곳에서 사업 확장을 했기 때문에, 이는 그다지 놀라운 일이 아닙니다. 자, 마치기 전에 한 말씀 더 드리겠습니다. 여러분들 중 몇 몇 분들께서는 아직 의료 보험에 가입이 되어 있지 않으십니다. 늦어도 오늘 6시까지는 가입을 마치셔야 하기 때문에 즉시 Jessica Davis에게 연락을 주십시오. 이 혜택은 직원 복지의 일환이므로 받으셔야 합니다.

어휘 prediction 예측, 예상 experience 겪다, 경험하다 profitable 수익을 내는 medical insurance 의료 보험 not later than 늦어도 ~까지 get in touch with ~와 연락하다 employment package 직원 복지 혜택 take advantage of ~을 이용하다

95.
화자는 캐나다에 대해 무엇을 언급하는가?
(A) 최근에 그곳에서 신규 지점들이 문을 열었다.
(B) 그곳은 가장 많은 수익이 발생하는 지역이다.
(C) 그곳의 수입은 아직 보고되지 않았다.
(D) 판매량이 아시아 내의 판매량과 비슷하다.

캐나다가 언급되고 있는 부분은 'The only place we're losing money is in Canada, but we just expanded there, so that's not very surprising.'이다. 여기에서 화자는 캐나다에서 손실을 보고 있지만 그 이유는 사업 확장 때문이라고 말하고 있으므로, 보기에서 사업 확장과 관련된 내용을 찾으면 정답은 (A)이다.

96.
화자의 의하면 청자들은 무엇을 해야 하는가?
(A) 복지 혜택을 신청한다
(B) 초과 근무를 한다
(C) 자료 보고서를 제출한다
(D) 세미나에 등록한다

담화의 후반부에서 화자는 'Some of you still haven't signed up for your medical insurance.'라고 말하면서 청자들에게 의료 보험 가입을 촉구하고 있다. 따라서 정답은 (A)이다. 위 문장에서 signed up for만 듣고 정답을 (D)로 골라서는 안 된다.

97.
도표를 보아라. 청자들은 어떤 번호로 전화를 걸 것인가?
(A) 874-8547
(B) 874-9038
(C) 874-1294
(D) 874-7594

의료 보험에 가입되어 있지 않은 직원은 6시까지 Jessica Davis에게 연락하라고 했으므로 도표에서 Jessica Davis의 전화번호를 찾으면 정답이 (B)임을 쉽게 알 수 있다. 문제를 듣기 전에 도표에 사람 이름이 적혀 있다는 것을 먼저 인지하고 사람의 이름이 거론되는 부분을 특히 주의해서 듣도록 하자.

[98-100]

교육 일정		
월요일	9:00 A.M. – 12:00 P.M.	영업부
월요일	1:00 P.M. – 4:00 P.M.	인사부
화요일	9:00 A.M. – 12:00 P.M.	홍보부
화요일	1:00 P.M. – 4:00 P.M.	회계부

W I'd like everyone to know that we finally received the schedule for the software training that we'll be getting from Rider Technology. It appears as though we'll have our session next Tuesday morning. It's supposed to last for three hours, and your attendance is mandatory. That means everyone has to cancel any meetings or appointments which you have scheduled during that time. If you don't attend, you'll receive an official reprimand and have to pay to get training on your own time. John, I know you're scheduled to fly to Hong Kong on that day, so you've been placed in the Monday afternoon class.

W Rider Technology에서 진행할 소프트웨어 교육 일정이 드디어 입수되었다는 점을 모든 분들께 알려 드리려고 해요. 우리의 교육 시간은 다음 주 화요일인 것 같군요. 3시간 동안 진행될 예정이고 참석은 의무예요. 해당 시간에 회의나 약속이 잡혀 있는 분들은 모두 취소를 해야 한다는 점을 의미하죠. 참석하지 않으면 징계를 받게 될 것이고 따로 시간을 내서 유료로 교육을 받아야 할 거예요. John, 당신이 그날 홍콩으로 갈 예정이라는 점은 제가 알고 있기 때문에, 당신은 월요일 오후 수업에 배정이 되었어요.

어휘 training 훈련, 교육 as though 마치 ~인 것처럼 last 지속되다, 계속되다 mandatory 의무적인, 강제적인 official reprimand 징계 on one's own time 근무 시간 외에

98.
도표를 보아라. 청자들은 어느 부서에서 일을 하는가?
(A) 영업부
(B) 인사부
(C) 홍보부
(D) 회계부

화자는 '우리의 교육 시간은 화요일 오전이 될 것이다'(we'll have our session next Tuesday morning)고 말하고 있으므로 도표에서 화요일 오전의 교육 대상 부서를 찾으면 청자들이 소속되어 있는 부서는 (C)의 '홍보부' 임을 알 수 있다.

99.

화자는 교육에 대해 무엇을 말하는가?

(A) 모든 사람이 참석해야 한다.
(B) 2시간 동안 진행될 것이다.
(C) 새로운 장비와 관련이 있다.
(D) 청자들은 실험실에서 받게될 것이다.

'참석이 강제적이다'(your attendance is mandatory)라고 한 부분과 '회의나 약속이 있는 사람은 모두 취소를 해야 한다'(everyone has to cancel any meetings or appointments which you have scheduled)는 언급 등을 통해 정답은 (A)임을 알 수 있다. 참고로 (B)의 경우, 교육은 3시간 동안 진행될 예정이고, 교육 시간에는 소프트웨어와 관련된 내용이 다루어질 것이기 때문에 (C) 또한 오답이다.

100.

화자는 John에게 무엇을 하라고 말하는가?

(A) 별도의 수업료를 지불한다
(B) 출장을 취소한다
(C) 다른 날에 교육을 받는다
(D) 비행기표를 예약한다

마지막 문장에서 화자는 John이라는 사람의 홍콩 출장 계획을 미리 알고 있었다고 언급한 후, you've been placed in the Monday afternoon class라고 말한다. 따라서 화자가 John에게 지시한 사항은 화요일이 아니라 월요일에 교육을 받으라는 것이므로 정답은 (C)이다.

PART 1

					p.24
1. (B)	**2.** (C)	**3.** (A)	**4.** (B)	**5.** (A)	
6. (B)					

PART 2

					p.28
7. (C)	**8.** (B)	**9.** (A)	**10.** (C)	**11.** (C)	
12. (A)	**13.** (B)	**14.** (B)	**15.** (C)	**16.** (A)	
17. (C)	**18.** (B)	**19.** (C)	**20.** (B)	**21.** (A)	
22. (A)	**23.** (B)	**24.** (B)	**25.** (C)	**26.** (A)	
27. (B)	**28.** (C)	**29.** (A)	**30.** (C)	**31.** (B)	

PART 3

					p.29
32. (C)	**33.** (D)	**34.** (B)	**35.** (A)	**36.** (C)	
37. (A)	**38.** (C)	**39.** (A)	**40.** (C)	**41.** (B)	
42. (C)	**43.** (A)	**44.** (C)	**45.** (B)	**46.** (D)	
47. (B)	**48.** (D)	**49.** (A)	**50.** (D)	**51.** (A)	
52. (B)	**53.** (D)	**54.** (B)	**55.** (B)	**56.** (A)	
57. (C)	**58.** (B)	**59.** (A)	**60.** (B)	**61.** (C)	
62. (B)	**63.** (D)	**64.** (A)	**65.** (D)	**66.** (C)	
67. (B)	**68.** (D)	**69.** (C)	**70.** (B)		

PART 4

					p.33
71. (D)	**72.** (B)	**73.** (C)	**74.** (B)	**75.** (D)	
76. (A)	**77.** (B)	**78.** (D)	**79.** (C)	**80.** (A)	
81. (A)	**82.** (C)	**83.** (C)	**84.** (A)	**85.** (D)	
86. (B)	**87.** (C)	**88.** (B)	**89.** (B)	**90.** (D)	
91. (B)	**92.** (C)	**93.** (A)	**94.** (B)	**95.** (C)	
96. (D)	**97.** (B)	**98.** (C)	**99.** (A)	**100.** (B)	

PART 1

1.

(A) Passengers are getting off the airplane.
(B) People are preparing to get on board.
(C) They are putting their bags under their seats.
(D) All of the people appear to be bored.

(A) 승객들이 비행기에서 내리고 있다.
(B) 사람들이 탑승 준비를 하고 있다.
(C) 그들은 좌석 밑으로 가방을 넣고 있다.
(D) 모든 사람들이 지루해 보인다.

사진 속 인물들은 비행기에서 내리고 있는 것이 아니라 기차에 타고 있으므로 (A)는 정답이 될 수 없다. 사람들은 짐을 들고 타고 있을 뿐, 자리에 짐을 놓고 있지는 않으므로 (C) 역시 오답이다. (D)는 board(탑승하다)와 발음이 비슷한 bored(지루한)를 이용한 함정이다. 정답은 사람들이 탑승 준비를 하고 있다고 설명한 (B)이다.

어휘 get off (탈 것에서) 내리다, 하차하다 prepare 준비하다 get on board 탑승하다 appear to ~처럼 보이다

2.

(A) The laptop computer has been turned on.
(B) Papers are scattered on top of the desk.
(C) A monitor has been placed behind a keyboard.
(D) The printer is right beside the desktop computer.

(A) 노트북 컴퓨터가 켜져 있다.
(B) 종이들이 책상 위에 흩어져 있다.
(C) 모니터는 키보드 뒤에 놓여 있다.
(D) 프린터는 데스크톱 컴퓨터 바로 옆에 있다.

사람이 없는 사무실 풍경을 보여 주고 있으므로 사물들의 배치 방식에 특히 주의하여 문제를 풀도록 한다. 노트북 컴퓨터와 흩어져 있는 서류들은 보이지 않기 때문에 (A)와 (B)는 정답이 될 수 없고, 프린터는 컴퓨터와 서로 떨어져 있으므로 이들이 인접해 있다고 설명한 (D) 역시 오답이다. 정답은 모니터와 키보드의 위치를 올바르게 설명한 (C)이다.

어휘 turn on 켜다 scatter 뿌리다 on top of ~의 위에 place 두다, 놓다

3.

(A) Several people are sitting at a table.
(B) Everyone has taken a seat.
(C) Pictures are being drawn on the board.
(D) One person is standing by the window.

(A) 몇몇 사람들이 테이블에 앉아 있다.
(B) 모든 사람들이 앉아 있다.
(C) 칠판에 그림이 그려지고 있다.
(D) 한 사람은 창가에 서 있다.

사진 속 사람들이 서로 다른 행동을 하고 있으므로 각 인물의 행동을 유심히 살피지 않으면 틀리기 쉬운 문제이다. 정답은 테이블에 사람들이 앉아 있다고 묘사한 (A)이다. 중앙에 있는 사람은 서 있기 때문에 (B)는 정답이 될 수 없고, 칠판에는 아직 그려지거나 쓰여진 것이 없으므로 (C) 역시 오답이다. 왼쪽 창가에 있는 사람은 앉아 있기 때문에 (D)도 정답이 될 수 없다.

어휘 take a seat 앉다 draw (그림을) 그리다

4.

(A) Nobody saw the construction site.
(B) A tool is being used by a worker.
(C) The carpenter is nailing some wood.
(D) He is putting a brick on the wall.

(A) 아무도 공사 현장을 보지 못했다.
(B) 인부에 의해 도구가 사용되고 있다.
(C) 목수가 나무에 못질을 하고 있다.
(D) 그는 벽에 벽돌을 쌓고 있다.

인부가 도구를 사용하고 있다고 설명한 (B)가 정답이다. (A)의 saw는 '톱질하다'라는 뜻의 동사가 아니라 see(보다)의 과거형이다. (C)의 경우, nailing(못질하다)을 cutting(자르다) 등의 동사로 바꾸어야 올바른 설명이 될 수 있다.

어휘 construction site 공사 현장 tool 도구 carpenter 목수 nail 못; 못을 박다 brick 벽돌

5.

(A) People have gathered together in groups.
(B) Bicycles are being ridden in the park.
(C) Some cars have been parked on the grounds.
(D) Someone is drinking from a water fountain.

(A) 사람들이 무리를 지어 모여 있다.
(B) 공원에서 자전거가 돌아다니고 있다.
(C) 자동차가 주차되어 있다.
(D) 누군가가 식수대에서 물을 마시고 있다.

사진 속의 사람들이 모여 있는 모습을 올바르게 묘사한 (A)가 정답이다. 사진 속 자전거에 사람이 타고 있지 않으므로 (B)는 정답이 될 수 없고, 뉘어서 주차되어 있는 것은 '차'(cars)가 아니라 '자전거'(bicycles)이기 때문에 (C) 역시 오답이다. 분수대가 보이기는 하나 물을 마시고 있는 사람은 찾아볼 수 없으므로 (D)도 정답이 아니다.

어휘 gather together 모이다   water fountain 분수대, 식수대

6.

(A) He is putting on some kitchen mitts.
(B) Bread has been baked in an oven.
(C) Food is being cooked on the stove.
(D) He is taking the bread out of the toaster.

(A) 그는 주방용 장갑을 착용하는 중이다.
(B) 오븐에서 빵이 구워졌다.
(C) 음식이 스토브에서 요리되고 있다.
(D) 그는 토스터에서 빵을 꺼내고 있다.

현재진행형의 의미와 현재완료의 의미를 이해하고 있어야 정답을 찾을 수 있는 문제이다. (A)의 경우, is putting(끼고 있는 중이다)을 has put(꼈다)으로 바꾸어야 올바른 설명이 되고, (C)의 경우에는 is being cooked(요리되고 있는 중이다)를 has been cooked(요리가 되었다) 등으로 바꾸어야 올바른 설명이 될 수 있다. 정답은 빵이 구워졌다고 설명한 (B)이다. (D)의 경우에는 toaster(토스터)가 oven(오븐) 등의 단어로 대체되어야 정답이 될 수 있다.

어휘 mitt 장갑   bake 굽다   stove 난로, 스토브   take A out of B B에서 A를 꺼내다

PART 2

7.

Can you contact the client this afternoon?
(A) Yes, he signed the contract.
(B) I don't think he has arrived yet.
(C) Sure. I'll get in touch with her.

오늘 오후에 고객한테 연락해 줄 수 있나요?
(A) 네, 그가 계약서에 서명했어요.
(B) 그는 아직 도착하지 않은 것 같아요.
(C) 물론이죠. 제가 연락해 볼게요.

조동사 can을 이용하여 상대방에게 부탁을 하고 있다. 따라서 수락이나 거절의 의미를 나타내는 답변이 이어져야 하는데 보기 중에서는 (C)가 수락의 의미를 나타내고 있다.

어휘 contact 연락하다   arrive 도착하다   get in touch with ~와 연락하다

8.

Where should we meet before the conference?
(A) About two hours from now.
(B) In the hotel's lobby.
(C) On the sixteenth of March.

콘퍼런스 전에 어디에서 만날까요?
(A) 지금부터 약 2시간 후에요.
(B) 호텔 로비에서요.
(C) 3월 16일에요.

의문사 where에 착안하면 정답은 장소를 가리키고 있는 (B)라는 점을 쉽게 알 수 있다.

어휘 lobby 로비

9.

Ms. Sullivan hasn't left the office for the day, has she?
(A) I just saw her step into the lounge.
(B) She works in the Accounting Department.
(C) For the past fifteen years or so.

Sullivan 씨께서 아직 퇴근하지 않으셨죠, 그렇죠?
(A) 방금 전에 라운지로 가시는 것을 보았어요.
(B) 그녀는 회계 부서에서 일을 해요.
(C) 대략 15년 동안이요.

부가의문문을 이용해 Sullivan 씨의 퇴근 여부를 묻고 있다. 정답은 '아직 퇴근하지 않았다'라는 뜻을 간접적으로 내비친 (A)이다.

어휘 leave the office for the day 퇴근하다   step into ~으로 걸어 들어가다   lounge 휴게실, 라운지

10.

The bus should arrive in five minutes.
(A) The number 133 bus to the stadium.
(B) It's the second stop from now.
(C) Great. I'm getting tired of waiting.

5분 후에 버스가 도착할 거예요.
(A) 경기장으로 가는 133번 버스요.
(B) 지금부터 2정거장 후에요.
(C) 잘 되었군요. 기다리는 건 지겨워요.

버스가 곧 도착한다는 정보를 알리고 있다. 따라서 그에 대한 반색의 의미를 나타내고 있는 (C)가 가장 자연스러운 답변이다.

어휘 stadium 경기장   stop 정류장   get tired of ~에 싫증이 나다

11.

Are you planning to go out for lunch?
(A) No, everyone went to the cafeteria.
(B) A turkey and cheese sandwich.
(C) I'll probably just eat at my desk.

밖에서 점심을 먹을 생각인가요?
(A) 아니요, 모두가 구내 식당으로 갔어요.
(B) 칠면조 고기와 치즈를 넣은 샌드위치요.
(C) 아마 제 자리에서 먹게 될 것 같아요.

일반의문문을 이용하여 상대방에 밖에서 점심을 먹을 것인지 묻고 있다. 따라서 '아니요'라는 의미를 간접적으로 나타내고 있는 (C)가 정답이다. (B)는 점심 메뉴를 물었을 때 이어질 수 있는 답변이다.

어휘 plan to ~할 계획이다   cafeteria 구내 식당, 카페테리아   turkey 칠면조   probably 아마도

12.

Why did Randolph, Inc. call off the deal?
(A) Its CEO refused to approve it.
(B) Nobody from there has called me.

(C) That's right. We have a deal.

Randolph 사가 왜 거래를 취소시켰나요?
(A) 그쪽 대표 이사가 승인을 거부했어요.
(B) 그곳의 누구도 제게 전화하지 않았어요.
(C) 맞아요. 우리가 계약했어요.

의문사 why를 이용하여 거래가 취소된 이유를 묻고 있으므로 '대표가 거절을 했다'는 이유를 제시한 (A)가 정답이다. (B)는 질문에서 사용된 call을, (C)는 deal를 중복 사용하여 오답을 유도하고 있는 함정이다.

어휘 call off 취소하다 deal 거래 refuse 거절하다, 거부하다
approve 승인하다

13.

We had better take the nonstop flight there.
(A) Two hours and twenty minutes.
(B) But it will cost a lot more.
(C) On our way to Moscow.

그곳까지는 직항편을 이용하는 것이 좋겠어요.
(A) 2시간 20분이요.
(B) 하지만 비용이 훨씬 더 많이 들 거예요.
(C) 모스크바로 가는 중이에요.

직항편을 이용하자는 의견을 나타내고 있다. 따라서 그에 대한 자신의 생각을 밝힌 (B)가 가장 자연스러운 답변이다.

어휘 had better ~하는 편이 낫다 nonstop flight 직항편 on one's
way to ~으로 가는 중에

14.

Would you rather have an ocean view or a mountain one?
(A) Yes, that's the one I chose.
(B) I love looking out at the water.
(C) That's where we went today.

오션뷰로 하시겠어요, 아니면 마운틴뷰로 하시겠어요?
(A) 네, 그것이 제가 선택한 것이에요.
(B) 저는 바다가 보이는 것이 좋아요.
(C) 그곳이 오늘 저희가 갔던 곳이에요.

선택의문문으로 질문을 하고 있으므로 정답은 간접적으로 오션뷰를 선택한 (B)이다.

어휘 ocean view 오션뷰 (바다가 보이는 객실) mountain view 마운틴
뷰 (산이 보이는 객실)

15.

What kind of arrangement did the team negotiate?
(A) With a group from Farrow Manufacturing.
(B) The session lasted several hours.
(C) The details haven't been made public.

그 팀이 어떠한 합의를 이끌어냈나요?
(A) Farrow 제조사에서 온 사람들과 함께요.
(B) 회의는 몇 시간 동안 계속되었어요.
(C) 자세한 내용은 공표되지 않았어요.

어떤 합의가 이루어졌는지를 묻는 질문에 협상 상대를 말한 (A)나 회의 시간을 언급한 (B)는 정답이 될 수 없다. 정답은 '아직 발표된 것이 없으니 알 수 없다'는 의미를 나타낸 (C)이다.

어휘 arrangement 배치, 배열; 합의 negotiate 협상하다, 성사시키다

session 회기 detail 상세한; 세부사항 make public 공표하다

16.

The awards ceremony is taking place next Thursday.
(A) I'll be in Venice all next week.
(B) We had a wonderful time there.
(C) Congratulations on winning.

시상식은 다음 주 목요일에 열릴 거예요.
(A) 저는 다음 주 내내 베니스에 있을 거예요.
(B) 우리는 그곳에서 멋진 시간을 보냈어요.
(C) 수상한 것을 축하해요.

다음 주에 예정된 행사에 대해 이야기하고 있으므로 정답은 본인의 스케줄을 말함으로써 간접적으로 시상식에 참여할 수 없다는 점을 밝힌 (A)이다. 전형적이지 않은 평서문으로 시작되는 비교적 어려운 문제이기 때문에 오답을 하나씩 소거하는 방식으로 문제를 풀 수도 있다.

어휘 awards ceremony 시상식 take place 일어나다, 발생하다

17.

How much money will we make on the deal?
(A) I earned $50,000 last year.
(B) You've got yourself a deal.
(C) Close to a million dollars.

그 거래로 우리가 얼마나 많은 돈을 벌게 될까요?
(A) 저는 작년에 50,000달러를 벌었어요.
(B) 그럼 그렇게 하시죠.
(C) 거의 백만 달러요.

how much money로 묻고 있기 때문에 구체적인 금액으로 답변을 해야 한다. 따라서 정답은 (C)이다. (A) 역시 구체적인 금액을 언급하고 있기는 하지만, 질문과 상관이 없는 시제와 주어를 사용하고 있기 때문에 이는 오답이다.

어휘 make money 돈을 벌다 deal 거래 You've got yourself a
deal. 그렇게 합시다. million 백만

18.

Isn't there someone who can sort these files?
(A) All sorts of different files.
(B) Tina is free right now.
(C) No, they haven't been sorted.

이 파일들을 정리해 줄 수 있는 사람이 없을까요?
(A) 온갖 종류의 파일들이에요.
(B) Tina가 지금 한가해요.
(C) 아니요, 분류되지 않았어요.

파일을 정리할 사람을 찾고 있으므로 정답은 구체적인 사람을 지목한 (B)이다. (A)와 (C)는 각각 질문에서 사용된 sort의 발음과 뜻을 이용한 오답이다.

어휘 sort 분류하다; 종류

19.

Have you made any plans for the weekend yet?
(A) I saw the exhibition at the gallery.
(B) That's what I'm planning to do.
(C) I'll probably spend time with my family.

주말 계획을 세웠나요?
(A) 저는 미술관 전시회에 다녀왔어요.
(B) 그것이 바로 제가 하려고 하는 일이에요.

(C) 아마도 가족들과 시간을 보낼 것 같아요.

주말 계획을 세웠는지 묻고 있다. 앞으로의 계획을 묻는 질문에 과거의 행동을 언급한 (A)는 정답이 될 수 없고, (B)는 질문의 plan을 이용한 함정이다. 정답은 '가족들과 보낼 것'이라는 계획을 밝힌 (C)이다.

어휘 make plans 계획을 세우다 exhibition 전시, 전시회 gallery 미술관

20.

The supervisor hasn't made the schedule yet, has he?

(A) I worked the night shift last week.
(B) It's posted on the bulletin board.
(C) She's under constant supervision.

관리자가 아직 일정을 짜지 않았죠, 그렇죠?
(A) 저는 지난 주에 야간 근무를 했어요.
(B) 게시판에 게시되어 있어요.
(C) 그녀는 지속적으로 감독을 받고 있어요.

(B)의 it이 schedule을 가리킨다는 것을 이해하면 쉽게 풀 수 있는 문제이다. 스케줄이 확정되지 않았는지 묻는 질문에 '(이미) 게시되어 있다'는 말로 대답한 (B)가 정답이다.

어휘 supervisor 감독관, 관리자 night shift 야간 근무 post 부착하다, 게시하다 bulletin board 게시판 constant 변함없는 supervision 감독, 관리

21.

A pipe in the bathroom is leaking water.

(A) Do you think you can fix it?
(B) On the third floor by the lounge.
(C) I'll check out the water fountain.

욕실 파이프에서 물이 새고 있어요.
(A) 고칠 수 있을 것이라고 생각하나요?
(B) 3층 라운지에서요.
(C) 제가 식수대를 확인해 볼게요.

욕실에서 누수가 일어나고 있다고 했으므로 이를 고칠 수 있는지 되물은 (A)가 가장 자연스러운 답변이다. (C)의 water fountain(식수대)은 욕실이 아니라 주방 등에서 볼 수 있는 설비이다.

어휘 leak (물이) 새다 fix 고치다 check out 확인하다 water fountain 식수대

22.

Didn't you sign for the package when it arrived?

(A) It was just sitting on my desk.
(B) Yes, I put the sign in the window.
(C) She hasn't arrived here yet.

소포가 왔을 때 당신이 수령하지 않았나요?
(A) 제 책상 위에 놓여 있었는데요.
(B) 네, 제가 창문에 표지를 붙였어요.
(C) 그녀는 아직 여기에 도착하지 않았어요.

상대방에게 '소포를 받았는지'(sign for the package) 묻고 있다. 따라서 '책상 위에 두었다'며 간접적으로 yes의 의미를 전하고 있는 (A)가 정답이다.

어휘 sign for the package 소포를 받다, 소포를 수령하다 sign 서명하다; 징후; 표지

23.

You could visit the factory in person tomorrow morning.

(A) Yes, that person is coming soon.
(B) We need to learn more facts.
(C) This afternoon would be better.

당신은 내일 오전에 직접 공장을 방문할 수 있을 거예요.
(A) 네, 그 사람은 곧 올 거예요.
(B) 우리는 더 많은 사실을 알아야 해요.
(C) 오늘 오후면 더 좋겠는데요.

내일 오전에 직접 공장을 방문해도 좋다는 의미를 전달하고 있다. 가장 자연스러운 답변은 (C)인데, (C)는 '(내일 오전보다는) 오늘 오후가 더 좋겠다'는 뜻을 나타낸다.

어휘 in person 직접, 몸소 fact 사실

24.

Mr. Dennis is transferring to another department.

(A) Yes, the money was transferred.
(B) I wish him the best of luck.
(C) We can shop at the department store.

Dennis 씨가 다른 부서로 갈 거예요.
(A) 네, 그 돈은 송금되었어요.
(B) 그가 잘 되길 빌어요.
(C) 우리는 백화점에서 쇼핑을 할 수 있어요.

질문의 transfer와 department의 뜻을 유의해서 문제를 풀어야 한다. 여기에서 transfer는 '전근하다'라는 뜻이며 department는 '부서'라는 의미이다. 하지만 (A)의 transfer는 '송금하다'라는 의미를, (C)의 department store는 '백화점'이라는 뜻을 나타낸다. 정답은 부서 이동을 하는 사람에게 행운을 빌어 준 (B)이다.

어휘 transfer 전근하다; 송금하다 department 부서 wish ~ the best of luck ~에게 행운을 빌어 주다 department store 백화점

25.

How many days do you intend to stay here?

(A) A double room, please.
(B) Sometime this Friday.
(C) No more than three.

이곳에서 며칠 동안 머무르실 계획인가요?
(A) 더블룸으로요.
(B) 이번 주 금요일쯤에요.
(C) 3일 이내요.

how many days라는 표현에 착안하면 정답에는 일수가 언급되어 있어야 한다. 보기 중에서 이러한 조건에 부합하는 것은 (C)뿐이다.

어휘 intend to ~할 의도이다 double room 2인실, 더블베드가 있는 객실

26.

Should I call Ms. Harper today or wait until tomorrow?

(A) You might as well do that now.
(B) No, she's not visiting today.
(C) I'm going there in a couple of days.

Harper 씨에게 오늘 전화할까요, 아니면 내일까지 기다려 볼까요?
(A) 지금 하는 것이 좋겠어요.
(B) 아니요, 그녀는 오늘 방문하지 않을 거예요.

(C) 저는 이틀 후에 그곳에 갈 거예요.

오늘 연락을 해야 하는지, 아니면 내일까지 기다려야 하는지 묻고 있다. 따라서 둘 중에서 전자를 추천한 (A)가 정답이다.

어휘 might as well ～하는 것이 낫다

27.

Did you determine how to solve the problem?
(A) No, he hasn't solved it yet.
(B) I think I know what to do.
(C) We're determined to win.

문제를 해결할 방법을 알아냈나요?
(A) 아니요, 그는 아직 해결하지 못했어요.
(B) 어떻게 해야 할지 알 것 같아요.
(C) 우리는 이길 각오가 되어 있어요.

determine의 다양한 뜻을 알고 있어야 문제를 풀 수 있다. determine은 '결심하다' 혹은 '알아내다'라는 뜻으로 사용되는데, 질문에서는 후자의 의미로 사용되었고 (C)에서는 전자의 의미로 사용되었다. 정답은 '알아냈다'는 긍정의 의미를 간접적으로 나타내고 있는 (B)이다.

어휘 determine 결심하다, 결정하다; 알아내다   solve 해결하다, 풀다

28.

Several documents have yet to be signed.
(A) No, I can't see the sign.
(B) It's a well-documented fact.
(C) I'd better get a pen then.

몇몇 문서에는 서명이 되어 있지 않아요.
(A) 아니요, 저는 간판이 보이지 않아요.
(B) 그것은 기록이 잘 되어 있는 사실이에요.
(C) 그러면 제가 펜을 가지고 와야겠군요.

have yet to(아직 ～하지 않다)를 이용하여 문서에 서명이 빠져 있다는 점을 지적하고 있으므로 '서명을 하기 위해 펜을 가지고 와야겠다'고 말한 (C)가 가장 자연스러운 답변이다. (B)와 (C)는 각각 질문에서 사용된 sign과 document를 이용한 함정이다.

어휘 document 문서   have yet to 아직 ～하지 않다   sign 서명하다; 표지, 간판   well-documented 기록이 잘 되어 있는   had better ～하는 편이 낫다

29.

Has anyone called the maintenance office yet?
(A) I think Todd may have.
(B) It doesn't need maintaining.
(C) I'll call you in an hour.

관리 사무실에 전화한 사람이 있었나요?
(A) Todd가 한 것 같아요.
(B) 그것을 보수할 필요는 없어요.
(C) 제가 한 시간 후에 당신에게 전화할게요.

사무실에 전화한 사람이 있는지 묻고 있으므로 'Todd가 했을 것이다'라는 답변을 한 (A)가 정답이다.

어휘 maintenance office 관리 사무소   maintain 유지하다, 보수하다

30.

Shouldn't we reschedule the day's events?

(A) Her interview is scheduled next.
(B) No, it was pretty uneventful.
(C) I've already taken care of that.

그날 행사 일정을 조정해야 하지 않을까요?
(A) 그녀의 인터뷰는 이다음으로 예정되어 있어요.
(B) 아니요, 그것은 꽤 따분했어요.
(C) 제가 이미 처리했어요.

행사 일정이 조정되었는지 확인하고 있다. 따라서 '이미 했다'는 의미를 전한 (C)가 정답이다. (A)와 (B)는 각각 질문의 schedule과 uneventful이라는 단어를 이용하여 만든 함정이다.

어휘 reschedule 일정을 조정하다   uneventful 특별한 일이 없는, 지루한   take care of ～을 돌보다; ～을 처리하다

31.

Which detour do you think we should take?
(A) Yes, that's the one.
(B) Turn right at this intersection.
(C) I always take the train.

어떤 우회로를 이용해야 한다고 생각하나요?
(A) 네, 바로 그거예요.
(B) 이번 교차로에서 우회전해요.
(C) 저는 항상 기차를 타요.

어떤 우회로를 택해야 하는지 묻고 있으므로 '이번 교차로에서 우회전하라'는 뜻을 지닌 (B)가 정답이다.

어휘 detour 우회로   intersection 교차로

PART 3

[32-34]

W David, I looked over the report that you submitted. Overall, the writing is well done, and I like the analysis as well. However, you didn't include any visual information in it.

M I was under the impression that you didn't want any. I guess I must have made a mistake. Shall I put some charts and graphs in it then? It shouldn't take me too long to make a few.

W That would be perfect. Visuals like those let the reader get a clearer understanding of the information in the report. How about completing everything by the time lunch ends?

M Sure, I can do that.

W David, 당신이 제출한 보고서를 살펴보았어요. 전체적으로 잘 쓰여져 있고 분석한 점도 마음에 들어요. 하지만 그 안에 시각 자료는 전혀 포함되어 있지 않군요.

M 원하시지 않는다고 생각했어요. 제가 틀림없이 잘못 생각한 것 같군요. 그러면 차트와 그래프를 넣을까요? 몇 개 만드는데 시간이 많이 걸리지는 않을 거예요.

W 그렇게 해 주면 정말 좋겠어요. 그와 같은 시각 자료가 있으면 읽는 사람이 보고서에 있는 내용을 보다 명확하게 이해할 수 있을 테니까요. 점심 시간이 끝나기 전까지 완성시켜 줄래요?

M 그럼요, 할 수 있어요.

어휘 look over ~을 살펴보다 overall 전체적으로 analysis 분석
visual 시각의, 시각적인 be under the impression that
~이라고 생각하다 perfect 완벽한

32.

화자들은 주로 무엇을 논의하는가?
(A) 글쓰기 세미나
(B) 여자의 프레젠테이션
(C) 남자의 보고서
(D) 곧 있을 회의

'남자가 제출한 보고서'(report that you submitted)에 시각 자료가 들어가
야 한다는 내용이 다루어지고 있다. 정답은 (C)이다.

33.

여자는 남자가 한 일에서 무엇이 마음에 들지 않는가?
(A) 글 내용이 명확하지 않다.
(B) 분석이 포함되어 있지 않았다.
(C) 오타가 몇 개 있다.
(D) 그래프나 차트가 없다.

여자가 '보고서에 시각 자료가 없다'(you didn't include any visual
information in it)는 점을 지적하자 남자는 '도표와 그래프'(some charts
and graphs)를 추가시키겠다고 답한다. 따라서 여자가 마음에 들어 하지 않
은 점은 (D)로 볼 수 있다.

어휘 include 포함하다 contain 들어 있다, 포함되어 있다 mistake
실수; 오타

34.

남자는 언제까지 일을 끝내야 하는가?
(A) 여자의 회의가 끝나기 전까지
(B) 점심 시간이 끝나기 전까지
(C) 일과 시간이 끝나기 전까지
(D) 이번 주 금요일 전까지

대화의 후반부에서 여자가 'How about completing everything by the
time lunch ends?'라고 묻자 남자가 그렇게 하겠다고 답한다. 따라서 남자
는 (B)의 '점심 시간이 끝나기 전까지' 시각 자료를 만들 것이다.

[35-37]

M Ms. McDougal, I'm glad I ran into you. I'd like an
update on the training session for the new employees.
How's it going so far?

W Pretty well for the most part. This group is more
advanced than most of the recent hires we've
brought on. Only a couple of them are having trouble
understanding the information.

M Make sure that those individuals get extra training. We
need everyone up to speed because we've got much
more work than normal these days.

W I'll be sure that everyone fully understands the material
we cover. By tomorrow, they should be ready to start
their jobs.

M McDougal 씨, 당신을 만나다니 기쁘군요. 신입 직원 교육에 대한
소식을 듣고 싶어요. 지금까지 어떻게 진행되고 있나요?

W 전체적으로 매우 잘 되고 있어요. 이번 그룹은 최근에 우리가 교육
을 시켰던 어떤 그룹보다 우수한 편이에요. 단 두어 명 정도만 교육
내용을 이해하는데 어려움을 겪고 있죠.

M 그러한 사람들은 반드시 추가적인 교육을 받게끔 하세요. 요즘은
평상시보다 일이 훨씬 더 많아졌기 때문에 모두가 일정 수준 이상
의 속도를 내야 해요.

W 다루고 있는 내용을 모두가 완전히 이해할 수 있도록 할게요. 내일
이면 일을 시작할 준비가 되어 있을 거예요.

어휘 run into ~을 우연히 만나다 update 최신 정보, 최신 소식 so far
지금까지 for the most part 대개, 보통 advanced 발전한; 고급
의 hire 고용하다; 신입 사원 bring on ~을 교육시키다, 가르치다
individual 개인 up to speed 기대한 수준을 보이는 fully 완전히,
전적으로 material 재료, 자료

35.

여자는 누구인 것 같은가?
(A) 교육 담당자
(B) 면접관
(C) 고객
(D) 컴퓨터 프로그래머

대화 초반부의 내용을 통해 여자는 '신입 사원을 위한 교육'(training
sessionfor the new employees)을 담당하는 (A)의 '교육 담당자'임을 알 수
있다.

어휘 trainer 교육시키는 사람, 트레이너

36.

여자는 신입 사원들에 대해 무엇을 언급하는가?
(A) 전국 각지에서 왔다.
(B) 내용을 이해할 수 없다.
(C) 이전 신입 사원들보다 더 많이 안다.
(D) 오늘 시설을 견학했다.

'This group is more advanced than most of the recent hires we've
brought on.'에서 정답의 단서를 찾을 수 있다. 이번 신입 사원들이 다른 때
의 신입 사원보다 더 우수하다고 했으므로 보기 중 그녀가 신입 사원에 대해
언급한 점은 (C)이다.

37.

여자는 내일 어떤 일이 발생할 것이라고 암시하는가?
(A) 직원들을 위한 프로그램이 끝날 것이다.
(B) 입사 지원자들이 면접을 볼 것이다.
(C) 신입 직원들을 출장보낼 것이다.
(D) 교육이 시작될 것이다.

대화의 마지막 말 'By tomorrow, they should be ready to start their
jobs.'에서 여자는 신입 직원들이 내일이면 업무를 시작할 준비를 마치게 될
것이라고 말하는데, 이는 곧 교육 프로그램이 내일 끝날 것이라는 점을 암시
한다. 따라서 신입 사원 교육을 a program for employees로 표현한 (A)가
정답이다.

W	Hello. This is Gloria Randolph. I wonder if the work on my vehicle has been completed. I have to drive to Springfield for an urgent meeting, so I need it at once.
M	My mechanic just started working on it, Ms. Randolph. You requested a tune up, and that normally takes an hour and a half. Can you wait that long?
W	I don't believe so. Is it possible to shorten the wait to half an hour? That's when I'll be at your garage.
M	I tell Greg to do what he can in the next thirty minutes. But be sure to bring your car back here to complete the work when you return.

W	안녕하세요. Gloria Randolph예요. 제 차량에 관한 작업이 끝났는지 궁금해서요. 긴급 회의 때문에 스프링필드까지 차를 몰고 가야 해서 지금 당장 차가 필요해요.
M	정비사가 방금 전에 작업을 시작했습니다, Randolph 씨. 엔진 정비를 요청하셨는데, 이는 보통 한 시간 반이 걸려요. 그 정도 기다려 주실 수 있으신가요?
W	그럴 수 없을 것 같아요. 기다리는 시간을 30분으로 줄여 주실 수 있을까요? 제가 정비소에 도착하기까지 그 정도 시간이 걸리거든요.
M	30분 동안 할 수 있는 건 하라고 Greg에게 말할게요. 하지만 돌아오시면 작업을 마무리할 수 있도록 차를 다시 이곳으로 가지고 오셔야 해요.

어휘 **urgent** 긴급한 **mechanic** 정비사, 수리공 **tune up** 엔진 정비 **shorten** 줄이다 **garage** 차고, 정비소

38.

여자는 왜 남자에게 전화를 했는가?
(A) 그의 위치를 알아내기 위해
(B) 그에게 엔진 정비를 맡기기 위해
(C) 자신의 차량에 대해 묻기 위해
(D) 서비스 요금으로 얼마를 내야 하는지 알기 위해

대화 초반부에서 여자는 'I wonder if the work on my vehicle has been completed.'라고 말하면서 자신이 전화한 이유를 밝히고 있다. 즉 자동차 정비가 끝났는지 확인하기 위해 전화를 한 것이므로 (C)가 정답이다.

39.

여자는 왜 "I don't believe so"라고 말하는가?
(A) 한 시간 반 동안 기다릴 수 없다.
(B) 오일 교환은 원하지 않는다.
(C) 내일 아침에 올 수가 없다.
(D) 서비스가 필요하다고 생각하지 않는다.

주어진 문장은 '그렇게 생각하지 않는다'라는 뜻인데, 이는 'Can you wait that long?'에 대한 대답이다. 남자가 정비에 필요한 한 시간 반 정도를 기다려 줄 수 있는지 묻자 여자는 '그럴 수 없을 것이다'는 부정적인 답변을 하고 있으므로 주어진 문장의 의미는 (A)로 볼 수 있다.

40.

남자는 여자에게 무엇을 하라고 권하는가?
(A) 앞으로 이틀 동안 차를 렌트한다
(B) 새로운 차량을 구입하는 것을 고려한다
(C) 차에 대한 작업을 마친다
(D) 떠나기 전에 Greg과 이야기한다

대화의 마지막 부분에서 남자는 '차를 다시 가지고 와서 작업을 마칠 수 있도록 해 달라'(bring your car back here to complete the work)고 여자에게 당부하고 있으므로 (C)가 정답이다.

M	Wilma, I heard you managed to land a meeting with Mr. Sanders at PLL, Inc. Congratulations. How did it go?
W	Actually, the meeting got rescheduled since he had to go out of town. I was supposed to meet him this morning, but now he wants to get together on Friday.
M	Good luck. He'd make a great client for our firm.
W	Before I meet him, would you mind getting together for a bit? You've got more experience than I do.
M	That's not a problem at all. When do you have time?
W	How about discussing matters over lunch tomorrow?
M	I'm free then. Let's have lunch at noon.

M	Wilma, 당신이 PLL 주식회사의 Sanders 씨와 만날 약속을 잡았다고 들었어요. 축하해요. 어땠나요?
W	사실, 그분께서 시외로 나가셔야 해서 약속 시간이 변경되었어요. 오늘 아침에 만나기로 예정되어 있었지만, 지금은 금요일에 만나는 것을 원하시죠.
M	행운을 빌어요. 그분은 우리 회사의 중요한 고객이 될 거예요.
W	그분을 만나기 전에 우리가 잠시 만나는 것이 어떨까요? 당신은 저보다 경험이 더 많잖아요.
M	전혀 문제될 것 없죠. 언제 시간이 되나요?
W	내일 점심을 먹으면서 문제를 논의해 보는 것이 어떨까요?
M	그때라면 시간이 있어요. 12시에 점심을 먹죠.

어휘 **land a meeting** 만남의 자리를 마련하다, 회의를 잡다 **get together** 만나다, 모이다 **firm** 회사 **for a bit** 잠시 동안

41.

여자는 Sanders 씨에 대해 무엇을 말하는가?
(A) 현재 해외에 있다.
(B) 오늘 그녀와 만날 수 없었다.
(C) 그녀의 회사에 입사 지원을 했다.
(D) 그녀의 성과에 대해 축하해 주었다.

여자는 Sanders 씨와의 만남과 관련해서 오늘 그와 만나기로 예정되어 있었지만 일정이 바뀌어 금요일에 만나기로 했다는 점을 알리고 있다. 따라서 정답은 (B)이다. Sanders 씨는 해외가 아니라 '시외에 있다'(go out of town)고 했으므로 (A)를 정답으로 골라서는 안 된다.

42.

여자가 "Would you mind getting together for a bit"이라고 말할 때 그녀는 무엇을 암시하는가?
(A) 그녀에게는 남자의 파일이 필요하다.
(B) 그녀는 새로운 고객을 확보하고 있지 않다.
(C) 그녀는 Sanders 씨에 대해 이야기를 하고 싶어한다.
(D) 그녀는 전근에 대해 이야기하고 싶어한다.

여자는 주어진 문장을 통해 남자에게 잠시 만나자는 제안을 하는데, 곧바로 'You've got more experience than I do.'라고 말하며 그 이유를 밝히고 있다. 즉 여자는 잠재 고객인 Sanders 씨와의 만남에 대한 남자의 조언을 듣기 위해 만나자는 제안을 한 것이므로 (C)가 정답이다.

43.

화자들은 내일 무엇을 할 것인가?

(A) 같이 식사를 한다
(B) 여자의 사무실에서 만난다
(C) 프레젠테이션을 준비한다
(D) PLL 주식회사에 간다

대화 후반부에서 '내일 점심을 먹으면서 문제를 논의하자'(How about discussing matters over lunch tomorrow?)는 여자의 제안을 남자가 수락하고 있으므로 화자들이 내일 하게 될 일은 (A)이다.

[44-46]

> M1 You're attending the farewell party for Justine Hamilton today, aren't you?
>
> W Yes, I should be able to make it back to the office by four o'clock. Did you purchase a gift for her?
>
> M1 I had planned to do that, but I simply don't know what to buy. I have rarely interacted with her.
>
> M2 Why don't you contribute to the office present, Sam? Several of us are pooling our money together to buy her something nice.
>
> M1 Yeah, I think I'll do that. Who should I speak with, Richard?
>
> M2 Talk to Darlene at the front desk. She's collecting money from everyone.
>
> -
>
> M1 오늘 Justine Hamilton의 송별회에 참석할 거죠, 그렇지 않나요?
>
> W 맞아요, 4시까지 사무실로 돌아올 수 있을 거예요. 그녀에게 줄 선물은 샀나요?
>
> M1 그럴 계획이었는데 무엇을 사야 할지 잘 모르겠어요. 그녀와 이야기를 거의 못해봤거든요.
>
> M2 단체 선물에 돈을 보태는 것이 어떨까요, Sam? 우리 중 몇몇은 돈을 모아서 그녀에게 멋진 선물을 사 주려고 해요.
>
> M1 그래요, 그렇게 해야겠군요. 누구에게 이야기를 하면 되나요, Richard?
>
> M2 프런트 데스크의 Darlene에게 이야기해요. 그녀가 모든 사람들로부터 돈을 걷고 있죠.

어휘 farewell party 송별회 gift 선물 interact with ~와 상호 교류하다, 소통하다 contribute to ~에 기여하다, 기부하다 pool (자금 등을) 모으다

44.

화자들은 무엇을 논의하고 있는가?

(A) 신입 사원
(B) 시상식
(C) 동료를 위한 선물
(D) 자선 단체를 위한 기부

송별회의 주인공을 위한 선물에 대해 이야기하고 있다. 정답은 (C)이다.

45.

여자에 대해 암시되어 있는 것은 무엇인가?

(A) 남자들과 같은 부서에 있다.
(B) 오늘 오후에 자리에 없을 것이다.
(C) 직원들로부터 돈을 걷고 있다.
(D) Justine Hamilton의 친한 친구이다.

송별회에 참석할 것인지 묻는 남자1의 질문에 여자는 'Yes, I should be able to make it back to the office by four o'clock.'이라고 답한다. 이를 통해 여자는 4시까지 외근을 할 것임을 알 수 있으므로 정답은 (B)이다.

46.

Richard는 남자에게 무엇을 하라고 말하는가?

(A) 행사 준비를 돕는다
(B) 제안을 한다
(C) 선물을 산다
(D) Darlene에게 돈을 준다

선물을 고민 중인 남자1에게 남자2는 단체 선물을 사는데 돈을 보태라고 제안한 후, Darlene에게 이야기하라고 말한다. 여기서 Darlene이라는 사람은 '돈을 모으고 있는'(collecting money from everyone) 직원이므로, 결국 남자1이 한 말은 (D)가 된다.

[47-49]

> W It looks as if everything's ready for tomorrow's new product launch. Are you prepared to demonstrate how to use the products at tomorrow's press conference, Brad?
>
> M Yes, my presentation is complete, and I've been rehearsing all day. There's just one problem. You requested that we display items in different colors, but the only color I have so far is black.
>
> W We can't let that happen. We have to show everyone the wide variety of colors our products come in. Why don't you give Matthew a call?
>
> M I talked to him, and he said there's nothing he can do. Maybe we'll have better luck if you get in touch with him.
>
> -
>
> W 내일 신제품 출시를 위한 준비는 모두 끝난 것 같아 보이네요. 내일 기자 회견에서 제품 사용법에 대해 시연할 준비는 다 되었나요, Brad?
>
> M 네, 프레젠테이션 준비는 다 되었고, 저는 하루 종일 예행 연습을 하고 있었어요. 한 가지 문제만이 있을 뿐이죠. 색상이 각기 다른 제품들을 선보여야 한다고 하셨는데, 지금 저에게는 검정색만 있어요.
>
> W 그렇게 놔둘 수는 없어요. 우리 제품이 매우 다양한 색상으로 나온다는 점을 모두에게 보여 주어야 해요. Matthew에게 전화를 해 보는 것이 어때요?
>
> M 그와 이야기를 나누었는데, 자신이 할 수 있는 일이 없다고 말하더군요. 아마도 직접 연락을 하시면 더 좋은 결과가 나올 수도 있을 거예요.

어휘 launch 시작, 개시, 출시 demonstrate 시위하다; 시연하다 press conference 기자 회견 rehearse 예행 연습을 하다, 리허설을 하다 have good luck 운이 좋다 get in touch with ~와 연락하다

47.

화자들은 무엇에 대해 이야기하고 있는가?

(A) 마케팅 세미나
(B) 제품 시연
(C) 주주 총회
(D) 대표 이사의 연설

대화 초반부의 내용을 통해 남자가 '신제품의 사용법을 시연할 것'(demonstrate how to use the products)이라는 점을 알 수 있고, 이후에도 시연과 관련된 문제들이 논의되고 있으므로 정답은 (B)이다.

48.

남자의 의하면 그는 오늘 무엇을 하고 있었는가?
(A) 기자들을 만나고 있었다
(B) 제품을 디자인하고 있었다
(C) 인근 매장을 방문했다
(D) 발표 연습을 했다

제품 시연의 준비 상황을 묻는 여자의 질문에 남자는 프레젠테이션 준비를 마치고 '하루 종일 리허설을 했다'(I've been rehearsing all day)고 답한다. 따라서 남자가 한 일은 (D)이다.

49.

남자는 여자에게 무엇을 하라고 제안하는가?
(A) Matthew에게 연락한다
(B) 제품을 진열한다
(C) 제품을 수리한다
(D) 프레젠테이션을 준비한다

다양한 색상의 제품을 마련하기 위해 Matthew에게 연락해 보라는 여자의 말에 남자는 이미 그와 통화를 했지만 성과가 없었다고 전한 후, 'Maybe we'll have better luck if you get in touch with him.'이라고 말한다. 즉 남자는 여자에게 Matthew와 직접 통화할 것을 제안하고 있으므로 (A)가 정답이다.

어휘 set up ~을 세우다, 설치하다

[50-52]

> **M** Ms. Merriweather, I've been thinking about ways to entertain the clients from Munich. How about taking them to a local baseball game on Thursday night? They might enjoy that.
>
> **W** That's a great idea, but we've already booked tickets to see a classical music performance then. And they'll only be here for two nights.
>
> **M** Okay. You still need me to pick them up at the airport tomorrow, right? I'm planning to be there by two in case their plane arrives a bit early.
>
> **W** Cynthia will be accompanying you since she speaks fluent German. And be sure to drive the company van since there will be five people arriving.
>
> -
>
> **M** Merriweather 씨, 뮌헨에서 온 고객들을 접대할 수 있는 방법에 대해 생각 중이에요. 목요일 밤에 그들을 데리고 인근 야구 경기장에 가는 것은 어떨까요? 좋아할지도 몰라요.
>
> **W** 좋은 생각이기는 하지만, 이미 그 시간에 클래식 음악 공연을 보려고 표를 예매해 두었어요. 그리고 그들은 여기에서 이틀 밤만 보낼 예정이에요.
>
> **M** 그렇군요. 제가 내일 공항으로 가서 그들을 태우고 와야 하죠, 그렇죠? 비행기가 약간 일찍 오는 경우를 대비해서 저는 2시까지 그곳에 갈 생각이에요.
>
> **W** Cynthia가 독일어를 유창하게 하니 그녀가 당신과 동행할 거예요. 그리고 5명이 도착할 예정이니까 잊지 말고 회사 승합차를 몰고 가세요.

어휘 entertain 즐겁게 하다 book 예약하다 pick up ~을 차에 태우러 가다, 마중하다 in case ~하는 경우에, ~하는 경우를 대비하여 accompany 동행하다, 수반하다 fluent 유창한 van 승합차, 밴

50.

고객들은 목요일 밤에 무엇을 할 것인가?
(A) 스포츠 경기를 본다
(B) 영화를 관람한다
(C) 식당에서 저녁 식사를 한다
(D) 콘서트에 참석한다

목요일 밤에 고객들을 야구 경기장에 데리고 가자는 남자의 제안을 듣고 여자는 '이미 클래식 공연 티켓을 예매해 두었다'(we've already booked tickets to see a classical music performance)고 답한다. 따라서 고객들이 목요일 밤에 할 일은 (D)이다.

51.

고객들에 관해 암시되어 있는 것은 무엇인가?
(A) 오후에 도착할 것이다.
(B) 사무실에서 차를 몰고 올 것이다.
(C) 일주일 동안 머물 것이다.
(D) 전에 그곳을 방문한 적이 있다.

'I'm planning to be there by two in case their plane arrives a bit early.'라는 남자의 말에서 고객들은 예정대로라면 2시 이후에 올 것임을 알 수 있다. 따라서 정답은 (A)이다. 고객들은 이틀 밤 묵을 것이라고 했으므로 (C)는 잘못된 내용이고, 비행기를 타고 올 것으로 예상되므로 (B) 역시 오답이다.

52.

여자는 Cynthia에 대해 무엇을 말하는가?
(A) 그녀는 승합차를 운전한다.
(B) 그녀는 외국어를 구사한다.
(C) 그녀는 베를린 지사에서 일한다.
(D) 그녀는 내일 비행기를 타고 그 도시로 갈 것이다.

Cynthia라는 이름은 'Cynthia will be accompanying you since she speaks fluent German.'에서 들을 수 있는데, 여기에서 그녀는 독일어를 잘 하는 사람으로 묘사되어 있다. 따라서 정답은 (B)이다.

[53-55]

> **M1** Janet, I've been looking at the flyers we made for next month's conference, and I'm not really happy with them.
>
> **W** How do you want to change them, Craig?
>
> **M1** Take a look at this. I had Jason in the Graphics Department design something new.
>
> **W** Wow, I definitely prefer this one to the one we have. Jeff, what's your opinion?
>
> **M2** Let me see . . . Yeah, let's go with this one instead. But we need to speak with the printer at once since our flyers are set to be printed this afternoon.
>
> **W** I had totally forgotten about that. I'll call right now and request that nothing get printed yet.
>
> **M2** Thanks, Janet.

M1	Janet, 다음 달 콘퍼런스를 위해 제작된 전단지를 보고 있었는데, 전혀 마음에 들지가 않는군요.
W	어떻게 바꾸었으면 좋겠어요, Craig?
M1	이것을 보세요. 제가 디자인부의 Jason에게 디자인을 새로 잡아 달라고 했어요.
W	와, 확실히 우리가 가지고 있는 것보다 이것이 더 마음에 드는군요. Jeff, 당신 의견은 어떤가요?
M2	잠시만요… 그래요, 그 대신에 이것으로 합시다. 하지만 전단지가 오늘 오후에 인쇄될 예정이기 때문에 지금 당장 인쇄소와 이야기를 해야 해요.
W	그 점에 대해서는 완전히 잊고 있었네요. 제가 지금 전화를 해서 아무것도 인쇄하지 말라고 요청해 둘게요.
M2	고마워요, Janet.

어휘 flyer 전단지 take a look at ~을 보다 definitely 분명히
　　　printer 인쇄업자, 인쇄소

53.
Craig는 전단지에 대해 무엇을 말하는가?
(A) 인쇄 비용이 너무 많이 든다.
(B) 그는 디자인이 좋다고 생각했다.
(C) 디자인부에 의해 만들어졌다.
(D) 형태가 마음에 들지 않는다.

대화의 시작 부분에서 남자는 전단지를 보는데 '마음에 들지 않는다'(I'm not really happy with them)고 말한 후 새로 디자인한 전단지를 여자에게 보여 준다. 따라서 정답은 design을 appearance로 바꾸어 쓴 (D)이다.

어휘 approve 승인하다, 찬성하다; 괜찮다고 생각하다

54.
Jason은 무엇을 했는가?
(A) 콘퍼런스에 등록했다.
(B) 디자인을 새로 만들었다.
(C) 인쇄소를 방문했다.
(D) 여자와 이야기를 나누었다.

Jason이라는 이름은 남자의 말 중 'I had Jason in the Graphics Department design something new.'에서 들을 수 있는데, 여기에서 Jason은 디자인 작업을 새로 한 사람임을 알 수 있다. 따라서 Jason이 한 일은 (B)이다.

55.
여자가 "I had totally forgotten about that"이라고 말할 때 그녀는 무엇을 암시하는가?
(A) 가격은 낮아질 수 없다.
(B) 신입 직원은 고용될 수 없다.
(C) 최근에 예산이 변경되었다.
(D) 주문이 취소되어야 한다.

문맥상 주어진 문장의 that은 '전단지가 오늘 오후에 인쇄될 예정이라는 점'(our flyers are set to be printed this afternoon)을 가리킨다. 이어서 여자는 즉시 전화를 걸어 인쇄를 중단시키겠다고 했으므로 주어진 문장을 통해 알 수 있는 사항은 (D)이다.

[56-58]

W	Mr. Hopkins, I'll be returning to the office from lunch a bit late. I have a dental appointment at 12:30.
M	That's fine, Melanie. I remember you told me about it last week. But try to return by 2:00.
W	Oh, that's right. We have a conference call with the clients in England then.
M	Right. They've been getting their products from us late, and they aren't pleased at all.
W	Don't worry. I'll make sure to get back here in plenty of time then.
M	Good. You're the person they really want to speak with, so we can't afford to be late with the call.

W	Hopkins 씨, 점심 시간 후 조금 늦게 사무실로 돌아올게요. 12시 30분에 치과 예약을 해 두었거든요.
M	그래요, Melanie. 지난 주에 제게 이야기했던 것을 기억하고 있어요. 하지만 2시까지는 돌아오도록 하세요.
W	오, 맞아요. 그 시간에 영국 고객들과 전화 회의가 있군요.
M	맞아요. 우리 제품을 빌는 것이 늦어지고 있어서 기분이 진혀 좋지 않을 거예요.
W	걱정하지 마세요. 반드시 여유 있게 돌아오도록 할게요.
M	좋아요. 당신은 그들이 정말로 같이 이야기하고 싶어하는 상대이니, 회의에 늦어서는 결코 안 될 거예요.

어휘 dental appointment 치과 예약 conference call 전화 회의,
　　　전화 회담 plenty of 많은 can't afford to ~할 여유[여력]가 없다,
　　　감당할 수 없다

56.
대화는 어디에서 이루어지는 것 같은가?
(A) 사무실
(B) 공장
(C) 콘퍼런스 센터
(D) 치과

대화의 시작 부분에서 여자가 '점심 시간 후 조금 늦게 사무실로 돌아오겠다'(I'll be returning to the office from lunch a bit late)고 했으므로 화자들이 있는 곳은 (A)의 '사무실'일 것이다.

어휘 conference center 콘퍼런스 센터 (대형 회의실이 있는 건물)

57.
2시에 어떤 일이 일어날 것인가?
(A) 치과 진료가 시작될 것이다.
(B) 선적물이 발송될 것이다.
(C) 전화 통화가 이루어질 것이다.
(D) 대표 이사와의 회의가 시작될 것이다.

2시까지 돌아오라고 남자의 말에 여자는 그러겠다고 답한 후 'We have a conference call with the clients in England then.'이라고 말한다. 이를 통해 2시에는 전화 회의가 진행될 예정임을 알 수 있으므로 (C)가 정답이다.

58.
남자는 고객에 대해 무엇을 말하는가?
(A) 그들은 영국에서 올 것이다.
(B) 그들의 주문품이 제때에 도착하지 않고 있다.
(C) 그들은 제품 시연을 필요로 한다.

(D) 그들은 최근에 구매를 취소했다.

남자가 고객에 대해 말한 내용은 'They've been getting their products from us late, and they aren't pleased at all.'에서 찾을 수 있다. 즉 고객이 제품을 늦게 받고 있어서 기분이 좋지 않을 것이라고 언급하고 있으므로 정답은 (B)이다.

[59-61]

M	We still don't have enough volunteers for the county fair. We require at least thirty more people.
W	We've already run advertisements in the newspaper and on the radio. What else can we do?
M	What about appealing to some of our sponsors? They can ask their employees to volunteer to assist us.
W	That should work. Should I only call a couple of big sponsors or speak with everyone?
M	Get in touch with all of them. That way, we'll be sure to have enough people. Remember what happened last year?
W	That's a good point. I'll start doing that as soon as lunch ends.

M	농축산물 박람회의 자원봉사자의 수가 여전히 충분하지 않군요. 최소한 30명은 더 필요해요.
W	이미 신문과 라디오에는 광고를 냈죠. 그 밖에 무엇을 또 할 수 있을까요?
M	후원업체에 도움을 청하는 것은 어떨까요? 직원들에게 자원봉사를 해서 우리를 도우라고 할 수도 있을 거예요.
W	효과가 있겠군요. 두어 군데의 큰 후원업체에 전화를 할까요, 아니면 모든 곳에 이야기를 해야 할까요?
M	모든 곳에 연락하세요. 그렇게 하면 분명히 충분한 수의 사람들이 모일 거예요. 작년에 어떤 일이 있었는지 기억나죠?
W	좋은 지적이군요. 점심 시간이 끝나는 대로 시작할게요.

어휘 country fair 농축산물 박람회 run an advertisement 광고를 내다 appeal to ~에게 호소하다 sponsor 후원자

59.

화자들은 주로 무엇을 논의하는가?
(A) 자원봉사자의 부족
(B) 구인 광고
(C) 자선 행사
(D) 박람회의 후원업체

대화 전반에 걸쳐 박람회의 자원봉사자의 수를 늘릴 수 있는 방법에 대해 이야기하고 있다. 따라서 (A)가 정답이다.

60.

남자는 작년 농축산물 박람회에 대해 무엇을 암시하는가?
(A) 참가자 수에 있어서 기록을 세웠다.
(B) 일하는 사람의 수가 충분하지 못했다.
(C) 날씨로 인해 취소되었다.
(D) 일주일 동안 진행되었다.

대화 후반부에서 남자는 모든 후원업체에 전화할 것을 지시하면서 'Remember what happened last year?'라고 말한다. 즉 모든 후원업체에 전화하지 않았던 작년에는 지원자의 수가 충분하지 않았다는 점이 암시되고 있으므로 (B)가 정답이다.

61.

여자는 점심 시간 이후에 무엇을 할 것인가?
(A) 입사 지원자들을 면접한다
(B) 새로운 일정을 세운다
(C) 후원업체들과 이야기한다
(D) 다른 회사를 방문한다

남자가 모든 후원업체에 전화하라는 지시에 여자는 'I'll start doing that as soon as lunch ends.'라고 답한다. 즉 점심 시간 이후에 여자는 후원업체와 전화 통화를 하게 될 것이므로 (C)가 정답이다.

[62-64]

M	Hello. I'd like to purchase this suit, please. And I have this coupon.
W	All right, sir. Let me see. Oh, do you know that if you wait until tomorrow to make this purchase, you can get a 20% discount?
M	Yes, I'm aware of that, but my friend is getting married tomorrow, so I need this suit today.
W	Ah, of course. Do you need to get it fitted?
M	Yes, that would be great. Do you know where I can get that done?
W	We can handle that here if you'd like. It will cost $10 and take about half an hour.

M	안녕하세요. 이 정장을 구입하고 싶어요. 그리고 여기 쿠폰도 가지고 있고요.
W	그러시군요, 손님. 제가 한 번 볼게요. 오, 내일까지 기다렸다가 구매를 하시면 20% 할인을 받으실 수 있다는 점도 알고 계신가요?
M	네, 그 점은 알고 있지만 제 친구가 내일 결혼을 해서 오늘 이 정장이 필요해요.
W	아, 그렇군요. 몸에 맞게 수선을 하셔야 하나요?
M	네, 그러면 좋을 것 같아요. 어디서 수선을 할 수 있는지 아시나요?
W	원하시면 이곳에서 하실 수 있으세요. 비용은 10달러이고 시간은 30분 정도 걸릴 거예요.

어휘 suit 정장, 슈트 fit (몸에) 맞다; 가봉하다

62.

도표를 보아라. 남자는 언제 구매를 하고 있는가?
(A) 수요일
(B) 목요일
(C) 금요일
(D) 토요일

대화 초반부에서 여자가 내일 구입하면 20% 할인을 받을 수 있다고 했으므로 도표에서 요일별 할인률을 살펴보면 내일은 금요일일 것이다. 따라서 오늘은 (B)의 '목요일'이어야 한다.

63.

남자는 왜 정장을 필요로 하는가?

(A) 시상식 때문에
(B) 면접 때문에
(C) 졸업식 때문에
(D) 결혼식 때문에

my friend is getting married tomorrow라는 남자의 말에서 정장을 구입하려는 이유를 확인할 수 있다. 즉 친구 결혼식에 참석하기 위해 구입하려는 것이므로 정답은 (D)이다.

64.

남자에 대해 암시되어 있는 것은 무엇인가?

(A) 매장에서 정장을 수선할 것이다.
(B) 10달러의 추가 할인을 받게 될 것이다.
(C) 다른 날에 구입을 할 것이다.
(D) 매장의 단골 손님이다.

대화 후반부에서 남자가 수선할 곳이 어디인지 묻자 여자가 매장에서 가능하다고 답한다. 이를 통해 남자는 매장에서 정장을 수선할 것으로 예상할 수 있으므로 (A)가 정답이다. 수선비가 10달러라는 내용을 잘못 듣고 (B)를 정답으로 고르는 실수를 해서는 안 된다.

어휘 frequent shopper 단골 손님

[65-67]

객실	최대 수용인원
실버룸	80
골드룸	100
플래티넘룸	120
다이아몬드룸	150

M Hello. This is Peter Chin calling from the Hopewell Corporation. We're having a retirement ceremony next month on February 25, and we'd like to hold it at your hotel.

W That sounds great, Mr. Chin. We've hosted several awards ceremonies and other events from your firm in the past. How many people will be attending?

M We're expecting 100, but we'd like a room that can fit 120 in case more show up. We'll also be needing dinner and dessert for everyone.

W We can accommodate everything you said. However, I think it would be best if we discussed the arrangements in person.

M 안녕하세요. Hopewell 사의 Peter Chin입니다. 저희가 다음 달 2월 25일에 퇴임식을 할 예정인데, 그곳 호텔에서 하고 싶어요.

W 좋습니다, Chin 씨. 저희는 예전에도 귀사의 시상식 및 기타 행사들을 여러 차례 주최했어요. 몇 명의 인원이 참석할 예정인가요?

M 100명을 예상하고 있지만, 더 많은 사람들이 오는 경우를 대비해서 120명을 수용할 수 있는 공간이 좋을 것 같아요. 또한 모든 사람들을 위한 저녁 식사와 디저트도 필요할 것이고요.

W 말씀하신 모든 사항을 준비해 드릴 수 있습니다. 하지만 직접 만나서 준비 사항을 논의하는 것이 가장 좋을 것 같은데요.

어휘 retirement 은퇴 host 개최하다, 주최하다 fit 맞다, 적합하다
in case ~하는 경우를 대비해서 show up 모습을 보이다, 나타나다

accommodate 수용하다; (요구 등에) 부응하다 arrangement
준비, 주선; 배치 in person 직접, 몸소

65.

남자의 회사는 어떤 행사를 개최할 것인가?

(A) 주주 총회
(B) 회사 오리엔테이션
(C) 시상식
(D) 퇴임식

대화 초반부에서 a retirement ceremony(퇴임식)를 놓치지 않고 들었다면 (D)가 정답임을 쉽게 알 수 있다.

어휘 stockholders' meeting 주주 총회

66.

도표를 보아라. 남자의 회사에 가장 적합한 장소는 어디인가?

(A) 실버룸
(B) 골드룸
(C) 플래티넘룸
(D) 다이아몬드룸

참석 인원수를 묻는 여자의 질문에 남자는 'We're expecting 100, but we'd like a room that can fit 120 in case more show up.'이라고 답한다. 즉 100명 정도 예상되지만 여유 있게 120명을 수용할 수 있는 공간을 원한다고 했으므로 도표에서 120명을 수용할 수 있는 공간을 찾으면 정답은 (B)이다.

67.

여자는 무엇을 할 것을 제안하는가?

(A) 이번 주에 계약금을 지불한다
(B) 만나서 회의를 한다
(C) 온라인으로 예약을 확정시킨다
(D) 제공될 음식을 선택한다

여자의 마지막 말 'However, I think it would be best if we discussed the arrangements in person.'에서 여자는 남자에게 만나서 준비할 것들을 논의하자는 제안을 하고 있다. 따라서 정답은 (B)이다.

어휘 deposit 착수금; 예치금

[68-70]

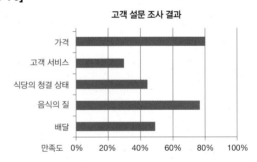

고객 설문 조사 결과

W	Revenues at our restaurants in the Surrey area were up tremendously in the months of July and August.
M	That's great news. But I wonder why they aren't increasing in other cities.
W	Well, Devlin Research sent us the data concerning the customer survey we conducted last month. As you can see, our prices and the quality of our food got high marks.
M	It looks like our policy of using locally sourced food is paying off. Now, what about this category here? Only 45% of our customers rated it positively.
W	I was just about to get to it.

W	서리 지역 내의 식당 수익이 7월과 8월에 엄청나게 증가했어요.
M	좋은 소식이군요. 하지만 다른 도시에서는 왜 증가하지 않는지 궁금해요.
W	음, 지난 달에 실시했던 고객 설문 조사와 관련된 자료를 Devlin 리서치에서 보내 주었어요. 보다시피 음식의 가격과 질에 대해서는 높은 점수를 받았죠.
M	그 지역에서 나온 식자재를 사용한 우리의 정책이 성공을 거둔 것 같군요. 자, 여기 이 카테고리는 어떻죠? 고객 중 45%만 긍정적으로 답변을 했군요.
W	그에 대해 이야기하려던 참이었어요.

어휘 revenue 수입 tremendously 막대하게 concerning ~와 관련된 conduct 실시하다, 시행하다 mark 흔적; 점수, 평점 policy 정책, 방침 source 원천, 근원; (~로부터) 얻다 pay off 성공하다, 성과를 거두다 category 범주, 카테고리 rate 등급을 매기다, 평가하다 positively 긍정적으로 be about to 막 ~하려고 하다 get to ~에 도달하다, 접근하다; ~을 시작하다

68.
여자는 서리의 식당에 대해 무엇을 말하는가?
(A) 그중 일부는 판매 부진으로 문을 닫았다.
(B) 일주일 전에 설문 조사를 실시했다.
(C) 신입 직원들을 몇 명 고용했다.
(D) 이전보다 더 많은 돈을 벌었다.

대화의 시작 부분에서 여자는 '서리 지역 내 식당들이 막대한 수익을 거두었다'(revenues at our restaurants in the Surrey area were up tremendously)고 했으므로 (D)가 정답이다.

어휘 lack 부족, 결핍

69.
남자는 식당에 대해 무엇을 말하는가?
(A) 종종 특가를 제공한다.
(B) 최근에 메뉴를 바꾸었다.
(C) 인근 지역에서 생산되는 음식을 사용한다.
(D) 직원들에게 친절 교육을 시킨다.

남자의 말 중 'It looks like our policy of using locally sourced food is paying off.'에서 정답의 단서를 찾을 수 있다. 남자는 높은 수익이 발생한 이유를 해당 지역에서 생산되는 식자재를 쓴 방침으로 돌리고 있으므로 정답은 (C)이다.

70.
도표를 보아라. 여자는 이다음에 무엇을 논의할 것인가?
(A) 고객 서비스

(B) 식당의 청결도
(C) 음식의 질
(D) 배달

대화의 마지막 부분에서 남자가 45%만 긍정적인 반응을 보인 항목에 대해 묻자 여자는 'I was just about to get to it.'이라고 답한다. 즉 여자는 45%의 고객만 긍정적으로 답변한 항목에 대해 이야기할 것이므로 그래프에서 이러한 수치를 보이는 항목을 찾으면 (B)의 '식당의 청결도'가 정답이다.

어휘 cleanliness 청결

PART 4
[71-73]

W	Attention, passengers with tickets for Flight 357 bound for Munich. Unfortunately, due to a computer error, today's flight is overbooked. If there are any passengers willing to give up their seats, please see the gate attendant at once. We need a total of five individuals. Passengers who choose not to fly now will receive two hundred euros in cash and be booked in a business-class seat on the next available flight. If that flight doesn't leave until tomorrow, a voucher for a hotel room and two free meals will be awarded. If not enough people volunteer, we will select individuals at random. We apologize for the inconvenience.

W	뮌헨행 357 항공편 티켓을 소지하고 계신 승객분들께서는 주목해 주십시오. 안타깝게도 전산 착오로 인해 금일 항공편에 초과 예약 현상이 발생했습니다. 좌석을 포기하실 승객분이 계시다면 즉시 게이트 직원을 찾아 주십시오. 총 다섯 분이 필요합니다. 지금 비행을 포기하시는 승객분들께서는 현금으로 200유로를 받게 되실 것이며 다음 번에 탑승하실 비행기편에서 비즈니스 클래스 좌석으로 예약이 되실 것입니다. 내일까지 비행편이 없는 경우, 호텔 숙박 및 2회 무료 식사 서비스가 포함된 바우처가 제공될 것입니다. 자원하시는 분들이 충분하지 않은 경우에는 저희가 임의적으로 선정을 할 것입니다. 불편을 드려 죄송합니다.

어휘 bound for ~로 향하는, ~행의 due to ~ 때문에 overbook 초과 예약하다 give up 포기하다 attendant 종업원, (항공사 등의) 직원 book 예약하다 voucher 바우처, 상품권 award 수여하다, 수상하다 volunteer 자원하다 at random 임의적으로, 자의적으로

71.
안내 방송은 어디에서 이루어지는 것 같은가?
(A) 버스 터미널에서
(B) 기차역에서
(C) 지하철역에서
(D) 공항에서

항공편의 초과 예약 문제로 자진해서 탑승을 포기할 승객을 찾고 있는 안내 방송이다. 이러한 방송을 들을 수 있는 곳은 (D)의 '공항'뿐이다.

72.
왜 문제가 발생했는가?
(A) 기계가 작동을 멈추었다.
(B) 너무 많은 좌석이 예약되었다.
(C) 컴퓨터 시스템이 작동 중지되었다.
(D) 일부 승객들이 지각을 했다.

화자는 '전산 착오로 항공권이 초과 예약되었다'(due to a computer error,

today's flight is overbooked)고 말한 후 좌석을 포기할 승객을 찾고 있다. 따라서 문제가 발생한 이유는 (B)로 볼 수 있다. (C)는 컴퓨터 시스템 전체가 작동을 중단한 것을 의미하므로 이를 '전산 착오'와 혼동해서는 안 된다.

73.

회지는 지원한 사람들이 무엇을 받게 될 것이라고 말하는가?
(A) 추가 마일리지
(B) 500유로
(C) 비즈니스 클래스 좌석
(D) 무료 퍼스트 클래스 티켓

자원자가 받을 수 있는 혜택으로는 two hundred euros in cash(200유로로), a business-class seat(비즈니스 클래스 좌석), 그리고 a voucher for a hotel room and two free meals(숙박 및 식사 바우처)가 언급되어 있다. 보기 중 여기에 해당되는 것은 (C)이다.

[74-76]

> **M** The Shipping Department's budget has been increased so that it can hire new employees. Due to the popularity of our newest line of clothes, our sales have risen dramatically. As a result, we're falling behind on shipments. We promise customers three-day shipping, but their products have been arriving five or six days after being ordered. That's not good enough. So we're going to open a new shift from midnight to 8 A.M. We need twenty full-timers for this shift and ten more people to work part time on weekends. Larry, put an ad in the local newspapers at once. We need people to start by next Monday.

> **M** 선적부에서 신규 직원을 채용할 수 있도록 선적부의 예산이 인상되었습니다. 새로 출시된 의류의 인기 덕분에 판매량이 극적으로 증가하고 있습니다. 그 결과, 배송은 뒤쳐지고 있습니다. 우리는 고객들에게 3일 배송을 약속하고 있지만, 상품은 주문 후 5일 혹은 6일 이후에 도착하고 있습니다. 그래서는 안 됩니다. 따라서 자정부터 오전 8시까지 새로운 근무 시간이 만들어질 것입니다. 이 시간에 근무할 20명의 정규직 직원과 주말에 근무할 비정규직 직원 10명이 필요합니다. Larry, 즉시 지역 신문에 광고를 내세요. 다음 주 월요일부터 일을 시작할 수 있는 사람이 필요합니다.

어휘 so that ~ can ~하기 위하여 popularity 인기 dramatically 극적으로 fall behind 뒤쳐지다 promise 약속하다 shift 근무(시간) from A to B A부터 B까지 full-timer 정규직 직원 work part time 아르바이트를 하다, 비정규직으로 일하다

74.

청자들은 어떤 종류의 매장에서 일하는가?
(A) 가전 제품 매장
(B) 의류 매장
(C) 슈퍼마켓
(D) 전자 제품 매장

담화 초반부에서 화자는 '새로 출시된 의류 제품 때문에'(due to the popularity of our newest line of clothes) 판매량이 늘었다고 말하고 있으므로 청자들이 일하는 곳은 (B)의 '의류 매장'일 것이다.

75.

화자가 "That's not good enough"라고 말할 때 그는 무엇을 의미하는가?
(A) 가격이 인하되어야 한다.
(B) 직원들이 더 열심히 일해야 한다.

(C) 회사가 더 많은 수익을 거두어야 한다.
(D) 서비스가 개선되어야 한다.

문맥상 주어진 문장에서 that이 가리키는 것은 배송 서비스가 늦어지고 있는 점이므로 화자가 의미하는 바는 (D)로 볼 수 있다.

76.

화자는 Larry에게 무엇을 하라고 말하는가?
(A) 광고를 게시한다
(B) 고객들에게 연락한다
(C) 전근을 신청한다
(D) 입사 지원자들을 면접한다

담화 마지막 부분에서 화자는 Larry에게 '지역 신문에 구인 광고를 내라'(put an ad in the local newspapers at once)고 말한다. 따라서 화자가 Larry에게 지시한 사항은 (A)이다.

[77-79]

> **W** From today until this Friday, Harrison Fruits and Vegetables is having a special clearance sale. We received a huge shipment from a supplier, and we've got to move everything in the next few days. Visit us to get fresh watermelons, mangoes, cherries, and strawberries. We're offering them at half price. Don't forget about our vegetables either. You can find just about anything you want at Harrison. During the sale period, vegetables are 30% off. If you can't find something, speak with one of our employees, who can order it for you. Harrison Fruits and Vegetables is located at 23 Mulberry Avenue. Free parking is available in the back.

> **W** 오늘부터 이번 주 금요일까지, Harrison 청과에서 특별 클리어런스 세일을 실시할 예정입니다. 저희는 공급업자로부터 막대한 양의 상품을 넘겨 받았고, 모든 상품을 며칠 이내에 처분해야 합니다. 매장을 방문하셔서 신선한 수박, 망고, 체리, 그리고 딸기를 구입하십시오. 절반 가격으로 제공해 드릴 것입니다. 또한 저희 채소도 잊지 마십시오. Harrison에서는 원하시는 것이 무엇이든 구하실 수 있습니다. 세일 기간 동안 채소는 30% 할인 됩니다. 찾으시는 것이 없는 경우에는 저희 직원 중 한 명에게 말씀해 주시면 대신 주문을 해 드릴 것입니다. Harrion 청과는 Mulberry 가 23번지에 위치해 있습니다. 매장 뒤편에 무료로 주차하실 수 있습니다.

어휘 from A until B A부터 B까지 clearance sale 재고 정리 세일, 클리어런스 세일 shipment 수송품

77.

매장은 왜 세일을 할 것인가?
(A) 개업을 축하할 것이다.
(B) 상품들을 처리해야 한다.
(C) 곧 폐업할 것이다.
(D) 정기 세일을 실시할 것이다.

'클리어런스 세일'(clearance sale)의 개념을 알고 있거나 'We received a huge shipment from a supplier, and we've got to move everything in the next few days.'라는 문장을 놓치지 않고 들었으면 이번 세일이 재고를 처리하기 위한 세일이라는 점을 알 수 있다. 정답은 (B)이다.

어휘 celebrate 기념하다, 경축하다 get rid of ~을 제거하다 go out of business 파산하다, 폐업하다 annual 연례의, 매년의

78.

과일의 할인율은 얼마인가?

(A) 20%
(B) 30%
(C) 40%
(D) 50%

화자는 수박, 망고, 체리, 딸기를 광고하면서 이들이 '절반 가격'(at half price)에 판매될 것이라고 말한다. 따라서 정답은 (D)이다.

79.

화자는 주차에 대해 무엇을 말하는가?

(A) 30분 동안 무료이다.
(B) 주차할 수 있는 자리가 한정되어 있다.
(C) 매장 뒤쪽에서 가능하다.
(D) 주차장은 길 건너에 있다.

주차와 관련된 내용은 마지막 문장 'Free parking is available in the back.'에서 들을 수 있는데, 여기에서 주차는 매장 뒤편에 할 수 있다고 안내되고 있으므로 주차에 관해 언급된 사항은 (C)이다.

[80-82]

> M Hello. My name is Cedric Davidson. Last week, I ordered a dozen table lamps from your company for my new restaurant. The items arrived today, but when I opened the boxes, I discovered that three of them had been damaged during shipping. Two lamps have dents while the other has several scratches on it. My restaurant opens three days from now, so I need those lamps replaced at once. Please send them to me by express shipping. It's imperative that you do this. My shipping number is 9048-93. Please call me at once to confirm you received this message.
>
> M 안녕하세요. 제 이름은 Cedric Davidson입니다. 지난 주에 저는 새로 문을 열 식당을 위해 귀사로부터 12개의 테이블 램프를 주문했습니다. 제품은 오늘 도착했지만, 상자를 열었을 때 저는 그중 세 개가 배송 중에 파손되었다는 점을 알게 되었습니다. 두 개의 램프에는 움푹 들어간 곳이 있고 다른 하나에는 몇 군데 흠집이 나 있습니다. 지금부터 3일 후에 식당 문을 열 것이기 때문에 그 램프들을 즉시 교체해야 합니다. 제게 특급 배송으로 보내 주시기 바랍니다. 반드시 그렇게 해 주셔야 합니다. 제 운송장 번호는 9048-93입니다. 즉시 제게 확인 전화를 주셔서 이 메시지를 받으셨는지 알려 주십시오.

어휘 dozen 12개의 dent 움푹 들어간 곳 scratch 흠집 replace 대신하다, 대체하다 imperative 반드시 해야 하는, 긴급한

80.

화자는 어떤 문제를 언급하는가?

(A) 일부 제품이 파손되었다.
(B) 주문품이 잘못된 주소로 보내졌다.
(C) 잘못된 제품이 발송되었다.
(D) 청구액이 너무 높았다.

담화 초반부에 화자는 '자신의 주문품 중 3개가 배송 중 손상되었다'(three of them had been damaged during shipping)는 문제를 알리고 있으므로 정답은 (A)이다.

81.

3일 후에 어떤 일이 일어날 것인가?

(A) 식당이 개업할 것이다.
(B) 세일이 끝날 것이다.
(C) 계약이 체결될 것이다.
(D) 주문품이 선적될 것이다.

질문의 핵심어구인 '3일'이 언급되고 있는 곳은 'My restaurant opens three days from now, so I need those lamps replaced at once.'라는 부분인데, 여기에서 3일 후에는 화자의 식당이 오픈할 것임을 알 수 있다. 따라서 3일 후에 발생할 일은 (A)이다.

82.

화자는 왜 "It's imperative that you do this"라고 말하는가?

(A) 전액 환불을 원한다.
(B) 사과를 기대한다.
(C) 급히 대체품이 필요하다.
(D) 무료 설치 서비스가 필요하다.

문맥상 this가 가리키는 것은 교환품을 빨리 보내 주는 것이므로 주어진 문장의 의미는 (C)로 볼 수 있다. 참고로 「It is imperative that ～」은 '～을 하는 것이 필수적이다' 혹은 '반드시 ～해야 한다'라는 의미를 나타낸다.

어휘 full refund 전액 환불

[83-85]

> W Thank you for that introduction, Mr. Alberts. It's an honor to be standing here holding this special award. Writing books, especially works of fiction, isn't an individual task. First and foremost, I'd like to thank my editor, Janet Renton. She made countless suggestions which improved the quality of my work. Without her, I wouldn't be standing here today. In addition, I'd like to thank the proofreaders and designers at Twin Press. They did an amazing job. My agent Peter Welling encouraged me to keep working when I was struggling. Finally, I'd like to thank my fans. They were the ones that made The Winding Road such a success.
>
> W 그렇게 소개해 주셔서 고마워요, Alberts 씨. 이처럼 특별한 상을 받고 이 자리에 설 수 있게 되어 영광입니다. 책을 쓰는 일은, 특히 소설을 쓰는 일은 혼자서 하는 일이 아닙니다. 무엇보다도 편집자였던 Janet Renton에게 감사를 드리고 싶습니다. 그녀는 제 작품의 완성도를 높인, 수없이 많은 제안을 해 주었습니다. 그녀가 없었다면 저는 오늘 이 자리에 설 수 없었을 것입니다. 또한, 저는 Twin 출판사의 교정자 및 디자이너분들께도 감사를 드리고 싶습니다. 대단한 일을 해 주셨습니다. 제 에이전트인 Peter Welling은 제가 힘들어 할 때 제가 계속 일을 할 수 있도록 격려해 주었습니다. 마지막으로, 저는 저의 팬분들께 감사를 드리고 싶습니다. The Winding Road가 그와 같은 성공을 거둔 것은 바로 그분들 때문이었습니다.

어휘 honor 명예 fiction 픽션, 소설 individual 개인적인 first and foremost 제일 먼저 editor 편집자 countless 셀 수 없이 많은 proofreader 교정자 agent 대리인, 에이전트 encourage 격려하다, 고무시키다 struggle 분투하다, 어려움을 겪다

83.

연설은 어디에서 이루어지는 것 같은가?

(A) 은퇴 기념 파티
(B) 송별회
(C) 시상식
(D) 조인식

담화의 시작 부분에서 화자는 'It's an honor to be standing here holding this special award.'라고 말한 후 계속해서 수상 소감을 이야기하고 있다. 따라서 담화가 이루어지고 있는 곳은 (C)의 '시상식'일 것이다.

어휘 retirement 은퇴, 퇴직 farewell party 송별회 signing ceremony 조인식

84.
화자는 누구인가?
(A) 작가
(B) 편집자
(C) 교정자
(D) 에이전트

화자는 '책을 쓰는 일은 혼자서 하는 일이 아니다'(Writing books, especially works of fiction, isn't an individual task.)라고 말한 후, 편집자, 교정자, 디자이너, 그리고 에이전트에게 고마움을 표시하고 있다. 따라서 화자의 직업은 (A)의 '작가'일 것이다.

85.
화자는 Peter Welling에 대해 무엇을 암시하는가?
(A) 그는 수년간 그녀를 알고 있었다.
(B) 그는 그녀의 가족 중 한 명이다.
(C) 그는 그녀의 첫 계약을 성사시켰다.
(D) 그는 그녀가 일을 하도록 동기를 부여했다.

담화 후반부에 에이전트인 Peter Welling은 '내가 힘들 때 계속 일을 할 수 있도록 격려를 해 준'(encouraged me to keep working when I was struggling) 사람으로 묘사되어 있다. 따라서 정답은 encourage를 motivate 로 바꾸어 쓴 (D)이다.

[86-88]

> W Mr. Hancock, thank you very much for the work your firm did in promoting last Saturday's seminar. We set a record for attendance and doubled last year's number of international attendees. My team was highly impressed with your advertising and targeting methods. I'd like you to know that our next seminar will be held in early February, and I'd love to see a proposal from you regarding targeting first-time clientele for that event. If I like what I see, I can sign a new contract with your firm. My assistant will contact you with the date and details of the event by the end of the day.
>
> W Hancock 씨, 귀사가 진행한 지난 토요일 세미나의 홍보 활동에 깊은 감사를 드립니다. 저희는 기록적인 출석률을 달성했으며 해외에서 온 참가자들의 수는 작년의 두 배였습니다. 저희 팀은 귀하의 광고 및 타게팅 기법에 깊은 인상을 받았습니다. 저희의 다음 세미나는 2월 초에 열릴 것이라는 점을 알려 드리며, 신규 참가자를 타게팅하는 일과 관련해서 귀하의 제안서를 받아 보고 싶습니다. 내용이 마음에 드는 경우, 귀사와 새로운 계약을 체결할 수도 있습니다. 일과 시간이 끝나기 전에 제 부하 직원이 연락을 드려서 행사 날짜와 세부 사항들을 알려 드릴 것입니다.

어휘 promote 홍보하다; 승진하다 set a record 기록을 세우다

attendee 참석자 be impressed with ~에 깊은 인상을 받다, ~에 감명하다 target 목표로 삼다, 대상을 정하다 method 방법 regarding ~와 관련된 first-time 처음 해 보는 clientele 고객, 의뢰인 assistant 보조원

86.
화자는 왜 Hancock 씨에게 고마워하는가?
(A) 그는 행사에서 인기가 많았던 연사였다.
(B) 그의 회사가 세미나 홍보를 성공적으로 해 주었다.
(C) 그는 회사가 기록적인 이윤을 달성하는데 도움을 주었다.
(D) 그는 몇몇 기업과 계약을 체결했다.

담화의 시작 부분에서 화자가 Hancock 씨에게 고마워 한 이유는 '세미나 홍보'(promoting last Saturday's seminar) 때문임을 알 수 있다. 정답은 (B)이다.

87.
2월에 어떤 일이 발생할 것인가?
(A) 제안서가 발송될 것이다.
(B) 해외 방문이 있을 것이다.
(C) 행사가 열릴 것이다.
(D) 회사가 설립될 것이다.

'2월'이 언급되고 있는 부분은 I'd like you to know that our next seminar will be held in early February인데, 이를 통해 2월에는 세미나가 개최될 것이라는 점을 알 수 있다. 정답은 seminar를 event로 바꾸어 쓴 (C)이다.

88.
화자의 부하 직원은 무엇을 할 것인가?
(A) 계약서를 우편으로 보낸다
(B) 정보를 제공한다
(C) 공항에서 고객을 데리고 온다
(D) 서류에 서명을 한다

담화 마지막 문장 'My assistant will contact you with the date and details of the event by the end of the day.'에서 화자의 부하 직원이 Hancock 씨에게 전화를 해서 행사 날짜 및 세부 사항을 알려 줄 것이라고 했으므로 부하 직원이 하게 될 일은 (B)이다.

[89-91]

> M Okay, everyone, the day's festivities are about to begin. We've got a huge crowd waiting to get inside the fairgrounds. Please do your best to provide assistance to anyone who asks for help. If you can't answer a question, direct the person to any of the three information booths set up here. Be sure to wear your red hats so that people can identify you more easily. It's going to be hot and sunny today, so don't forget to drink plenty of water. We don't want any medical emergencies. Thanks once again for volunteering to help out. It's people like you who make festivals like this successful.

M 좋습니다, 여러분. 오늘의 행사가 곧 시작되려고 합니다. 수많은 군중들이 축제 마당으로 들어오기 위해 기다리고 있습니다. 도움을 요청하는 사람에게는 최선을 다해서 도움을 드리도록 하십시오. 질문에 대답할 수 없는 경우에는, 이곳에 설치되어 있는 세 곳의 안내 부스 중 한 곳으로 안내해 주십시오. 사람들이 보다 쉽게 알아볼 수 있도록, 항상 빨간색 모자를 쓰고 있어야 한다는 점을 명심하십시오. 오늘은 덥고 화창한 날이 될 것이므로 잊지 말고 충분한 양의 물을 드십시오. 긴급 상황이 발생하는 것은 원치 않습니다. 자원봉사를 통해 도움을 주시겠다고 한 점에 대해서는 다시 한 번 감사를 드립니다. 이러한 축제를 성공적으로 만드는 것은 바로 여러분과 같은 사람들입니다.

어휘 festivity 축제 행사 be about to 막 ~하려고 하다 fairground 개최 장소 ask for ~을 요청하다 direct 길을 알려 주다, 안내하다 identify (신원을) 확인하다 plenty of 많은 medical 의학적인, 의료의 emergency 긴급 상황 volunteer 자원하다, 자원 봉사를 하다

89.
청자는 누구인 것 같은가?
(A) 집표원
(B) 자원봉사자
(C) 행상인
(D) 축제 참가자

화자는 축제가 곧 시작된다고 안내한 후 축제 진행을 위해 청자들이 해야 할 일을 설명하고 있다. 또한 담화의 후반부에서는 'Thanks once again for volunteering to help out.'이라고 말하며 청자들에게 고마움을 표시하고 있으므로 청자들은 축제 진행을 위한 (B)의 '자원봉사자'일 것으로 추측할 수 있다.

어휘 ticket collector 집표원, 검표원 vendor 행상인, 노점상

90.
화자는 청자들에게 무엇을 착용하라고 말하는가?
(A) 선글라스
(B) 티셔츠
(C) 장갑
(D) 모자

화자는 담화 중반부에 'Be sure to wear your red hats so that people can identify you more easily.'라고 말하면서 청자들에게 모자 착용을 지시하고 있다. 정답은 (D)이다.

91.
이다음에 어떤 일이 일어날 것 같은가?
(A) 사람들이 병원을 방문할 것이다.
(B) 사람들이 축제 장소에 입장할 것이다.
(C) 공연이 시작될 것이다.
(D) 표가 판매될 것이다.

담화의 시작 부분에서 화자는 축제가 곧 시작될 것이라고 말한 후, '입장을 기다리는 많은 사람들'(a huge crowd waiting to get inside the fairgrounds)이 있다고 언급한다. 따라서 담화 이후에는 사람들이 입장을 하게 될 것이므로 (B)가 정답이다. 대화나 담화 이후의 상황을 묻는 질문의 경우, 주로 정답의 단서가 후반부에 제시되지만 이와 같이 시작 부분에서 단서가 있는 경우도 있으니 주의해야 한다.

[92-94]

M Hello. My name is David Harper. Last night, I purchased several vitamins on your Web site. I realized, however, that I only purchased a two-month supply of Vitamin B, so I'd like to increase my purchase in order to get six months of it. I tried making the change on your Web site, but I was unable to do so, which is why I'm calling you now. My order number is 9844-495KT. If you could call me back at 945-3847 sometime today to let me know how much I owe you, I'd really appreciate it. Thank you.

M 안녕하세요. 제 이름은 David Harper입니다. 어젯밤, 저는 귀하의 웹사이트에서 비타민제를 몇 개 구입했습니다. 하지만 저는 비타민B를 2개월 치만 구입했다는 점을 알게 되었는데, 6개월 치로 분량을 늘리기 위해 추가 구입을 하고 싶습니다. 귀하의 웹사이트에서 변경을 시도해 보았지만 그럴 수가 없었고, 그러한 점 때문에 전화를 드린 것입니다. 제 주문 번호는 9844-495KT입니다. 오늘 중으로 945-3847로 제게 전화를 주셔서 얼마를 더 지불해야 하는지 알려 주시면 정말로 고맙겠습니다. 감사합니다.

어휘 in order to ~하기 위해 owe 빚지다

92.
화자는 비타민B를 얼마나 필요로 하는가?
(A) 2개월 치
(B) 3개월 치
(C) 6개월 치
(D) 12개월 치

화자는 자신이 두 달 치의 비타민B를 구입했는데 이를 '6개월 치 분량'(six months of it)으로 늘리고 싶다고 말한다. 따라서 화자가 원하는 수량은 (C)이다. 앞부분에서 언급된 a two-month supply는 잘못 주문한 수량이므로 (A)를 정답으로 골라서는 안 된다.

93.
화자가 "I was unable to do so"라고 말할 때 그는 무엇을 의미하는가?
(A) 추가 주문을 할 수 없었다.
(B) 주문 결제를 할 수 없었다.
(C) 주소를 알려 줄 수 없었다.
(D) 배송일을 변경할 수 없었다.

to do so가 가리키는 것은 바로 앞의 making the change on your Web site인데, 여기서 말하는 변경이란 결국 '추가 주문을 위한'(to increase my purchase) 변경이다. 따라서 주어진 문장으로 화자가 의미한 바는 (A)로 볼 수 있다.

94.
화자는 무엇을 요청하는가?
(A) 인하된 가격
(B) 전화
(C) 확인용 이메일
(D) 무료 샘플

담화 후반부의 'If you could call me back at 945-3847 sometime today to let me know how much I owe you, I'd really appreciate it.'이라는 문장에서 화자가 부탁하는 것은 답신 전화임을 알 수 있다. 정답은 (B)이다.

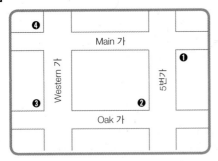

W The big story of the day is that the Fifth Avenue Bridge finally reopened this morning. It had been closed for the past three months after engineers noticed structural problems with it. Now that they've been repaired, traffic should move much more smoothly. However, there will still be some delays downtown as the construction work on Faraday Towers is still ongoing. So try to avoid the corner of Main Street and Western Avenue if you can. It's full of cement mixers and other construction vehicles today. Let's get a report on the weather right now. When we come back, I'll have the day's economic news for you.

W 오늘의 주요 소식은 오늘 아침에 Fifth Avenue 교가 마침내 다시 개방되었다는 것입니다. 기술진들이 구조적인 문제를 발견한 후, 그곳은 지난 3개월 동안 폐쇄되어 있었습니다. 수리가 이루어졌기 때문에, 교통이 훨씬 더 원활해질 것입니다. 하지만 Faraday Towers의 공사는 아직 진행 중이므로 시내에서는 정체 현상이 계속될 것입니다. 따라서 가능하시면 Main 가와 Western 가의 코너는 피해서 가시기 바랍니다. 그곳은 오늘 레미콘과 기타 건설 중기들로 꽉 차 있습니다. 이제 날씨 뉴스를 듣도록 하겠습니다. 다시 돌아올 때에는 오늘의 경제 뉴스를 가지고 오겠습니다.

어휘 notice 알아차리다, 주목하다 structural 구조적인 smoothly 부드럽게 ongoing 진행 중인 cement mixer 콘크리트 혼합기 economic 경제의

95.
다리는 왜 폐쇄되었는가?
(A) 배와 충돌했다.
(B) 도로에 페인트가 칠해지고 있었다.
(C) 수리되고 있었다.
(D) 폭이 확장되었다.

화자는 담화 초반부에서 다리에 구조적인 결함이 발견되었고, '이것이 해결되어'(they've been repaired) 다리가 다시 개방되었다고 알리고 있다. 따라서 다리가 폐쇄된 이유는 수리를 하기 위함이었으므로 정답은 (C)이다.

96.
도표를 보아라. Faraday Towers는 어디에 있는가?
(A) 1번 지점
(B) 2번 지점
(C) 3번 지점
(D) 4번 지점

화자는 Faraday Towers 공사로 인해 시내에 정체 현상이 발생할 것이라고 말하면서 'Main 가와 Western 가의 코너'(the corner of Main Street and Western Avenue)는 피할 것을 당부한다. 따라서 지도에서 두 도로가 만나는 곳인 (D)의 '4번 지점'에 Faraday Towers가 있을 것이다.

97.
청자들은 이다음에 무엇을 듣게 될 것인가?
(A) 광고
(B) 날씨 뉴스
(C) 경제 뉴스
(D) 음악

'Let's get a report on the weather right now.'에서 청자들은 (B)의 '날씨 뉴스'를 듣게 될 것임을 알 수 있다. 참고로 (C)의 '경제 뉴스'는 화자가 다시 방송을 하게 될 때 들을 수 있는 뉴스이다.

이메일 수신함	
발신자	제목
Greg Towson	3월 판매 수치
Andrea Sparks	덴버 출장 일정
Nicholas Wentz	다른 지점들의 개장
Melissa Martinez	직원들의 불만 사항

W I know several of you are interested in knowing about the positions available to transfer to at other branches. I was sent an e-mail listing them right before I came in here, so I'll post it when we're done. Now, we should get started with the meeting. First on the agenda is the marketing campaign which began on Monday. So far, it's quite a success as our advertisement has gone viral on the Internet. Sales are reportedly improving, but we won't have solid numbers until the end of next week. Overall, however, I'd say that we're going to be pleased by what we learn then.

W 여러분 중 일부는 다른 지사로의 전근이 가능한 자리에 대해 관심을 가지고 있다고 알고 있습니다. 이곳에 오기 전에 그러한 자리의 리스트를 이메일로 받았기 때문에, 회의가 끝나면 게시하도록 하겠습니다. 자, 회의를 시작하도록 합시다. 첫 번째 안건은 월요일에 시작된 마케팅 캠페인입니다. 우리 광고가 인터넷에서 입소문을 타고 있으므로 상당히 성공적인 편입니다. 보고에 따르면 판매가 증가하고 있기는 하지만, 다음 주가 지난 다음에야 믿을 수 있는 수치를 얻게 될 것입니다. 하지만 전반적으로는 그 결과에 우리가 만족하게 될 것이라고 말씀드리고 싶습니다.

어휘 marketing campaign 마케팅 캠페인, 마케팅 전략 go viral 입소문을 타다 reportedly 보고에 따르면, 소문에 의하면 solid 단단한; 탄탄한, 믿을 만한 not ~ until ~해서야 비로서 ~하다 overall 전체적으로

98.
도표를 보아라. 화자가 언급한 이메일은 누가 보냈는가?
(A) Greg Towson
(B) Andrea Sparks
(C) Nicholas Wentz
(D) Melissa Martinez

화자가 받은 이메일은 타 지사로의 전근이 가능한 일자리가 적혀 있는 이메일이라고 했으므로 보기에서 이와 관련된 제목의 이메일을 찾으면 정답은 (C)임을 알 수 있다.

99.
화자에 의하면 월요일에 어떤 일이 일어났는가?
(A) 새로운 광고가 실시되었다.

(B) 매출 자료가 제출되었다.
(C) 매장에서 세일이 시작되었다.
(D) 신입 직원들이 고용되었다.

첫 번째 안건이 the marketing campaign which began on Monday(월요일에 시작된 마케팅 캠페인)이라고 했으므로 월요일에는 새로운 광고가 시작되었을 것이다. 정답은 (A)이다.

100.

다음 주에 청자들은 왜 기뻐할 것 같은가?
(A) 모두가 보너스를 받게 될 것이다.
(B) 판매 수치가 긍정적일 것이다.
(C) 직원들의 근무 시간이 줄어들 것이다.
(D) 상이 수여될 것이다.

화자는 확정적이지는 않지만 매출이 늘고 있다는 소식을 전한 후 'Overall, however, I'd say that we're going to be pleased by what we learn then.'이라고 말한다. 즉 매출이 증가했을 가능성이 매우 높기 때문에 화자들이 기뻐할 이유는 (B)로 볼 수 있다.

어휘   positive 긍정적인; 확신하는   reduce 줄이다, 감소하다

Actual Test 3

PART 1

1.

(A) The woman is packing her suitcase.
(B) The street is crowded with people.
(C) Trees are on both sides of the walkway.
(D) She is pulling her bag behind her.

(A) 여자는 여행용 가방을 꾸리고 있다.
(B) 거리에 사람들이 붐빈다.
(C) 인도 양측에 나무들이 있다.
(D) 그녀는 가방을 끌고 가는 중이다.

여자는 여행용 가방을 들고 가고 있을 뿐이므로 (A)는 오답이고 (D)가 정답이다. 사진 속 도로는 한가하며 나무는 왼쪽에만 있기 때문에 (B)와 (C)는 각각 올바른 설명이 될 수 없다.

어휘   suitcase 여행용 가방 be crowded with ~으로 붐비다
        walkway 보도, 인도

2.

(A) Several containers are on the shelves.
(B) Various items are on display for sale.
(C) Dishes have been set out on the table.
(D) Bowls and plates are full of food.

(A) 선반 위에 용기들이 있다.
(B) 다양한 제품들이 판매를 위해 진열되어 있다.
(C) 식탁에 접시들이 놓여 있다.
(D) 그릇과 접시에 음식이 가득하다.

'선반에 용기들이 있다'고 설명한 (A)가 정답이다. 사진 속 사물들이 판매용인지는 알 수 없으므로 (B)는 정답이 될 수 없고, (C)와 (D)는 각각 사진 속에서 볼 수 없는 '테이블'(table)과 '음식'(food)을 언급하고 있는 오답이다.

어휘   container 용기, 그릇 various 다양한 on display 전시 중인,
        진열 중인 set out 진열하다, 배치하다 sale 판매 bowl 사발, 그릇
        plate 접시 be full of ~으로 가득하다

3.

(A) The audience is watching a play.
(B) Actors are rehearsing for a show.
(C) Musicians are performing on stage.
(D) The band is setting up their equipment.

(A) 관객들은 연극을 보고 있다.
(B) 배우들이 공연을 위해 리허설을 하고 있다.
(C) 음악가들이 무대에서 공연을 하고 있다.
(D) 밴드가 장비를 설치하고 있다.

사진 속 공연은 음악 공연이므로 '연극'(play)이나 '배우'(actors)를 언급하고 있는 (A)와 (B)는 정답이 될 수 없고 (C)가 정답이다.

어휘   audience 청중 play 희곡, 연극 actor 배우 rehearse 예행
        연습을 하다, 리허설을 하다 perform 공연하다 set up 설치하다
        equipment 장비

4.

(A) The women are holding pens in their hands.
(B) They are looking at the same thing.
(C) The events are being documented.
(D) They are opening the book to the right page.

(A) 여자들은 손에 펜을 쥐고 있다.
(B) 그들은 같은 것을 보고 있다.
(C) 행사가 기록되고 있다.
(D) 그들은 올바른 페이지를 펴고 있다.

묘사하는 대상이 단수인지 복수인지에 유의하도록 한다. 즉 (A)를 'The woman is holding a pen in her hand.'로 잘못 들으면 이를 정답으로 고르는 실수를 범할 수 있다. 정답은 두 사람이 책의 같은 곳을 보고 있다고 설명한 (B)이다.

어휘   document 문서; 기록하다

5.

(A) He is adjusting the lens of the telescope.
(B) The researcher is using some equipment.
(C) The microscope is being repaired in his lab.
(D) They are looking at something with binoculars.

(A) 그는 망원경 렌즈를 조절하고 있다.
(B) 연구원이 장비를 사용하고 있다.

(C) 실험실에서 현미경이 수리되고 있다.
(D) 그들은 쌍안경으로 무언가를 보고 있다.

사진 속 장비는 '현미경'(microscope)이므로 각각 telescope(망원경)와 binoculars(쌍안경)를 언급한 (A)와 (D)는 오답이며, 현미경이 수리 중인 것으로도 보이지는 않기 때문에 (C) 또한 정답이 아니다. 정답은 현미경을 equipment(장비)라고 바꾸어 쓴 (B)이다.

어휘 adjust 조절하다 telescope 망원경 researcher 연구원
microscope 현미경 lab 실험실 (= laboratory) binoculars
쌍안경

6.

(A) A vehicle is parked in each of the driveways.
(B) All of the houses have a single story.
(C) The garage doors of the homes are shut.
(D) Traffic is moving in a single direction.

(A) 사유 차도마다 차가 한 대씩 주차되어 있다.
(B) 모든 집들은 단층이다.
(C) 주택들의 차고 문은 닫혀 있다.
(D) 차량들이 한 방향으로 이동 중이다.

사진 속에서 볼 수 있는 차량은 오른쪽에 주차되어 있는 한 대뿐이기 때문에 (A)와 (D)는 오답이며, 대부분의 주택들이 2층 이상이므로 (B) 역시 정답이 될 수 없다. 정답은 닫혀 있는 차고 문을 적절히 묘사한 (C)이다.

어휘 driveway 사유 차도, 진입로 story 층

PART 2

7.

Why is the air conditioner making that noise?
(A) Sorry. I'll go ahead and turn it on.
(B) You're correct. It's a bit cold in here.
(C) There must be something wrong with it.

에어컨에서 왜 저런 소음이 날까요?
(A) 미안해요. 제가 가서 킬게요.
(B) 당신 말이 맞아요. 이곳은 약간 춥네요.
(C) 무슨 문제가 있는 게 분명해요.

의문사 why를 이용하여 에어컨에서 나는 소음의 원인이 무엇인지 묻고 있다. 따라서 고장이 원인일 수 있다고 답한 (C)가 가장 자연스러운 답변이다.

어휘 air conditioner 에어컨 make a noise 소리를 내다, 소음이 나다
go ahead (앞으로) 가다

8.

Fewer tourists than normal are visiting the city this summer.
(A) Revenues should be up then.
(B) I'm sorry to hear that.
(C) Summer is coming soon.

이번 여름에는 도시를 찾는 관광객이 평소보다 적군요.
(A) 그러면 수입이 늘겠군요.
(B) 그런 이야기를 들으니 유감이네요.
(C) 곧 여름이 올 거예요.

'관광객이 줄고 있다'는 반응으로 가장 적절한 문장을 찾도록 한다. 정답은 그러한 사실에 유감을 나타낸 (B)이다.

어휘 tourist 관광객 that normal 평소보다 revenue 수입

9.

Hasn't she already departed for the interview?
(A) Yes, she got the part she wanted.
(B) She's planning to take the next bus.
(C) She answered every question quite well.

그녀가 아직 면접을 보러 떠나지 않았나요?
(A) 네, 그녀는 자신이 원하는 역할을 맡았어요.
(B) 그녀는 다음 버스를 탈 생각이에요.
(C) 그녀는 모든 질문에 대답을 잘 했어요.

부정의문문을 이용하여 그녀가 떠났는지 묻고 있다. 따라서 '다음 버스를 탈 것'이라며 아직 떠나지 않았음을 밝힌 (B)가 적절한 대답이다. (A)는 질문의 departed와 발음이 비슷한 the part로, (C)는 질문의 interview에서 연상될 수 있는 answered every question이라는 문구를 이용해서 만들어진 함정이다.

어휘 depart 떠나다, 출발하다 interview 인터뷰, 면접 part 부분: 역할,
배역

10.

How often do you plan to send work updates?
(A) We haven't hired any workers yet.
(B) There are four updates so far.
(C) Every day for the next two weeks.

업무 보고를 얼마나 자주 할 계획인가요?
(A) 저희는 아직 직원을 고용하지 못했어요.
(B) 지금까지 네 번의 업데이트가 있었어요.
(C) 다음 2주에 대해서는 매일이요.

how often으로 물었으므로 '빈도'를 언급하는 답변이 정답이다. 보기 중에서 빈도를 언급하고 있는 답변은 (C)뿐이다.

어휘 work update 업무 보고(서), 진행 상황 보고 hire 고용하다 so far
지금까지

11.

You ought to reconsider accepting his offer.
(A) She took that into consideration.
(B) You think I need to reject it?
(C) I'm offering you a lead role on the project.

그의 제안을 수락하는 것에 대해서는 다시 생각해 봐야 해요.
(A) 그녀는 그 점을 고려했어요.
(B) 제가 거절해야 한다고 생각하는군요?
(C) 당신이 그 프로젝트에서 주도적인 역할을 맡아 주면 좋겠어요.

'제안을 재고해야 한다'는 의견을 나타내고 있다. 따라서 상대방의 의견을 다시 한 번 확인하고자 하는 (B)가 가장 자연스러운 답변이다.

어휘 reconsider 다시 생각하다, 재고하다 take ~ into consideration
~을 고려하다 reject 거절하다 lead role 주도적인 역할

12.

Thursday's weather is going to be pleasant.
(A) That's going to ruin the picnic.
(B) Yes, thank you for the present.
(C) We should dine outdoors then.

목요일 날씨는 화창할 거예요.
(A) 야유회가 취소되겠네요.
(B) 네, 선물에 감사 드려요.

(C) 그러면 야외에서 식사를 해야겠군요.

'목요일 날씨가 좋을 것'이라는 진술과 가장 자연스럽게 연결될 수 있는 답변을 찾도록 한다. (A)는 정반대의 상황인 경우에 이어질 수 있는 답변이고, (B)는 pleasant와 발음이 비슷한 present를 이용한 함정이다. 따라서 정답은 (C)이다.

어휘 pleasant 쾌적한, 기분 좋은 ruin 망치다 picnic 소풍, 야유회
present 선물; 현재의 dine 식사를 하다 outdoors 야외에서

13.
Will you please speak with Mr. Taylor?
(A) He's waiting for you in his office.
(B) Hold on for about ten minutes.
(C) Mr. Taylor no longer works here.

Taylor 씨와 이야기해 주시겠어요?
(A) 그는 자신의 사무실에서 당신을 기다리고 있어요.
(B) 10분 정도 기다려 주세요.
(C) Taylor 씨는 더 이상 이곳에서 근무하지 않아요.

please라는 단어에 주목하면 이 문장은 상대방에게 부탁을 하고 있는 문장임을 알 수 있다. 따라서 '10분 후에 그렇게 하겠다'며 부탁을 들어주겠다는 의사를 밝힌 (B)가 정답이다.

어휘 hold on 기다리다 no longer 더 이상 ~하지 않는

14.
Who's interested in flying to Tokyo with Mr. Randolph?
(A) It's a twelve-hour flight.
(B) The plane leaves tomorrow at midnight.
(C) I'd be delighted to go there.

누가 Randolph 씨와 도쿄에 가는 것에 관심이 있나요?
(A) 12시간 비행이에요.
(B) 그 비행기는 내일 자정에 출발해요.
(C) 제가 가면 좋을 것 같아요.

의문사 who를 이용하여 도쿄에 가고 싶은 사람이 누구인지 묻고 있다. 정답은 '내가 가고 싶다'는 의사를 표현한 (C)이다.

어휘 be interested in ~에 관심이 있다 midnight 자정 delighted 기쁜

15.
Is the dental clinic on the third or fourth floor?
(A) That's correct.
(B) The higher one.
(C) To fill a cavity.

치과가 3층에 있나요, 4층에 있나요?
(A) 맞아요.
(B) 높은 층에요.
(C) 충치를 치료하기 위해서요.

3층과 4층 중 치과가 위치한 층이 어디인지 묻고 있다. 따라서 '더 높은 층'(higher one)이라고 말함으로써 우회적으로 4층을 가리킨 (B)가 정답이다. 질문의 후반부를 제대로 듣지 못하면 (A)를 정답으로 고르는 실수를 범할 수 있다.

어휘 dental clinic 치과 fill a cavity 충치를 치료하다

16.
Will she agree to the suggested changes?
(A) No, I didn't change a thing.
(B) That's a great suggestion.
(C) That has yet to be determined.

그녀가 변경을 하자는 제안에 동의할까요?
(A) 아니요, 저는 아무것도 바꾸지 않았어요.
(B) 굉장한 제안이군요.
(C) 아직은 모르겠어요.

그녀가 동의할 것인지의 여부를 묻고 있다. 정답은 '아직까지 알려진 것이 없다'고 말함으로써 확답을 미룬 (C)이다.

어휘 agree to ~에 동의하다 have yet to 아직 ~하지 않다
determine 결정하다; 알아내다

17.
The local bank branch is right around the corner.
(A) I wasn't aware that it's so close.
(B) I've got to make a small deposit.
(C) Yes, it opens at ten every day.

코너를 돌면 바로 은행 지점이 있어요.
(A) 그렇게 가까운 곳에 있는지 몰랐네요.
(B) 소액을 입금해야 해요.
(C) 네, 그곳은 매일 10시에 문을 열어요.

은행의 위치를 알려 주고 있으므로 '그렇게 가까운 곳에 있는지 몰랐다'고 답한 (A)가 가장 자연스러운 답변이다.

어휘 branch 지점, 지사; 나뭇가지 aware 알고 있는 make a deposit 예금하다, 입금하다

18.
When was the fax sent by the Boris Group?
(A) Approximately thirty minutes ago.
(B) It explains the terms of the agreement.
(C) Located in downtown Seattle.

Boris 그룹에서 온 팩스는 언제 전송된 건가요?
(A) 대략 30분 전에요.
(B) 그것은 계약 조건을 나타내고 있어요.
(C) 시애틀 중심가에 위치해 있어요.

접속사 when으로 시작하는 의문문이기 때문에 시간을 표현하고 있는 보기를 선택해야 한다. 정답은 '30분 전에'라는 의미를 나타내고 있는 (A)이다.

어휘 approximately 대략 terms of an agreement 계약 조건
downtown 시내에

19.
Who requested some time off this week?
(A) On Thursday and Friday.
(B) Catherine and Marie, I think.
(C) Just a couple of hours in the afternoon.

이번 주에 누가 휴가를 신청했나요?
(A) 목요일과 금요일에요.
(B) Catherine과 Marie로 알고 있어요.
(C) 오후에 2시간만이요.

의문사 who를 이용한 의문문이다. 따라서 직접적으로 휴가를 신청한 사람을 지목한 (B)가 정답이다.

어휘 **request** 요청하다, 요구하다 **time off** 휴식, 휴가

20.

You'd better pay the registration fee by Friday.

(A) Two installments of $100 each.

(B) You're right. I didn't register.

(C) Thank you for the reminder.

금요일까지 등록비를 내야 해요.

(A) 각각 100달러씩 두 번이요.

(B) 당신 말이 맞아요. 저는 등록하지 않았어요.

(C) 상기시켜 줘서 고마워요.

had better(~하는 편이 낫다)를 이용하여 상대방에게 일종의 충고를 하고 있다. 따라서 충고에 대해 고마움을 표시한 (C)가 가장 자연스러운 답변이다.

어휘 **had better** ~하는 편이 낫다 **registration fee** 등록비
      installment 1회분

21.

Aren't the interns going through orientation today?

(A) It's hard to get oriented in this building.

(B) None of them was assigned to us.

(C) It's been rescheduled for tomorrow.

오늘 인턴 사원들이 오리엔테이션을 받기로 되어 있지 않나요?

(A) 이 건물 안에서는 방향을 찾기가 힘들어요.

(B) 그들 중 누구도 우리에게 배정되지 않았어요.

(C) 일정이 내일로 바뀌었어요.

일반의문문으로 묻고 있으므로 yes/no 형식의 답변이 이어져야 한다. 보기 중에서는 '오늘이 아니라 내일로 바뀌었다'고 말하면서 간접적으로 no의 의미를 전달하고 있는 (C)가 적절한 답변이다.

어휘 **intern** 인턴 사원 **orientation** 오리엔테이션 **get oriented** 방향
      을 찾다, 길을 찾다 **assign** 배정하다 **reschedule** 일정을 다시 조정
      하다

22.

Do you know where the local theater is?

(A) Ticket prices have increased too much.

(B) On the second floor of the West End Mall.

(C) The movie's scheduled to start at five.

인근 극장이 어디에 있는지 알고 있나요?

(A) 티켓 가격이 너무 많이 올랐어요.

(B) West End 몰의 2층이요.

(C) 그 영화는 5시에 시작하는 것으로 예정되어 있어요.

do you know로 시작하는 질문은 그 이후에 실제로 묻는 내용이 드러난다. 이 문제에서도 화자가 진정 묻고자 하는 것은 극장의 위치이므로 극장의 위치를 알려 준 (B)가 정답이다.

어휘 **local** 지역의, 인근의 **theater** 극장 **increase** 증가하다
      be scheduled to ~하기로 예정되어 있다, ~할 것이다

23.

Is that the fastest you can be here?

(A) I'll try to catch an earlier train.

(B) Monday morning at nine thirty.

(C) Yes, I'm standing here in my office.

당신이 여기로 오는데 그것이 가장 빠른 방법인가요?

(A) 더 빨리 오는 기차를 타려고 노력해 볼게요.

(B) 월요일 오전 9시 30분이요.

(C) 네, 저는 여기 제 사무실에서 서 있어요.

상대방에게 '그것이' 올 수 있는 가장 빠른 방법인지 묻고 있다. 정답은 '더 빠른 방법이 있으면 그걸 택하겠다'는 의미를 전하고 있는 (A)이다.

어휘 **try to** ~하려고 노력하다 **catch** 붙잡다

24.

Employee evaluations are conducted every year.

(A) I wasn't aware of that.

(B) Let's evaluate the product.

(C) Her conduct was better than usual.

매년 직원 평가가 실시되어요.

(A) 그 점은 제가 몰랐네요.

(B) 그 제품을 평가해 봅시다.

(C) 그녀의 행동은 평소보다 좋았어요.

직원 평가가 실시된다는 정보를 알리고 있으므로 '그 점은 모르고 있었다'고 반응한 (A)가 가장 자연스러운 답변이다. (B)는 evaluation(평가)의 동사형인 evaluate(평가하다)로, (C)는 conduct(실행하다)의 명사형인 conduct(행실)로 오답을 유도하고 있는 함정이다.

어휘 **evaluation** 평가 **conduct** 실시하다, 실행하다; 행동 **be aware
      of** ~을 알다

25.

Which area are we opening the new branch in?

(A) The first week of next month.

(B) Because sales have been rising.

(C) The region down by the harbor.

어느 지역에 새로운 지점을 개설할 건가요?

(A) 다음 달 첫 주요.

(B) 판매량이 증가하고 있기 때문이죠.

(C) 항구 지역이요.

which area로 물었으므로 장소와 관련된 답변이 정답이다. 보기 중 장소 혹은 지역을 거론하고 있는 답변은 (C)뿐이다. (A)는 시점을 묻는 질문에, (B)는 이유를 묻는 질문에 이어질 수 있는 답변이다.

어휘 **area** 지역 **sale** 판매, 판매량; 세일, 할인 판매 **rise** 오르다 **region**
      지역 **harbor** 항구

26.

Enrollment is up more than twenty percent.

(A) That's the best news I've heard all day.

(B) I haven't registered for classes yet.

(C) The first day of class is tomorrow.

등록률이 20% 이상 증가했어요.

(A) 오늘 들은 것 중에서 가장 좋은 소식이로군요.

(B) 저는 아직 수업에 등록을 하지 못했어요.

(C) 수업 시작일은 내일이에요.

상대방에게 등록률의 상승 소식을 전하고 있다. 이에 대해 기쁨의 반응을 나타낸 (A)가 적절한 답변이다. (B)와 (C)는 모두 '수업 등록'(enrollment)과 관련된 표현을 이용한 오답이다.

어휘 **enrollment** 등록 **all day** 하루 종일 **register for** ~에 등록하다

27.

The negotiations have been progressing, haven't they?

(A) Not as quickly as we'd hoped.
(B) I'm making progress on the sample.
(C) The next meeting is first thing tomorrow.

협상이 진행 중이죠, 그렇지 않나요?
(A) 바라던 만큼 빨리 진행되고 있지는 않아요.
(B) 저는 샘플을 개선시키고 있어요.
(C) 다음 회의는 내일 우선적으로 진행될 거예요.

부가의문문을 통해 협상이 진행 중인지 묻고 있다. 따라서 간접적으로 '더딘 편이긴 하지만 진행 중이다'라는 긍정적인 반응을 보인 (A)가 정답이다.

어휘　negotiation 협상　progress 진행하다; 진전하다, 진보하다
as ~ as 만큼 ~하게　make progress 발전하다, 개선하다
first thing 제일 먼저, 맨 처음; 먼저 해야 하는 일

28.

There are no parking spaces available on this level.

(A) Let's go to the roof then.
(B) Right by the front door.
(C) Yeah, I see one over there.

이곳 층에는 주차할 수 있는 공간이 없어요.
(A) 그러면 맨 위층으로 가죠.
(B) 바로 정문 옆이요.
(C) 예, 저쪽에 하나가 보여요.

'주차할 공간이 없다'에 대한 가장 자연스러운 반응을 찾도록 한다. 정답은 '다른 곳으로 가자'는 의미를 나타내는 (A)이다.

어휘　parking space 주차 공간　available 이용 가능한　level 층
roof 지붕, 꼭대기

29.

Why did Mr. Grogan already leave for the day?

(A) That's right. Today is Thursday.
(B) Mr. Grogan will see you in his office now.
(C) He's got a doctor's appointment.

왜 Grogan 씨가 벌써 퇴근을 했나요?
(A) 맞아요. 오늘은 목요일이에요.
(B) Grogan 씨는 자신의 사무실에서 당신을 만날 거예요.
(C) 병원 예약이 되어 있어요.

의문사 why를 이용하여 퇴근한 이유를 묻고 있다. 정답은 '진료 예약'이라는 퇴근 사유를 거론하고 있는 (C)이다.

어휘　leave for the day 퇴근하다　doctor's appointment 병원 예약,
진료 예약

30.

Couldn't you check to make sure it's sealed properly?

(A) Yes, there are seals at the zoo.
(B) I already did that twice.
(C) That's not my property.

봉인이 제대로 되어 있는지 확인해 줄 수 없나요?
(A) 네, 동물원에는 물개가 있어요.
(B) 이미 두 번이나 했어요.
(C) 그것은 제 소유가 아니에요.

couldn't를 이용해 상대방에게 봉인이 제대로 되어 있는지 확인해 달라는 부탁을 하고 있다. 따라서 '이미 두 번이나 확인했다'고 답한 (B)가 가장 적절한 답변이다.

어휘　seal 봉인하다; 바다표범, 물개　properly 적절히　property 재산,
소유물

31.

What time is the speech set to begin?

(A) In the room next to the auditorium.
(B) No, she doesn't have a speech problem.
(C) About fifteen minutes from now.

연설이 몇 시에 시작하는 것으로 예정되어 있나요?
(A) 강당 옆에 있는 룸에서요.
(B) 아니요, 그녀는 언어적인 문제를 겪고 있지 않아요.
(C) 지금부터 약 15분 후에요.

what time으로 물었기 때문에 시각을 나타내는 표현이 이어져야 한다. 정답은 '15분 후'임을 알리고 있는 (C)이다.

어휘　next to ~ 옆에　auditorium 강당

PART 3

[32-34]

M　We think you'd be a great match for us here at Trinity Chemicals, so we'd like to offer you a job as a researcher. Would you be able to start on January 15?
W　The starting date is acceptable, but what about the salary? I believe that due to my experience, I should be paid more than what's mentioned in the advertisement.
M　I spoke about that with my boss, and he mentioned we can afford to pay you $85,000 a year plus performance bonuses. Is that acceptable?
W　I'd say we have a deal. I'll start making the arrangements to find a place here in Brownsville.

M　이곳 Trinity 화학에 매우 적합하신 인재라고 생각되기 때문에 귀하께 연구원직을 제안하고자 합니다. 1월 15일부터 업무를 시작하실 수 있으신가요?

W　업무 시작일은 괜찮지만, 급여는 어떻게 되나요? 제 경력으로 볼 때 저는 구인 광고에서 언급된 것보다 더 많이 받아야 한다고 생각하거든요.

M　그 점에 대해서는 사장님과 이야기를 해 보았는데, 연봉으로 85,000달러와 성과급을 드릴 수 있다고 말씀을 하시더군요. 그 정도면 수락하실 수 있으신가요?

W　계약이 성사되었다고 말씀드리고 싶네요. 이곳 Brownsville에서 살 장소를 찾아봐야겠어요.

어휘　match 어울리다; 어울리는 사람[물건]　researcher 연구원, 조사원
acceptable 받아들일 수 있는　performance bonus 실적 보너스,
성과급　have a deal 거래를 하다, 계약을 하다

32.

여자는 무엇을 하고 있는가?
(A) 채용 면접
(B) 전근 신청

(C) 새로운 프로젝트에 관한 논의

(D) 이사에 관한 담화

남자가 여자에게 '연구원직'(a job as a researcher)을 제안하자 여자는 연봉 협상을 시도하고 있다. 따라서 여자가 하고 있는 것은 (A)의 '면접'이다.

33.

남자는 왜 자신의 사장을 언급하는가?

(A) 사장의 제안을 전하기 위해

(B) 자신이 곧 사장과 만날 것이라는 점을 말하기 위해

(C) 여자에게 사장과 만나라는 제안을 하기 위해

(D) 사장의 연락처를 알려 주기 위해

여자가 보다 높은 급여를 요구하자 남자는 '자신이 사장과 이야기했다'(I spoke about that with my boss)고 말한 후, 사장이 제시한 급여 인상안을 알려 준다. 따라서 그가 사장을 언급한 이유는 (A)이다.

어휘 repeat 반복하다, 되풀이하다; (이야기 등을) 전하다   contact information 연락처

34.

여자에 대해 무엇이 암시되어 있는가?

(A) 그녀는 2월부터 일을 시작하려고 한다.

(B) 그녀는 Trinity 화학의 입사 제안을 받아들인다.

(C) 그녀는 현재 Brownsville에서 살고 있다.

(D) 그녀는 경력이 많지가 않다.

대화 마지막 부분의 여자의 말 'I'd say we have a deal.'에서 여자가 최종적으로 입사 제의를 수락했다는 점을 알 수 있다. 따라서 정답은 (B)이다. 여자는 1월부터 일을 시작할 것이므로 (A)는 잘못된 설명이며, (C)의 경우 대화 마지막 부분에서 여자가 살 곳을 찾아보겠다고 한 것으로 보아 이 역시 사실과 다른 내용이다. 아울러 여자는 자신의 경력이 많다는 이유로 급여 인상을 주장했으므로 (D) 또한 오답이다.

[35-37]

> M Darlene, I saw you pulling into that parking garage at the corner of Winston Street and Eastern Avenue this morning. Don't you know we've got a parking lot here for employees? Part-timers are allowed to use it.
>
> W I tried to apply for a parking pass yesterday, but the office was closed when I went there. I didn't want there to be any problems today, so I parked in the pay lot.
>
> M Well, parking there for the entire day can be expensive. Let me take you to the office now to make the arrangements. Then, you can start parking here from now on.
>
> ----
>
> M Darlene, 오늘 아침에 당신 차가 Winston 가와 Eastern 가 코너의 주차장에 들어가는 것을 보았어요. 이곳에 직원용 주차장이 있다는 것을 모르고 있나요? 시간제 근무자도 이용할 수 있어요.
>
> W 어제 주차권을 신청하려고 했지만 사무실에 가니 문이 닫혀 있더군요. 문제가 생기는 건 원치 않기 때문에 유료 주차장에 주차를 한 것이고요.
>
> M 음, 그곳에 하루 종일 주차를 하면 주차료가 많이 나올 거예요. 지금 저와 사무실로 가서 일을 처리하도록 해요. 그러면 지금부터는 이곳에 주차를 할 수 있을 거예요.

어휘 pull into ~에 도착하다   parking garage 주차장, 주차용 건물
part-timer 시간제 근무원, 임시직 노동자   parking pass

주차권   pay lot 유료 주차장   take A to B A를 B에 데리고 가다
arrangements 준비, 마련; 처리 방식

35.

남자는 여자에 대해 무엇을 암시하는가?

(A) 그녀는 곧 전근할 것이다.

(B) 그녀는 시간제 근무자이다.

(C) 그녀는 최근에 도시로 이사를 왔다.

(D) 그녀는 사무실에서 멀리 떨어진 곳에 산다.

남자는 외부 주차장에 주차를 한 여자에게 직원용 주차장이 있다는 사실을 알려 주면서 'Part-timers are allowed to use it.'이라고 말한다. 이를 통해 여자는 시간제 근무원일 것으로 생각할 수 있으므로 (B)가 정답이다.

36.

여자는 어제 무엇을 했는가?

(A) 새 차를 샀다.

(B) 취업 면접을 봤다.

(C) 요구를 거절했다.

(D) 사무실을 방문했다.

문제의 핵심어구인 yesterday는 'I tried to apply for a parking pass yesterday, but the office was closed when I went there.'에서 들을 수 있다. 여자는 주차권을 신청하려고 사무실에 갔지만 문이 닫혀 있었다고 했으므로 여자가 어제 한 일은 (D)이다.

37.

남자는 무엇을 하겠다고 제안하는가?

(A) 시설을 견학한다

(B) 신청 과정을 돕는다

(C) 수당 신청 양식을 제출한다

(D) 지사로 가는 길을 알려 준다

주차권을 신청하지 못해서 외부 주차장에 주차를 했다는 여자의 말을 듣고 남자는 'Let me take you to the office now to make the arrangements.'라고 말한다. 즉 남자는 여자에게 사무실에 같이 가서 주차권 신청 문제를 해결하자는 제안을 하고 있으므로 (B)가 정답이다.

어휘 give a tour of ~을 견학하다   benefit 혜택; 수당   provide directions to ~로 가는 길을 알려 주다

[38-40]

> W This advertisement is impressive, James. How did you come up with it so quickly?
>
> M You should thank Roger.
>
> W Roger? I don't know who he is.
>
> M He's a freelance graphic designer who does work for us occasionally. The concept for the ad was ours, but he created it.
>
> W In that case, I'd love to have a talk with him. I've got another project to do, and it sounds like he could be of assistance. I hope he has some free time over the next couple of days.
>
> M I'll e-mail you his contact information as soon as I return to my office. Then, you can call him.

W	이번 광고는 인상적이군요, James. 어떻게 그처럼 빨리 만들었나요?
M	Roger에게 고마워해야 할 거예요.
W	Roger요? 그가 누구인지 모르겠는데요.
M	가끔씩 우리와 함께 일하는 프리랜서 그래픽 디자이너죠. 광고 컨셉은 우리의 것이었지만 광고는 그가 제작했어요.
W	그렇다면 그와 이야기를 나누어 보고 싶네요. 진행해야 할 또 다른 프로젝트가 있는데 그가 도움을 줄 수 있을 것처럼 들리는군요. 다음 이틀 동안 그에게 시간이 있었으면 좋겠어요.
M	사무실로 돌아가는 대로 그의 연락처를 이메일로 알려 줄게요. 그러면 그와 전화 통화를 할 수 있을 거예요.

어휘 impressive 인상적인 come up with ~을 생각해 내다; ~을 생산하다 freelance 프리랜서 concept 개념, 컨셉 create 창조하다, 만들다 in that case 그런 경우라면, 그렇다면

38.

남자가 "You should thank Roger"라고 말할 때 그는 무엇을 암시하는가?
(A) Roger가 광고 캠페인을 성공적으로 이끌었다.
(B) Roger가 광고를 제작했다.
(C) Roger가 여자의 문제를 해결해 주었다.
(D) 지난 달에 Roger가 대부분의 제품을 판매했다.

주어진 문장은 광고에 대한 칭찬의 말을 듣고 남자가 한 말이다. 즉 인상적인 광고를 만든 공은 Roger에게 있다는 의미를 전달하고 있으므로 이를 통해 추측할 수 있는 사항은 (B)이다.

어휘 campaign (광고) 캠페인

39.

여자에 대해 암시되어 있는 것은 무엇인가?
(A) 그래픽 디자이너의 작업을 필요로 한다.
(B) 영업부에서 일한다.
(C) 남자의 관리자이다.
(D) 남자와 같은 사무실을 쓴다.

Roger라는 사람이 프리랜서 그래픽 디자이너라는 말을 듣고 여자는 'I've got another project to do, and it sounds like he could be of assistance.'라고 말한다. 이를 통해 그녀는 그래픽 디자인에 관한 Roger의 도움을 받고 싶어한다는 점을 알 수 있으므로 (A)가 정답이다.

40.

남자는 여자에게 무엇을 줄 것인가?
(A) 전단지
(B) 청구서
(C) 신청서
(D) 전화번호

대화의 마지막 부분에서 남자는 여자에게 'Roger의 연락처를 이메일로 알려 주겠다'(I'll e-mail you his contact information)고 했으므로 남자가 알려 줄 것은 (D)의 '전화번호'이다.

[41-43]

W	Good morning. My name is Amanda Roth, and I've got a slight problem. I was issued this ID card yesterday, but it doesn't seem to be working properly. I can't get any doors to open with it.
M	Several new employees have mentioned the same problem. I think the most recent batch of IDs has a flaw. I need to reissue your ID card. Do you have time to fill out the paperwork?
W	I wish I did, but I have an orientation session that starts in five minutes. Should I return here once it's done?
M	Please do. It will take half an hour to complete the process, so make sure you have enough time when you come back.

W	안녕하세요. 제 이름은 Amanda Roth인데, 사소한 문제가 하나 있어요. 어제 이 신분증을 발급받았지만 제대로 인식이 되지 않는 것 같아요. 이걸로 어떤 문도 열 수가 없어요.
M	몇몇 신입 직원들이 동일한 문제를 언급하고 있어요. 신분증의 최신 배치에 결함이 있는 것 같군요. 신분증을 다시 발급해 드려야 해요. 서류 작업을 할 수 있는 시간이 있나요?
W	그러면 좋겠지만 5분 후에는 오리엔테이션이 시작되어서요. 끝나고 난 다음에 와도 될까요?
M	그렇게 해 주세요. 절차를 마치려면 30분 정도 걸리기 때문에 시간이 충분한지 확인하시고 다시 오세요.

어휘 issue 발급하다, 발행하다 properly 제대로 recent 최근의 batch (컴퓨터에서의) 배치 (일괄 처리되는 그룹) flaw 결함, 흠 reissue 재발급하다 fill out ~을 작성하다, 기입하다

41.

여자는 왜 남자를 찾아왔는가?
(A) 그가 사무실 문을 열어 주어야 한다.
(B) 서류상의 문제를 발견했다.
(C) 회사 신분증이 제대로 기능하지 않는다.
(D) 컴퓨터 로그인이 제대로 되지 않는다.

대화의 초반부에서 여자가 남자를 찾아온 이유는 'I was issued this ID card yesterday, but it doesn't seem to be working properly.'라는 문장에서 찾을 수 있다. 즉 신분증의 기능에 문제가 있어서 찾아온 것이므로 정답은 (C)이다.

어휘 unlock 열다 function 기능; 기능하다 log in 로그인, 로그온

42.

남자는 여자가 무엇을 하기를 원하는가?
(A) 양식을 작성한다
(B) 오리엔테이션에 참석한다
(C) 사진을 찍는다
(D) 설문에 답한다

남자는 여자에게 신분증을 재발급해 주겠다고 한 후 '서류 작업을 할 시간'(time to fill out the paperwork)이 있는지 묻는다. 따라서 남자가 원하는 것은 (A)이다.

어휘 questionnaire 설문, 설문지

43.

남자는 여자에게 시간이 얼마나 필요하다고 말하는가?

(A) 5분
(B) 10분
(C) 15분
(D) 30분

남자의 마지막 말 중에서 it will take half an hour to complete the process를 놓치지 않고 들었다면 정답이 (D)라는 사실을 쉽게 알 수 있다.

[44-46]

> M Our revenues are down by thirty-two percent this year, and we're going to lose money for the fifth quarter in a row. I think we need to lay off some employees.
>
> W Unfortunately, I agree with you. How do you think we should go about this? Should we get rid of people according to seniority?
>
> M No. Some of our best workers started in the past year or two. Talk to the head of each department and find out who the poor performers are.
>
> W All right. I'll send out an e-mail today and make sure the list is on your desk first thing tomorrow morning.
>
> ----
>
> M 올해 수익이 32퍼센트 감소해서 5분기 연속으로 적자가 날 거예요. 일부 직원을 정리 해고해야 한다고 생각해요.
>
> W 안타깝지만 저도 당신 말에 동의해요. 그에 대해 우리가 어떻게 해야 한다고 생각하나요? 연공서열에 따라 해고를 해야 할까요?
>
> M 아니요. 가장 우수한 직원 중 몇 명은 1년이나 2년 전에 일을 시작한 사람들이에요. 각 부서의 장과 이야기를 해서 성과가 가장 저조한 직원이 누구인지 알아 보세요.
>
> W 알겠어요. 오늘 이메일을 발송해서 우선적으로 내일 오전까지는 명단이 책상에 올려질 수 있도록 할게요.

어휘 in a row 계속해서, 연속으로 lay off 해고하다 get rid of ~을 제거하다 seniority 손위임; 연공서열 first thing 무엇보다, 우선적으로

44.

회사에 대해 언급된 것은 무엇인가?

(A) 제조업체이다.
(B) 1년 이상 손실을 보고 있다.
(C) 몇몇 국가에 지사를 두고 있다.
(D) 최근에 신입 직원을 여러 명 고용했다.

대화의 첫 문장에서 올해 회사의 수익이 감소했다는 점과 '5분기 연속으로' (for the fifth quarter in a row) 손실을 보게 될 것이라는 점이 언급되고 있다. 따라서 회사의 적자가 1년 이상 계속되고 있다는 점을 알 수 있으므로 보기 중 언급된 내용은 (B)이다.

45.

여자는 어떤 해고 방식을 제안하는가?

(A) 근무 연수에 따라
(B) 성과에 따라
(C) 연봉에 따라
(D) 정년 퇴직 일자가 가까운 순으로

여자의 말 'Should we get rid of people according to seniority?'에서 seniority의 의미를 알고 있어야 정답을 찾을 수 있다. seniority는 '연공서열' 혹은 '근무 년수'라는 뜻이므로 여자가 제안한 방식은 결국 (A)이다.

46.

남자는 여자가 무엇을 하기를 원하는가?

(A) 최근의 매출 자료를 분석한다
(B) 어떤 직원을 해고할지 결정한다
(C) 관리자와 이야기한다
(D) 회의 일정을 내일로 정한다

대화의 마지막 부분에서 남자는 여자에게 'Talk to the head of each department and find out who the poor performers are.'라고 말한다. 즉 각 부서장들과 이야기해서 실적이 부진한 사람을 알아보라고 했으므로 부서장을 supervisors로 표현한(C)가 정답이다.

[47-49]

> W1 Kelly, I need you to deliver all of these items to 209 Westinghouse Road. They have to arrive by 2:30.
>
> W2 I'd love to help you out, Ms. Morgan, but I've already got three other deliveries to make, and they're on the other side of town.
>
> W1 Peter, how about you? What's your schedule like for today?
>
> M I've got a meeting with Mr. Andrews in Marketing in ten minutes. We're having lunch together, so I'm not sure when we'll return to the office.
>
> W2 What about getting Jessica to do it? I heard her mention she's got a light schedule today.
>
> W1 Thanks, Kelly. I think I'll do that.
>
> ----
>
> W1 Kelly, 이 물품들을 전부 Westinghouse 로 209번지로 배송해 주세요. 2시 30분까지 도착해야 해요.
>
> W2 Morgan 씨, 도움을 드리고는 싶지만 이미 처리해야 할 배송이 3건이나 있고, 배송지도 시내 반대편이에요.
>
> W1 Peter, 당신은 어떤가요? 오늘 스케줄이 어때요?
>
> M 10분 후에 마케팅부의 Andrews 씨와 회의가 있어요. 함께 점심을 먹을 예정이어서 언제 사무실로 돌아올지 잘 모르겠어요.
>
> W2 그 일은 Jessica에게 맡기는 것이 어때요? 오늘 스케줄이 한가하다는 말을 들었어요.
>
> W1 고마워요, Kelly. 그렇게 해 볼게요.

47.

무엇이 문제인가?

(A) 회의가 취소되었다.
(B) 물품들이 배송되어야 한다.
(C) 가격이 인상되었다.
(D) 주문품이 아직 도착하지 않았다.

여자1이 물품을 배송할 사람을 찾고 있지만, 여자2와 남자는 각자의 스케줄 때문에 배송이 불가능한 상황이다. 따라서 (B)가 정답이다.

48.

남자는 자신이 무엇을 할 것이라고 말하는가?

(A) 동료와 만난다
(B) 세미나에 참석한다
(C) 마케팅 콘퍼런스에 등록한다
(D) 사무실에서 점심을 먹는다

'마케팅부의 Andrews 씨와 회의를 하고'(I've got a meeting with Mr.

Andrews in Marketing) 그와 함께 점심을 먹을 것이라고 한 남자의 말에서 남자가 하게 될 일은 (A)임을 알 수 있다.

49.
Kelly는 무엇을 할 것을 제안하는가?
(A) Westinghouse 로 209번지를 방문한다
(B) Andrews 씨와 상담을 한다
(C) Jessica와 이야기한다
(D) 마케팅부를 방문한다

배송할 사람을 찾는 여자1에게 여자2는 'What about getting Jessica to do it?'이라고 말한 후 Jessica가 한가할 것이라는 점을 알려 준다. 따라서 여자2가 제안한 바는 (C)이다.

[50-52]

M	Hello. This is Sid Davis calling from Global Parcels. Is this Ms. Carrie Woodruff?
W	This is she. How may I be of assistance?
M	I've got a package I'm going to be delivering to you within the next thirty minutes. Will you be in your office at that time?
W	Unfortunately, I'm away from my desk all day long. How about leaving it with my assistant, Deborah Sellers?
M	I'm really sorry, but I have instructions only to give it to you. You'll have to show me some ID to receive the item.
W	I see. Then you can visit anytime tomorrow between nine and noon.
M	안녕하세요. Global 택배의 Sid Davis입니다. Carrie Woodruff 씨 이신가요?
W	바로 저예요. 어떻게 도와 드릴까요?
M	앞으로 30분 이내에 배송해 드릴 택배가 있습니다. 그때 사무실에 계실 건가요?
W	안타깝게도 저는 오늘 하루 종일 자리를 비울 거예요. 제 부하 직원 인 Deborah Sellers에게 맡겨 주시겠어요?
M	정말로 죄송하지만 본인에게만 주라는 지시가 있어서요. 제품을 받기 위해서는 제게 신분증을 보여 주셔야 할 거예요.
W	그렇군요. 그러시면 내일 9시와 12시 사이에 아무 때나 들러 주세 요.

어휘 all day long 하루 종일 instruction 지시 (사항)

50.
남자는 왜 여자에게 전화를 했는가?
(A) 그녀가 있는 곳을 알기 위해
(B) 그녀의 최근 주문을 확인하기 위해
(C) 그녀의 주소를 묻기 위해
(D) 그녀의 택배를 가지고 갈 수 있다고 말하기 위해

남자는 여자에게 배송 예정인 택배가 있다는 소식을 전한 후 'Will you be in your office at that time?'이라고 묻는다. 즉 택배가 도착할 시간에 여자가 사무실에 있을 것인지 확인하기 위해 전화를 한 것이므로 전화한 이유는 (A) 이다.

51.
남자는 왜 "I'm really sorry"라고 말하는가?
(A) 실수를 사과하기 위해
(B) 여자의 요청을 거절하기 위해
(C) 여자에게 다시 한 번 말을 해 달라고 부탁하기 위해
(D) 제품을 구할 수 없다고 말하기 위해

주어진 문장은 택배를 본인 대신 부하 직원에게 맡겨 달라는 요청을 듣고 한 말이다. 따라서 주어진 문장의 의미는 부탁을 들어 줄 수 없다는 의사 표시로 보아야 한다. 정답은 (B)이다.

52.
여자는 남자를 위해 무엇을 해야 할 것인가?
(A) 사진이 들어간 신분증을 보여 준다
(B) 서류 작업을 마친다
(C) 일부 품목에 대해 현금으로 결제한다
(D) 그의 부하 직원과 만난다

자신의 택배를 부하 직원에게 맡겨 달라는 여자의 말을 듣고 남자는 그럴 수 없다고 답한 후 'You'll have to show me some ID to receive the item.'이 라고 말한다. 즉 택배를 수령하기 위해서는 신분증으로 본인 확인을 해야 한 다는 점을 나타내고 있으므로 여자가 해야 할 일은 (A)이다.

[53-55]

W	James, do you happen to know anything about computers? Mine won't connect to the Internet for some reason.
M1	I think this is a company-wide problem because I just got logged off the system.
W	That's not good. One of my clients sent me an urgent e-mail, and I really need to read it.
M1	Matt, do you know anything about this? Is there some kind of a problem?
M2	Didn't you read the memo this morning? The entire system is down for maintenance and won't be back up until around 4:00.
W	Oh, no. I'd better call Mr. Rogers and explain the problem to him.
W	James, 컴퓨터에 대해 잘 아나요? 제 컴퓨터에서 무슨 이유에서 인지 인터넷 연결이 되지 않는군요.
M1	저도 조금 전에 로그오프되었기 때문에 이번 일이 회사 전체의 문 제인 것 같아요.
W	좋지 않군요. 고객 중 한 명이 제게 급한 이메일을 보내서 꼭 읽어 야 하거든요.
M1	Matt, 이에 대해 아는 것이 있나요? 어떤 문제가 있는 거죠?
M2	오늘 아침에 회람을 읽지 않았나요? 시스템 점검으로 인해 시스템 전체가 다운되었고 약 4시 이후에야 다시 작동이 될 거예요.
W	오, 이런. Rogers 씨에게 전화를 해서 문제를 설명해 주는 것이 좋 겠군요.

어휘 urgent 긴급한 memo 메모, 회람 maintenance 유지, 보수

53.
화자들은 주로 무엇을 논의하는가?
(A) 컴퓨터 프로그램
(B) 인터넷 문제

(C) 여자의 이메일

(D) 직원 회의

대화 전반에 걸쳐 인터넷 연결이 되지 않는 이유에 대해 이야기하고 있다. 따라서 대화의 주제는 (B)이다.

54.

Matt는 회람에 대해 무엇을 말하는가?

(A) 그는 그것을 읽어야 한다는 점을 잊었다.

(B) 그것은 오늘 아침에 배포되었다.

(C) 그가 동료들을 위해 그것을 작성했다.

(D) 그것은 예산 회의와 관련이 있다.

memo(회람)이 언급되어 있는 문장은 'Didn't you read the memo this morning?'인데, 여기에서 회람은 오늘 아침에 게시되었다는 점을 알 수 있다. 따라서 (B)가 정답이다.

어휘 refer to ~을 가리키다; ~와 관련이 있다

55.

Rogers 씨는 누구인 것 같은가?

(A) 여자의 고객

(B) 화자들의 관리자

(C) 컴퓨터 프로그래머

(D) 점검 담당 직원

여자에게 문제가 되는 것은 고객으로부터 급한 이메일을 받았는데 시스템 점검으로 이를 읽지 못하고 있다는 점이다. 한편 대화의 후반부에서 시스템 다운의 이유가 점검 때문이라는 말을 듣자 여자는 'I'd better call Mr. Rogers and explain the problem to him.'이라고 말한다. 이 두 가지 사항을 종합하면 Rogers 씨라는 인물은 여자의 고객일 것으로 짐작되므로 정답은 (A)이다.

[56-58]

> M   We got reviewed in the *Mobile Times*, but the reviewer wasn't very positive about us. He liked neither the food nor the service.
>
> W   That's going to affect our sales negatively. We should do something to avoid losing any customers. We also ought to write a letter to the editor disputing the reviewer's opinion.
>
> M   How about if we offer entrées at half price for the rest of the week? And I'll work on the letter.
>
> W   I like both ideas. In the meantime, I'll look into the complaints he made regarding the service and figure out who was on duty when he visited us.

> M   *Mobile Times*에 우리 리뷰가 실렸는데, 리뷰어가 우리에 대해 그다지 긍정적이지 않더군요. 음식도 마음에 안 들고 서비스도 마음에 안 들었나 봐요.
>
> W   매출에 부정적인 영향을 미치겠군요. 고객을 잃지 않기 위해서는 무언가를 해야 해요. 또한 리뷰어의 의견을 반박하는 편지도 편집자에게 보내야 하고요.
>
> M   이번 주 남은 기간 동안 메인 요리를 절반 가격에 제공하는 것은 어떤가요? 그리고 편지는 제가 작성할게요.
>
> W   두 아이디어 모두 마음에 드는군요. 그 동안 저는 서비스에 관한 불만 사항을 조사해 보고 그가 방문했을 때 누가 근무 중이었는지 알아볼게요.

어휘 review 검토하다; 조사하다, 리뷰하다   positive 긍정적인   neither A nor B A도 아니고 B도 아니다   affect 영향을 미치다   negatively 부정적으로   avoid 피하다   dispute 논쟁하다   entrée 메인 요리   in the meantime 도중에, 그 동안에   look into ~을 조사하다   regarding ~에 관한   on duty 근무 중인

56.

대화는 어디에서 이루어지는 것 같은가?

(A) 신문사

(B) 슈퍼마켓

(C) 식당

(D) 제과점

리뷰어가 '음식과 서비스 모두를 불만족스러워 했다'(liked neither the food nor the service)는 점에서 화자들이 일하는 곳은 (C)의 '식당'임을 알 수 있다.

57.

남자는 무엇을 할 것을 제안하는가?

(A) 편집자에게 항의 전화를 한다

(B) 직원들을 잘 교육시킨다

(C) 신문 구독을 취소한다

(D) 음식을 할인 가격으로 제공한다

남자의 제안 사항은 'How about if we offer entrées at half price for the rest of the week?'에서 확인할 수 있는데, 여기에서 남자는 메인 요리의 50% 할인을 제안하고 있다. 따라서 (D)가 정답이다.

어휘 newspaper subscription 신문 구독   at a discount 할인하여

58.

여자는 무엇을 걱정하는가?

(A) 건물의 임대료

(B) 사용 가능한 공간

(C) 책정된 가격

(D) 서비스의 질

대화의 마지막 부분에서 여자는 '서비스와 관련된 불만 사항'(complaints he made regarding the service)을 조사하고 '당시 누가 서비스를 담당했는지'(who was on duty when he visited us) 알아보겠다고 했으므로 여자가 걱정하는 것은 (D)의 '서비스의 질'이다.

[59-61]

> W   This concludes today's tour. We won't be closing for another two hours, so please feel free to look around the exhibits until then.
>
> M   Pardon me, but is there a gift shop here? I'm interested in purchasing some posters of several of my favorite paintings because I think my children might enjoy them.
>
> W   You can get everything you need on the first floor next to the east wing. If you have a membership here, you can get a fifteen-percent discount on all purchases.
>
> M   I wasn't aware of that. I'll be sure to sign up for that first before I do any shopping.

W	이것으로 오늘 투어를 마치겠습니다. 앞으로 두 시간 내에는 문을 닫지 않을 것이기 때문에 그때까지 마음껏 전시를 둘러 보시기 바랍니다.
M	죄송하지만 이곳에 기념품 가게가 있나요? 아이들이 좋아할 것 같아서 제가 좋아하는 그림의 포스터를 몇 장 구매하고 싶거든요.
W	동관 옆 1층에서 필요로 하시는 모든 것을 구입하실 수 있습니다. 이곳 회원권이 있으시면 구매하시는 모든 상품에 대해 15퍼센트 할인을 받으실 수도 있죠.
M	그 점은 제가 몰랐네요. 쇼핑을 하기 전에 먼저 회원 가입을 해야겠어요.

어휘 conclude 결론짓다; 끝내다, 마치다 gift shop 기념품 가게 wing 날개; 부속 건물 membership 회원 자격, 회원권 sign up for ~에 등록하다

59.

대화는 어디에서 이루어지는 것 같은가?

(A) 놀이 공원
(B) 박물관
(C) 극장
(D) 기념품 가게

tour(투어), exhibits(전시) 및 paintings(회화)와 같은 표현들에 유의하면 보기 중에서 대화가 이루어지고 있는 곳으로 적절한 것은 (B)의 '박물관'뿐이다.

60.

남자는 무엇에 대해 묻는가?

(A) 버스 이용 여부
(B) 티켓 가격
(C) 투어 시간
(D) 매장 위치

남자는 'Pardon me, but is there a gift shop here?'라고 말하면서 기념품 가게의 위치를 묻고 있으므로 (D)가 정답이다.

61.

여자에 의하면 남자는 어떻게 할인을 받을 수 있는가?

(A) 최소 15달러 이상을 소비함으로써
(B) 온라인으로 구입을 함으로써
(C) 쿠폰을 다운로드함으로써
(D) 회원이 됨으로써

할인을 받을 수 있는 자격은 'If you have a membership here, you can get a fifteen-percent discount on all purchases.'에서 설명되어 있다. 즉 회원인 경우 15% 할인을 적용받을 수 있으므로 할인을 받을 수 있는 방법은 (D)이다.

[62-64]

Marcy's에서 쇼핑해 주셔서 감사합니다

제품 번호	제품	가격
KP895	스크류드라이버	$5.99
RY564	전동 드릴	$28.99
XJ292	톱	$12.99
MK646	망치	$6.99

M	Excuse me. I purchased some items on sale on Saturday, but it appears as though the discount was not applied to one of them.
W	I'm sorry about that. Did you bring the receipt with you?
M	Yes, I've got it right here. It's item number RY564.
W	Hmm . . . It looks like you're right. You should have gotten twenty percent off.
M	Great. So what do I do to get the discount?
W	Please take the receipt over to the customer service booth. Show it to the lady working there, and she'll take care of everything for you.
M	Thank you for your help.

M	실례합니다. 토요일 세일에서 몇 가지 제품을 구입했는데, 그중 하나에 할인이 적용되지 않은 것처럼 보여서요.
W	죄송합니다. 영수증을 가지고 오셨나요?
M	네, 여기 있어요. 제품 번호가 RY564예요.
W	흠… 말씀이 맞는 것 같군요. 20퍼센트 할인을 받으셔야 했어요.
M	잘 되었군요. 그러면 어떻게 해야 할인을 받을 수 있죠?
W	영수증을 고객 서비스 센터로 가지고 가세요. 그곳에서 일하는 여직원에게 보여 주시면 그녀가 모든 것을 처리해 줄 거예요.
M	도와 주셔서 고마워요.

어휘 as though 마치 ~처럼 apply to ~에 적용하다 booth 작은 공간, 부스 take care of ~을 돌보다; ~을 처리하다

62.

매장에 대해 언급되어 있는 것은 무엇인가?

(A) 주말에 세일을 했다.
(B) 영업 시간을 연장했다.
(C) 쇼핑 센터에 위치해 있다.
(D) 지난 주에 개장을 했다.

대화의 시작 부분에서 남자가 '토요일 세일 기간 중에 제품을 구입했다'(I purchased some items on sale on Saturday)고 한 점으로 보아 주말 동안 매장에서 세일이 진행되었음을 알 수 있다. 정답은 (A)이다.

어휘 hours of operation 영업 시간

63.

영수증을 보아라. 남자는 어떤 품목을 할인받아야 하는가?

(A) 드라이버
(B) 전동 드릴
(C) 톱
(D) 망치

영수증을 가지고 왔는지 묻는 여자의 질문에 남자는 그렇다고 답한 후 해당 제품의 번호가 RY564라고 알려 준다. 이를 도표에서 찾으면 남자가 할인을 받아야 할 물품은 (B)의 '전동 드릴'임을 알 수 있다.

64.

남자는 이다음에 무엇을 할 것 같은가?

(A) 여자에게 자신의 신용 카드를 준다
(B) 고객 서비스 담당자와 이야기한다
(C) 여자로부터 쿠폰을 받는다
(D) 여자에게 자신이 구매한 상품을 보여 준다

대화의 마지막 부분에서 여자는 남자에게 '고객 서비스 센터'(customer service booth)에 가서 할인 문제를 처리하라고 말한다. 따라서 남자가 하게 될 일은 (B)이다.

[65-67]

섹션	티켓 가격
A섹션	$15
B섹션	$25
C섹션	$40
D섹션	$60

W Hello. I'm calling to reserve two tickets for tonight's performance of *Swan Lake*. I'm really looking forward to seeing it.

M I'm sorry to inform you there aren't any seats available for the show tonight. However, you can get seats for the Thursday night or Saturday night show. They both have tickets available in every section.

W Okay, great. In that case, I guess we'll attend the Saturday night performance. And I'd like two seats in Section C, please.

M You're going to enjoy sitting there. That's where I always prefer to sit when I attend performances. I need your name and credit card number, please.

W 안녕하세요. 오늘 밤 백조의 호수 공연 티켓을 두 장 예매하려고 전화를 드렸어요. 정말로 기대가 되는군요.

M 죄송하지만 오늘 밤 공연의 좌석은 더 이상 남아 있지 않습니다. 하지만 목요일 밤이나 토요일 밤 공연의 자리는 구하실 수 있습니다. 두 공연 모두 모든 섹션의 티켓이 남아 있습니다.

W 그렇군요, 알겠어요. 그렇다면 토요일 밤 공연에 가야 할 것 같군요. 그리고 C섹션의 두 자리로 예약하고 싶어요.

M 그곳 자리가 마음에 드실 것입니다. 저도 공연을 보러 가게 되면 항상 선호하는 자리죠. 이름과 신용 카드 번호를 알려 주십시오.

어휘 look forward to -ing ~을 고대하다 inform 알리다 prefer 선호하다

65.

남자는 오늘 밤 공연에 대해 무엇을 말하는가?
(A) 매진되었다.
(B) 연기되었다.
(C) 첫 공연이다.
(D) 오후 7시에 시작할 것이다.

오늘 밤 공연의 티켓을 찾는 전화에 남자는 'I'm sorry to inform you there aren't any seats available for the show tonight.'이라고 말한다. 이를 통해 공연 티켓이 모두 판매되었음을 알 수 있으므로 (A)가 정답이다.

66.

도표를 보아라. 여자는 티켓당 얼마를 지불하게 될 것인가?
(A) 15달러
(B) 25달러
(C) 40달러
(D) 60달러

'C섹션'(Section C)의 자리를 예매했으므로 여자가 지불해야 할 티켓 한 장의 가격을 도표에서 찾으면 정답은 (C)의 '40달러'이다.

67.

여자는 이다음에 무엇을 할 것 같은가?
(A) 개인 정보를 알려 준다
(B) 원하는 좌석을 선택한다
(C) 주소를 확인해 준다
(D) 남자에게 이름의 철자를 다시 말해 준다

대화의 마지막 부분에서 남자는 여자에게 '이름과 신용 카드 번호'(name and credit card number)를 알려 달라고 말한다. 따라서 이를 personal information으로 바꾸어 쓴 (A)가 정답이다.

[68-70]

오리엔테이션 일정		
시간	강사	주제
9:00 A.M. – 9:15 A.M.	Tristan Roberts	환영 인사
9:15 A.M. – 9:45 A.M.	Eric Mueller	업무 내용과 책임
9:45 A.M. – 10:00 A.M.	Marcus Wembley	보험 서류 업무
10:00 A.M. – 10:30 A.M.	Porter Stroman	사내 시설

W Do you have a minute to chat to me? I need to get your opinion on which computers we should purchase for the office.

M I'd love to help you out, but it's 9:55, and I'm giving a talk to the new employees at the orientation session in five minutes. What about if we meet in the afternoon?

W I've got to head to the airport at noon since I'm flying to Las Vegas for a conference tomorrow. I'll just e-mail you the information.

M Thanks. I'll check it out as soon as I can and let you know what I think is best.

W Great. I appreciate it.

W 잠시 저와 이야기할 시간이 있나요? 사무용 컴퓨터로 어떤 것을 구입해야 하는지에 관해 당신 의견을 듣고 싶어요.

M 도움을 줄 수 있으면 좋겠지만, 지금이 9시 55분인데 저는 5분 후에 오리엔테이션에서 신입 직원들에게 강연을 해야 해요. 오후에 만나는 것이 어떨까요?

W 저는 내일 있을 콘퍼런스 때문에 라스베이거스로 떠나야 해서 12시에는 공항으로 가야 해요. 그냥 이메일로 관련 내용을 알려 줄게요.

M 고마워요. 가능한 빨리 확인을 해서 제가 생각하기에 어떤 것이 가장 좋은지 알려 줄게요.

W 좋아요. 고마워요.

어휘 chat 잡담하다, 이야기하다 head to ~으로 향하다 check out ~을 확인하다

68.

도표를 보아라. 남자는 누구인가?
(A) Tristan Roberts
(B) Eric Mueller
(C) Marcus Wembley
(D) Porter Stroman

남자의 말 'I'd love to help you out, but it's 9:55, and I'm giving a talk to the new employees at the orientation session in five minutes.'에서

정답의 단서를 찾을 수 있다. 주어진 문장을 통해 남자는 10시에 강연을 할 사람임을 알 수 있으므로 관련 정보를 도표에서 찾으면 남자의 이름은 (D)의 Porter Stroman일 것이다.

69.

여자는 오늘 오후에 무엇을 할 것인가?
(A) 개인적인 휴식 시간을 갖는다
(B) 다른 도시로 간다
(C) 콘퍼런스에 참석한다
(D) 오리엔테이션에서 이야기를 한다

여자의 말 'I've got to head to the airport at noon since I'm flying to Las Vegas for a conference tomorrow.'에서 여자는 정오에 공항에 도착해서 라스베이거스로 갈 것임을 알 수 있다. 따라서 (B)가 정답이다. 콘퍼런스는 내일 예정되어 있으므로 (C)는 사실이 아니고, (D)는 남자가 오전 중에 하게 될 일이다.

70.

여자는 어떻게 남자와 문제를 논의할 것인가?
(A) 이메일로
(B) 전화 통화로
(C) 문자 메시지로
(D) 직접 만나서

대화 후반부에서 여자는 오후에 만날 수 없다는 이유를 밝힌 후 'I'll just e-mail you the information.'이라고 말한다. 따라서 화자들은 이메일로 의견을 주고 받을 것으로 예상되기 때문에 정답은 (A)이다.

PART 4

[71-73]

> W Now that we know how to establish a small business, we ought to move on to the next topic at our workshop. For the next hour and a half, I'm going to tell you how to acquire a business license and inform you about what kinds of government loans are available for business owners. Now, getting a license requires dealing with the government. I know that can be hard at times. But there are a few simple steps you can take to make the process go smoothly. Please turn to page four of your booklets. Look at the chart there on the top of the page.
> -
> W 중소기업을 설립하는 법은 알게 되었으므로 워크숍의 다음 주제로 넘어 가도록 하죠. 다음 한 시간 반 동안은 사업 허가를 받는 법에 대해 말씀을 드릴 것이고 사업주가 이용할 수 있는 정부 대출 지원금의 종류에 대해서도 알려 드릴 것입니다. 자, 허가를 받기 위해서는 정부를 상대해야 합니다. 이러한 일이 때때로 힘들 수도 있다는 점은 저도 알고 있습니다. 하지만 몇 가지 간단한 조치를 취함으로써 처리 과정을 원활하게 만들 수가 있습니다. 책자의 4페이지를 펴 주시기 바랍니다. 그 페이지 상단에 있는 차트를 봐 주세요.

어휘 now that ~이므로 establish 설립하다, 세우다 license 허가 inform 알리다 loan 대출, 대부 deal with ~을 상대하다, 다루다 government 정부 at times 때때로 step 단계, 조치 process 처리 과정, 절차 smoothly 부드럽게 booklet 소책자

71.

이후의 워크숍은 얼마 동안 진행될 것인가?

(A) 30분
(B) 60분
(C) 90분
(D) 120분

담화 초반부에서 화자는 '앞으로 한 시간 반 동안'(for the next hour and a half) 사업 허가 및 정부 대출 지원금에 대해 이야기하겠다고 했으므로 남은 강연 시간은 (C)의 '90분'이다.

72.

화자가 "I know that can be hard at times"라고 말할 때 그녀는 무엇을 의미하는가?
(A) 은행은 신규 업체에게 좀처럼 대출을 해 주지 않는다.
(B) 성공적으로 사업을 시작하는 사람은 거의 없다.
(C) 세금으로 많은 금액을 납부할 수도 있다.
(D) 사업 허가를 받는 일은 쉽지 않다.

문맥을 통해 주어진 문장 속의 that이 무엇을 의미하는지 파악해야 정답을 찾을 수 있다. that은 바로 앞 문장의 dealing with the government(정부를 상대하는 일)를 가리키는데, 이는 곧 사업 허가 획득과 정부 지원금 신청을 의미하므로 주어진 문장이 의미하는 바는 (D)로 볼 수 있다.

73.

청자들은 이다음에 무엇을 할 것 같은가?
(A) 질문에 답한다
(B) 도표를 본다
(C) 설문지를 작성한다
(D) 휴식을 취한다

마지막 문장 'Look at the chart there on the top of the page.'에서 청자들은 4페이지에 있는 차트를 보게 될 것이라는 점을 알 수 있으므로 정답은 chart를 graphic으로 바꾸어 쓴 (B)이다.

[74-76]

> W Coffee Time wants to prove we have the best coffee. Once you taste it, you'll never want to stop enjoying our coffee. We've decided to make this possible. Get unlimited coffee on Tuesdays. Each Tuesday, refill your cup as many times as you want all day. Coffee Time uses only the best beans from Kona, Hawaii, where they're cultivated on the slopes of Mauna Loa to ensure an amazing roast for the richest and smoothest taste. Come here and have a meeting, do your homework, or relax with your friends every Tuesday. All coffee drinks are eligible for this offer. We're located right across from the main entrance to Atlantic University.
> -
> W Coffee Time은 저희 커피가 최고의 커피라는 점을 입증하고 싶습니다. 한 번 맛보시면 결코 저희 커피를 끊으실 수 없을 것입니다. 저희는 이런 일이 실제로 일어나도록 만들자고 결심했습니다. 화요일에는 커피를 무제한으로 드십시오. 화요일마다 하루 종일 원하시는 만큼 커피를 리필하십시오. Coffee Time은 하와이 코나 산의 최상의 원두만을 사용하는데, 이는 풍부하고 부드러운 맛을 내는 놀라운 로스트 커피를 만들기 위해 마우나 로아 산의 경사면에서 재배된 것입니다. 화요일마다 이곳으로 오셔서 모임을 가지시거나, 숙제를 하시거나, 친구들과 휴식을 취하십시오. 모든 종류의 커피가 이번 행사의 대상입니다. 저희는 Atlantic 대학의 정문 맞은편에 위치해 있습니다.

어휘 unlimited 제한이 없는 refill 다시 채우다 as ~ as ~만큼 ~한 all day 하루 종일 bean 콩 cultivate 경작하다 slope 경사, 비탈 roast 굽다, 볶다; 구운 것 be eligible for ~에 대한 자격이 있다 entrance 입구

74.

무엇이 광고되고 있는가?
(A) 낮은 가격
(B) 특별 판매
(C) 새로운 메뉴
(D) 인턴쉽 기회

광고되고 있는 업체는 Coffee Time이라는 매장인데, 이곳에서 화요일마다 '무제한 커피'(unlimited coffee)를 제공할 것이라는 점이 소개되고 있다. 따라서 광고의 대상은 (B)로 볼 수 있다.

75.

사용되는 커피 원두에 대해 언급된 것은 무엇인가?
(A) 한 지역에서만 나온다.
(B) 인도네시아에서 수입된다.
(C) 두 차례 로스팅된다.
(D) 지역 농부에 의해 생산된다.

담화에서 Coffee Time은 '오직 하와이 코나 산 원두만'(only the best beans from Kona, Hawaii) 사용한다고 했으므로 보기 중 원두에 관해 언급된 사항은 (A)이다.

어휘 import 수입하다

76.

Coffee Time에 대해 암시되어 있는 것은 무엇인가?
(A) 곧 가격을 낮출 것이다.
(B) 더 많은 직원이 필요하다.
(C) 그곳 주인이 2호점을 오픈할 것이다.
(D) 다수의 고객들은 학생들이다.

담화 후반부에서 화자는 카페에 와서 '숙제를 하라'(do your homework)고 말하고, 마지막 문장에서는 매장의 위치가 'Atlantic 대학 정문 맞은 편'(right across from the main entrance to Atlantic University)이라고 설명한다. 따라서 그곳에 오는 대부분의 손님들은 대학생일 것으로 추측할 수 있으므로 정답은 (D)이다.

[77-79]

> M Hello. This is Earl Swan. I operate Swan's Computer Repairs downtown. This morning, I made an order for several computer parts. I wonder if I can modify it slightly. Part of it consisted of four hard drives with 5,900 RPM. I'd like to change it to seven hard drives with 7,200 RPM. Initially, I indicated I wasn't in a hurry to receive my items, but that's no longer the case. Instead, I must receive everything by Saturday. The timing is absolutely crucial. My customers are counting on me, so ship everything at once. Please contact me to let me know how much I owe for the items and for shipping.

> M 안녕하세요. Earl Swan입니다. 저는 시내에 있는 Swan's 컴퓨터 수리점을 운영하고 있습니다. 오늘 아침, 저는 컴퓨터 부품을 몇 개 주문했습니다. 주문을 약간 변경하는 것이 가능한지 궁금합니다. 주문에는 5,900 RPM 하드드라이브 4개가 포함되어 있습니다. 저는 이것을 7,200 RPM 하드드라이브 7개로 바꾸고 싶습니다. 처음에는 제품을 받는 것이 급하지 않다고 말씀을 드렸는데, 상황이 바뀌었습니다. 대신, 토요일까지 모두 받아야 합니다. 타이밍이 정말로 중요합니다. 고객들이 저를 믿고 있기 때문에 즉시 배송을 시켜 주십시오. 연락을 주셔서 제품 가격 및 배송료로 제가 얼마를 내야 하는지 알려 주시기 바랍니다.

어휘 part 부분; 부품 modify 수정하다 slightly 약간 consist of ~으로 구성되다 hard drive 하드드라이브 initially 최초에, 처음에 indicate 나타내다 in a hurry 급한 no longer 더 이상 ~않다 timing 시기, 타이밍 absolutely 절대적으로, 매우 crucial 중요한 count on ~을 믿다

77.

화자는 왜 전화를 했는가?
(A) 제품의 재고가 있는지 묻기 위해
(B) 가격을 확인하기 위해
(C) 주문을 변경하기 위해
(D) 결제일을 바꾸기 위해

담화 초반부에 화자는 자신이 컴퓨터 부품을 주문했다고 밝힌 후, 'I wonder if I can modify it slightly.'라고 말한다. 이후에도 주문을 변경하고자 하는 하드드라이브의 종류에 대해 계속해서 언급을 하고 있으므로 화자가 전화를 한 이유는 (C)이다.

어휘 alter 바꾸다, 변경하다 payment date 지불일, 결제일

78.

화자가 "The timing is absolutely crucial"이라고 말할 때 그는 무엇을 의미하는가?
(A) 그는 곧 고객에게 전화를 해야 한다.
(B) 제품들이 토요일까지 필요하다.
(C) 그는 오늘 오후에 결제를 할 수 있다.
(D) 그는 주문품이 오늘 배송되기를 원한다.

주어진 문장은 '타이밍이 매우 중요하다'는 의미인데, 바로 앞 문장인 'Instead, I must receive everything by Saturday.'에서 정답의 단서를 찾을 수 있다. 즉 화자는 주어진 문장을 통해 토요일까지 배송이 되어야 한다는 점을 재차 강조하고 있으므로 화자가 의미한 바는 (B)로 볼 수 있다.

79.

화자는 무엇을 요청하는가?
(A) 설치 설명서
(B) 이메일 답신
(C) 새로운 청구서
(D) 전액 환불

마지막 문장 'Please contact me to let me know how much I owe for the items and for shipping.'에서 화자는 상대방에게 주문 변경에 따른 비용을 알려 달라고 요청하고 있다. 따라서 그가 요구한 바는 (C)의 '새로운 청구서'이다.

[80-82]

M Locally, the state is going against the national trend as it reported an increase of 1,200 manufacturing jobs during the past quarter. Economists attribute the job creation to the state budget expected to be passed next week. In addition, rumors that software conglomerate Macroshare is moving its headquarters to the city are heating up. Insiders say it's a done deal. These rumors have led to prices in the housing market shooting up. The average price of a three-bedroom home rose 12.6% last month alone. It's a seller's market, and things won't be changing for quite a while. Up next is Joe Stephenson with a traffic report.

M 지역 뉴스로, 우리 주는 전국적인 추세와 반대되는 모습을 보이고 있는데, 그 이유는 지난 분기에 제조업 일자리가 1,200개 증가되었다는 보도가 나왔기 때문입니다. 경제학자들은 일자리가 증가한 이유로 다음 주에 통과될 것으로 보이는 주 예산을 언급하고 있습니다. 또한, 소프트웨어 분야의 대기업인 Macroshare가 본사를 우리 시로 이전할 것이라는 소문이 커지고 있습니다. 관련자들은 이것이 기정사실이라고 주장합니다. 이러한 소문 덕분에 주택 시장의 가격이 상승하고 있습니다. 침실이 3개짜리인 주택의 평균 가격이 지난달에만 12.6% 증가했습니다. 판매자가 유리한 시장이 되었고, 당분간은 상황이 바뀌지 않을 것입니다. 다음 순서는 Joe Stephenson의 교통 정보입니다.

어휘 **locally** 위치 상으로, 지역적으로 **trend** 경향 **economist** 경제학자 **attribute A to B** A를 B의 탓으로 돌리다 **creation** 창조, 창출 **rumor** 소문 **conglomerate** 대기업 **heat up** 가열되다 **insider** 내부자 **done deal** 기정사실 **shoot up** 급증하다, 급등하다 **seller's market** 판매자가 유리한 시장 (수요는 많으나 공급은 적은 시장)

80.
뉴스는 주로 무엇에 관한 것인가?
(A) 전국 뉴스
(B) 경제 상황
(C) 기술 발전
(D) 주 예산

화자는 해당 주의 일자리 증가 및 주택 가격 상승 등과 같은 경제 소식을 전하고 있다. 따라서 (B)의 '경제 상황'이 뉴스의 주제이다.

81.
화자는 주택 가격에 대해 무엇을 말하는가?
(A) 안정적이다.
(B) 급격히 하락하고 있다.
(C) 천천히 오르고 있다.
(D) 빠르게 인상되고 있다.

화자는 한 대기업의 본사 이전 소문을 거론한 후 'These rumors have led to prices in the housing market shooting up.'이라고 말한다. 이후에도 구체적인 수치를 언급하면서 주택 가격의 급격한 인상폭에 대해 이야기하고 있으므로 (D)가 정답이다.

82.
청자들은 이다음에 무엇을 듣게 될 것인가?
(A) 교통 정보
(B) 스포츠 뉴스
(C) 음악
(D) 날씨 뉴스

화자의 마지막 말 'Up next is Joe Stephenson with a traffic report.'에서 다음 순서는 (A)의 '교통 정보'라는 점을 확인할 수 있다.

[83-85]

M Mark, this is Peter. During my visit to the South End store this morning, I noticed there were some long delays in the bag-packing process. I suggest reorganizing the counters to put the bags closer to the customers. The proximity of the bags to the cashiers creates the assumption that they'll do the bagging. Placing the bags near the customers indicates that they need to bag their own purchases. As a result, they'll initiate the process sooner and shorten the amount of time needed to complete each transaction. Let me know the results of the changes you make by next Monday.

M Mark, Peter예요. 오늘 아침 South End 매장을 방문했을 때 저는 상품을 봉투에 담는 과정에서 오랜 지체 현상이 발생한다는 점을 목격했어요. 저는 카운터 위치를 조정해서 봉투가 고객과 더 가까운 곳에 있도록 해야 한다는 제안을 드릴게요. 봉투가 계산원에게 가까운 곳에 있으면 그들이 물건을 담을 가능성이 높아져요. 고객 근처에 봉투를 두면 고객이 구입 제품을 봉투에 넣어야 한다고 생각될 거예요. 따라서 고객이 그러한 과정을 더 빨리 시작하게 될 것이고 계산을 마치는데 필요한 시간은 줄어들 거예요. 변경 조치에 따른 결과는 다음 주 월요일까지 제게 알려 주세요.

어휘 **notice** 주목하다, 알아채다 **process** 과정, 절차 **reorganize** 다시 조직하다, 재편성하다 **proximity** 가까움, 인접성 **assumption** 가정, 추측 **initiate** 시작하다 **shorten** 줄이다, 단축하다 **transaction** 거래

83.
화자는 어떤 문제를 언급하는가?
(A) 계산원들이 일을 잘 하지 못한다.
(B) 고객들이 가격에 대해 불평을 하고 있다.
(C) 거래에 너무 많은 시간이 든다.
(D) 금전 등록기가 제대로 작동하지 않는다.

담화 초반부에서 화자는 '상품을 봉투에 담는 과정에 시간이 너무 많이 걸린다'(I noticed there were some long delays in the bag-packing process)는 점을 지적한 후, 시간을 줄일 수 있는 방안에 대해 이야기하고 있다. 따라서 화자가 언급한 문제는 (C)이다.

어휘 **cash register** 금전 등록기

84.
남자는 무엇을 제안하는가?
(A) 고객들을 위해 간판을 세운다
(B) 계산원에게 포장을 도우라고 요청한다
(C) 고객에게 봉투값을 부과한다
(D) 봉투를 고객 가까이에 둔다

남자의 제안 사항은 'I suggest reorganizing the counters to put the bags closer to the customers.'에서 확인할 수 있다. 즉 봉투를 고객과 가까운 곳에 배치하여 고객 스스로 포장하도록 유도하자는 것이 남자가 제안한 사항이므로 정답은 (D)이다.

54

85.

남자는 다음 주까지 무엇을 요구하는가?

(A) 계산원들의 사진

(B) 변화에 대한 보고

(C) 신입 직원 고용

(D) 직원 교육

마지막 문장인 'Let me know the results of the changes you make by next Monday.'에서 남자는 다음 주 월요일까지 변화의 결과를 알려 달라고 요청하고 있다. 따라서 (B)가 정답이다.

[86-88]

> W Several people have been asking how our newest branches are doing, and now it's time to let you know. I've finally been able to review the data from the country managers. Basically, the branches in Europe have been quite successful at attracting new clients. The office in Paris is looking like it may acquire more clients than any of our other branches around the world. I think Claire Putnam deserves some congratulations. We're flying her here this April to have her give a talk about what she's been doing. Obviously, there are quite a few things she can teach us.
>
> ---
>
> W 몇몇 분들께서 우리의 새 지점들의 상황이 어떤지 묻고 계시므로 이제 알려 드리도록 하겠습니다. 저는 마침내 지역 관리자들로부터 온 자료들을 검토할 수 있었습니다. 기본적으로, 유럽 내 지점들은 상당히 성공적으로 새로운 고객을 유치하고 있습니다. 전 세계 어떤 지점보다 파리 지점이 더 많은 고객을 유치하고 있는 것으로 보입니다. Claire Putnam이 마땅히 축하를 받아야 할 것으로 생각됩니다. 이번 4월에 그녀를 이곳으로 불러서 그녀가 어떤 일을 하고 있는지에 대해 이야기를 듣도록 하겠습니다. 분명, 우리에게 가르쳐 줄 수 있는 것이 상당히 많을 것입니다.

어휘 branch 나뭇가지; 지점, 지사 attract 끌다, 유인하다 deserve ~할만하다, ~할 자격이 있다 congratulation 축하 give a talk 말하다, 연설하다 obviously 분명히 quite a few 상당수의

86.

담화는 주로 무엇에 관한 것인가?

(A) 오픈 예정인 유럽 지점들

(B) 회사가 전 세계에서 거두어 들인 수익

(C) 다른 지점들의 상황

(D) 최근에 고용된 매니저

담화의 첫 문장을 통해 담화의 주제가 how our newest branches are doing(신규 지점들의 상황)이 될 것임을 예상할 수 있다. 이후에도 성공적인 해외 지점들의 상황에 대한 이야기가 이어지고 있으므로 담화의 주제는 해외 지점을 other company locations로 바꾸어 쓴 (C)이다.

87.

화자가 "I think Claire Putnam deserves some congratulations"라고 말할 때 그녀는 무엇을 암시하는가?

(A) Putnam 씨가 파리 지점을 관리한다.

(B) Putnam 씨는 탁월한 사장이 될 것이다.

(C) Putnam 씨는 올해의 사원이다.

(D) Putnam 씨는 관리자들이 더 열심히 일하도록 만들었다.

논리적으로 생각해 보면 어렵지 않게 정답을 찾을 수 있다. 화자는 파리 지점

의 고객 유치에 대해 칭찬한 다음, 주어진 문장을 통해 Claire Putnam의 공로를 인정하고 있다. 따라서 Claire Putnam은 파리 지점을 이끌고 있는 관리자라고 생각해 볼 수 있으므로 정답은 (A)이다.

88.

4월에 어떤 일이 일어날 것인가?

(A) 관리자들이 출장을 갈 것이다.

(B) 한 관리자가 강연을 할 것이다.

(C) 회사가 보고서를 발표할 것이다.

(D) 유럽에서 새 지점들이 문을 열 것이다.

'4월'과 관련된 내용은 담화 후반부의 'We're flying her here this April to have her give a talk about what she's been doing.'에서 들을 수 있는데, 여기에서 화자는 4월에 Claire Putnam을 불러서 이야기를 듣겠다고 했으므로 4월에 이루어질 일은 (B)로 볼 수 있다.

[89-91]

> W I know you've all received your schedules for this week, but I need to report a couple of changes. The reason is that Greg Sullivan just resigned effective immediately. We've got to take care of the work he was assigned in addition to working on our own projects. Carlos, I want you to handle Murphy International. I'll give you the files after lunch. Jessica, you have to fly to Spain tomorrow to speak with two clients in Madrid. And Peter, you'll be working closely with Mr. Stephenson at RWT International. Everyone whose name I mentioned needs to stay here, but the rest of you can go.
>
> ---
>
> W 여러분 모두 이번 주 일정을 받으셨다는 점을 알고 있지만, 두어 가지 변경 사항을 알려 드리고자 합니다. 그 이유는 Greg Sullivan가 퇴사를 했기 때문입니다. 우리는 우리 자신의 프로젝트 외에도 그에게 배정되어 있던 업무를 처리해야 합니다. Carlos, Murphy International 건은 당신이 맡아 주었으면 해요. 점심 시간 후에 제가 파일을 드릴게요. Jessica, 당신은 내일 스페인으로 떠나서 마드리드에서 두 명의 고객과 이야기를 나누세요. 그리고 Peter, 당신은 RWT International의 Stephenson 씨와 긴밀히 협력하세요. 제가 이름을 언급한 사람은 모두 여기에 남아야 하고, 나머지 분들은 가셔도 좋습니다.

어휘 resign 사임하다 effective immediately 즉시 효력을 지니는 have got to ~해야 한다 assign 할당하다, 배정하다 handle 다루다, 처리하다 work closely with ~와 긴밀히 협력하다 rest 나머지

89.

Greg Sullivan은 무엇을 했는가?

(A) 새로운 계약서에 서명했다

(B) 일을 그만두었다

(C) 다른 주로 이사를 갔다

(D) 임금 인상을 요구했다

Greg Sullivan이라는 이름은 'The reason is that Greg Sullivan just resigned effective immediately.'에서 들을 수 있는데, 여기에서 그는 퇴사를 한 사람임을 알 수 있다. 따라서 resign을 quit one's job으로 바꾸어 쓴 (B)가 정답이다.

90.

화자는 Jessica가 어디로 가야 한다고 말하는가?

(A) 점심 회의
(B) Murphy International 사
(C) 자신의 사무실
(D) 다른 나라

화자는 Jessica에게 '스페인에 가서 마드리드의 두 고객과 만나라'(you have to fly to Spain tomorrow to speak with two clients in Madrid)는 지시를 하고 있다. 따라서 Jessica가 가야 할 곳은 (D)의 '외국'이다.

91.

화자는 Greg Sullivan에 대해 무엇을 암시하는가?
(A) 그는 외국어를 구사할 수 있었다.
(B) 그는 RWT International 사를 고객으로 두고 있었다.
(C) 그는 자신의 업무에 대한 상세한 보고서를 썼다.
(D) 그는 동료들과 잘 어울려 지냈다.

화자는 퇴사한 Greg Sullivan이 담당했던 업무 중 Murphy International 건은 Carlos에게, 스페인 출장 건은 Jessica에게, 그리고 RWT International 건은 Peter에게 분배해 주고 있다. 따라서 위 세 가지 업무는 모두 Greg Sullivan의 업무였을 것으로 추측할 수 있으므로 (B)가 올바른 설명이다.

[92-94]

> M   Good morning, everyone. My name is Larry Wilkins, and I'm here from Briggs Consulting. I understand that you've been having difficulty understanding the government regulations which went into effect a bit more than two weeks ago. That's completely understandable as they are rather confusing. However, for the next hour and a half, I shall explain them to you so that you can be sure to comply with the law in the future. Now, when you came into this room, you were all given a booklet by my assistant. Would you please open it to the first page so that we can get started?
>
> M   모두들 안녕하세요. 제 이름은 Larry Wilkins이고 저는 Briggs 컨설팅에서 나왔습니다. 약 2주 전에 시행된 정부 규제를 이해하시는 데 어려움이 있으실 것으로 생각됩니다. 다소 혼란되는 것이기 때문에 충분히 그러실 수 있습니다. 하지만, 앞으로 한 시간 반 동안, 여러분들께서 앞으로 그 법을 확실히 준수하실 수 있도록 제가 설명을 드릴 것입니다. 자, 이곳에 들어오셨을 때 제 부하 직원이 나누어 드린 책자를 모두 받으셨을 것입니다. 첫 페이지를 펴고 시작해 볼까요?

어휘   have difficulty - ing ~하는데 어려움을 겪다   regulation 규제, 규정   go into effect 효력을 발휘하다   understandable 이해할 수 있는   confusing 혼란스러운, 헷갈리는   comply with ~을 지키다, 준수하다   in the future 미래에, 앞으로   booklet 소책자, 안내서

92.

화자는 누구인 것 같은가?
(A) 공무원
(B) 변호사
(C) 회계사
(D) 컨설턴트

화자는 본인이 'Briggs 컨설팅'에 소속되어 있다고 했으며 '정부 규제'(government regulations)를 설명할 것이라고 말한다. 이러한 소속 및 담당 업무를 고려할 때 화자의 직업은 (D)의 '컨설턴트'로 생각할 수 있다.

어휘   government employee 공무원

93.

화자가 자신의 강연에 대해 언급한 것은 무엇인가?
(A) 한 시간 이내로 진행될 것이다.
(B) 법을 지키는 법을 설명할 것이다.
(C) 청자들이 질문에 답해야 할 것이다.
(D) 동영상 시청이 포함될 것이다.

화자가 '청자들이 복잡한 법을 지킬 수 있도록 설명을 할 것'(I shall explain them to you so that you can be sure to comply with the law in the future)이라고 말한 점을 통해 정답은 (B)임을 알 수 있다. 참고로 강연 시간은 '1시간 반'이라고 했으므로 (A)는 잘못된 정보이고, (C)와 (D)는 언급된 바 없는 사항이다.

94.

화자는 청자들에게 무엇을 하라고 요청하는가?
(A) 인쇄물을 본다
(B) 질문이 있으면 손을 든다
(C) 서류에 서명을 한다
(D) 부하 직원에게 양식을 제출한다

담화의 마지막 문장인 'Would you please open it to the first page so that we can get started?'에서 화자가 요청한 것은 책자를 펼쳐서 보는 것임을 알 수 있다. 따라서 booklet을 printed material로 바꾸어 쓴 (A)가 정답이다.

[95-97]

출발 시간	도착지
11:00 A.M.	글렌데일
11:30 A.M.	포츠머스
12:45 P.M.	해버포드
1:00 P.M.	글렌데일
2:15 P.M.	스프링필드
3:30 P.M.	포츠머스

> M   Hello, Christina. It's George. Mr. Chang called me to confirm he'd like us to visit him this Thursday. Please be sure to bring all of the cloth samples as I don't have any. We need to show him everything we can produce because he wants to make a big order for some shirts he plans to make. The meeting has been scheduled for three thirty. We could take the train departing at one, but that wouldn't give us much time in case there's a delay. I suggest leaving at eleven thirty instead. We'll be a couple of hours early, but we can grab something to eat while we wait.
>
> M   안녕하세요, Christina. George예요. Chang 씨께서 전화를 하셔서 이번 주 목요일에 우리가 본인을 찾아왔으면 좋겠다는 점을 확인시켜 주셨어요. 제가 가지고 있는 것은 없으니 당신이 잊지 말고 옷감 샘플을 모두 가지고 오세요. 그분은 본인이 제작하고자 하는 셔츠에 쓸 용도로 대량 주문을 하고 싶어하시기 때문에 우리가 생산하는 모든 것을 보여 드려야 해요. 만나는 시간은 3시 30분으로 예정되어 있어요. 우리가 1시에 출발하는 기차를 탈 수도 있겠지만, 연착이 되는 경우에는 시간이 많지 않을 거예요. 저는 그 대신 11시 30분에 출발할 것을 제안해요. 두어 시간 일찍 도착하게 될 테지만, 기다리면서 뭔가를 먹을 수도 있을 거예요.

어휘   cloth 천, 옷감   depart 출발하다   in case ~하는 경우에, ~하는 경우를 대비하여   grab 붙잡다, 쥐다

95.

화자는 어떤 업계에서 일하는 것 같은가?

(A) 제조업
(B) 해운업
(C) 컴퓨터 산업
(D) 직물업

화자가 상대방에게 잊지 말고 '옷감 샘플'(cloth samples)을 가지고 오라고 한 점으로 보아 화자는 (D)의 '직물업계'에서 일하고 있음을 짐작할 수 있다.

어휘 shipping industry 해운업, 운송업 textile 직물

96.

도표를 보아라. 어디에서 만나게 될 것인가?

(A) 글렌데일
(B) 포츠머스
(C) 해버포드
(D) 스프링필드

담화 후반부에서 화자는 11시 30분 열차를 탈 것을 제안하고 있으므로 시간표에서 11시 30분 열차의 목적지를 찾으면 (B)의 '포츠머스'가 고객과 만날 장소임을 알 수 있다.

97.

화자는 도착 후에 무엇을 하자고 제안하는가?

(A) 물품을 구입한다
(B) 숙박 시설을 찾는다
(C) 음식을 먹는다
(D) 차량을 렌트한다

마지막 문장에서 화자는 일찍 도착하면 '기다리는 동안 무언가를 먹을 수도 있다'(we can grab something to eat while we wait)고 말하고 있으므로 화자가 제안한 것은 (C)이다.

어휘 accommodations 숙박, 숙소 rent 임대하다, 렌트하다

[98-100]

층	전시
1층	미술과 건축
2층	미 원주민의 유적
3층	미국의 역사
4층	대중 문화

W May I have your attention, please? The Native American exhibit will be closing in the next five minutes. We ask everyone in that section to please move toward the nearest exit. The rest of the museum will not be closing for another hour, so you can feel free to look around the other displays. Before departing, we request that you return any audio guide equipment which you may have borrowed. You can take it to the help desk on the first floor. And don't forget to visit the souvenir shop, where you can purchase a variety of items to remind you of your visit here.

W 주목해 주시겠습니까? 북미 원주민 전시관이 5분 후에 문을 닫을 예정입니다. 해당 구역에 계신 모든 분들께서는 가까운 출구로 이동해 주실 것을 요청드립니다. 박물관의 나머지 전시관은 한 시간 후에 문을 닫을 예정이므로, 다른 전시관은 마음껏 둘러보실 수 있습니다. 이곳을 떠나시기 전에, 빌리셨던 오디오 가이드 장비가 있으면 반납해 주실 것을 요청드립니다. 1층 안내 데스크로 가져다 주시면 됩니다. 그리고 이곳의 방문 기억을 떠올려 줄 다양한 상품을 구입할 수 있는 기념품점도 잊지 마시고 들러 주십시오.

어휘 exhibit 전시(회) move toward ~를 향해 이동하다 feel free to 마음껏 ~하다, 마음대로 ~하다 borrow 빌리다 souvenir shop 기념품점 a variety of 다양한 remind A of B A에게 B를 기억나게 하다

98.

도표를 보아라. 몇 층에 있는 전시관이 곧 문을 닫을 것인가?

(A) 1층
(B) 2층
(C) 3층
(D) 4층

'미국 원주민 전시관'(Native American exhibit)이 5분 후에 문을 닫는다고 했으므로 도표에서 이를 찾으면 (B)의 '2층' 전시관이 곧 문을 닫을 것이라는 점을 쉽게 알 수 있다.

99.

청자는 왜 1층으로 가게 될 것인가?

(A) 대여 장비를 반납하기 위해
(B) 투어 신청을 하기 위해
(C) 영화를 시청하기 위해
(D) 기념품을 구입하기 위해

질문의 first floor는 'You can take it to the help desk on the first floor.'라는 문장에서 들을 수 있다. 여기에서 it이 가리키는 것은 박물관에서 대여한 오디오 장비이므로 1층에 가게 되는 경우는 (A)로 볼 수 있다.

100.

화자는 청자들에게 어디에 가라고 말하는가?

(A) 매표소
(B) 특별 전시관
(C) 기념품 가게
(D) 카페

담화의 마지막 문장에서 화자는 청자들에게 '기념품점'(souvenir shop) 방문을 권유하고 있다. 따라서 (C)가 정답이다.

어휘 temporary 임시의, 일시적인

Actual Test 4

PART 1

1.

(A) She is reaching down into her bag.
(B) She is checking the size of her feet.
(C) She is putting on one of her shoes.
(D) She is buying some tickets at the zoo.

(A) 그녀는 손을 뻗어 가방을 집고 있다.
(B) 그녀는 자신의 발 크기를 재고 있다.
(C) 그녀는 신발 한 쪽을 신고 있다.
(D) 그녀는 동물원에서 표를 구입하고 있다.

신발 매장에서 신발을 착용하고 있는 모습을 정확히 묘사한 (C)가 정답이다. (A)와 (B)는 각각 사진 속에서 볼 수 있는 bag(가방), feet(발)와 같은 단어를 이용한 함정이다.

어휘 reach down 몸을 아래로 뻗다, 손을 뻗다

2.

(A) The doctor is examining a patient.
(B) The items are being monitored.
(C) The man is submitting a form.
(D) A paper is being filled out.

(A) 의사가 환자를 진찰하고 있다.
(B) 제품이 검사되고 있다.
(C) 남자가 양식을 제출하고 있다.
(D) 서류가 작성되고 있다.

사진 속 남자는 단순히 서류를 작성하고 있으므로 정답은 (D)이다. (A)의 경우, 남자가 가운을 입고 있다고 해서 그를 의사라고 속단해서는 안 되며, (B)의 monitor는 명사가 아니라 '검사하다'라는 뜻의 동사로 사용되었다.

3.

(A) Bicycles are being ridden on the street.
(B) Helmets are being worn by the riders.
(C) Vehicles are being parked by the road.
(D) Traffic is being directed by the police.

(A) 거리에 자전거가 돌아다니고 있다.
(B) 오토바이 탑승자들은 헬멧을 쓰고 있다.
(C) 차량들이 도로에 주차되고 있다.
(D) 경찰에 의해 교통이 정리되고 있다.

오토바이를 타고 있는 사람들이 모두 헬멧을 쓰고 있기 때문에 (B)가 정답이다. 사진 속 교통 수단은 bicycle(자전거)이 아니라 '오토바이'의 의미를 나타내는 motorcycle 혹은 bike 등이므로 (A)는 정답이 될 수 없고, 차량들이 현재 주차되고 있는 상황인지, 그리고 경찰이 교통 정리를 하고 있는 상황인지는 알 수 없으므로 (C)와 (D) 모두 정답이 아니다.

어휘 direct 감독하다, 지휘하다, 지시하다

4.

(A) Tables have been set with silverware.
(B) Chairs have been placed around the tables.
(C) Customers are being seated by the server.
(D) The talks are being tabled for the day.

(A) 테이블에 식기류가 놓여 있다.
(B) 테이블 주위에 의자가 놓여 있다.
(C) 종업원에 의해 손님들이 자리를 안내받고 있다.
(D) 회담은 이후로 연기될 것이다.

사진 속에서 볼 수 없는 '식기류'(silverware)와 '고객'(customers) 및 '종업원'(server)를 언급하고 있는 (A)와 (C)는 정답이 될 수 없다. 정답은 테이블과 의자의 배치 방식을 올바르게 묘사한 (B)이다. (D)는 table을 이용한 함정인데, 여기서 table은 '연기하다', '미루다'라는 의미의 동사로 사용되었다.

어휘 silverware 은식기류   server 종업원, 웨이터   talk 이야기, 회담
      table 테이블, 식탁; 미루다

5.

(A) A man is putting up a telephone pole.
(B) Electric wires are being repaired.
(C) He is working on a traffic light.
(D) People are using the crosswalk.

(A) 한 남자가 전봇대를 세우고 있다.
(B) 전선이 수리되고 있다.
(C) 그는 교통 신호등과 관련된 작업을 하고 있다.
(D) 사람들이 횡단보도를 건너고 있다.

사진 속 남자가 작업하는 대상은 '신호등'(traffic light)이므로 (A)와 (B)는 오

답이고 (C)가 정답이다. 횡단보도 앞에 있는 사람들은 멈춰 서 있기 때문에 (D)는 사진 속 상황과 반대되는 진술을 하고 있다.

어휘 put up 세우다 telephone pole 전봇대, 전신주 electric wire 전선 traffic light 교통 신호등 use the crosswalk 횡단보도를 건너다

6.

(A) She is looking at the monitor.
(B) A movie is being screened.
(C) They are having a discussion.
(D) She is typing on her phone.

(A) 그녀는 모니터를 보고 있다.
(B) 영화가 상영되고 있다.
(C) 그들은 토론을 하고 있다.
(D) 그녀는 전화기에 타이핑을 하고 있다.

모니터를 응시하고 있는 여자의 모습을 정확히 묘사한 (A)가 정답이다. (B)는 screen을 이용한 함정인데, 여기에서 screen은 '화면'이 아니라 '상영하다'라는 뜻의 동사로 사용되었다. 타이핑 중인 여자가 사용하는 것은 전화기가 아니라 키보드일 것이므로 (D) 역시 올바른 진술이 될 수 없다.

어휘 screen 화면; 상영하다 have a discussion 토론하다 type 글자를 치다, 타이핑하다

PART 2

7.

Is this the most energy-efficient method?

(A) Yes, I've tried several methods.
(B) That's what Terry told me.
(C) We use lots of energy here.

이것이 가장 비용 효과적인 방법인가요?
(A) 네, 저는 몇 가지 방법을 시도했어요.
(B) Terry가 제게 그렇게 말했어요.
(C) 우리는 이곳에서 많은 에너지를 사용해요.

일반의문문을 이용하여 특정 방법이 효과적인지를 묻고 있다. 정답은 '(나도) 가장 비용 효과적이라고 들었다'고 말하면서 우회적으로 긍정의 의미를 내비친 (B)이다. (A)는 method를, (C)는 energy를 각각 중복 사용하여 오답을 유도하고 있는 함정이다.

어휘 energy-efficient 비용 효과적인 method 방법

8.

I'd better sweep the floor before Ms. Burns returns.

(A) And I'll organize the desks.
(B) Sometime around three.
(C) It's on the fifth floor.

Burns 씨께서 돌아오시기 전에 바닥을 청소하는 것이 좋겠군요.
(A) 그러면 저는 책상을 정리할게요.
(B) 3시쯤이요.
(C) 5층이에요.

청소를 하겠다는 의지를 나타내고 있으므로 '나도 책상을 정리하겠다'며 상대방의 계획에 호응한 (A)가 가장 자연스러운 답변이다. (B)와 (C)는 각각 시각과 장소에 대해 물었을 때 이어질 수 있는 답변이다.

어휘 sweep 청소하다, 쓸다 organize 조직하다; 정리하다

9.

How much did we spend on the business trip?

(A) I need to review my receipts.
(B) More than ten days.
(C) Both Vienna and Copenhagen.

우리가 출장에서 얼마를 썼나요?
(A) 영수증을 확인해 봐야 해요.
(B) 10일 이상이요.
(C) 비엔나와 코펜하겐 모두요.

how much를 이용하여 출장 비용이 얼마였는지 묻고 있다. 정답은 '영수증을 확인해야 알 수 있다'고 말하면서 즉답을 피한 (A)이다.

어휘 review 검토하다 receipt 영수증 both A and B A와 B 둘 다

10.

Would you like to take the stairs or the elevator?

(A) Down to the basement.
(B) I don't mind walking.
(C) Straight ahead to the right.

계단을 이용하시겠어요, 아니면 엘리베이터를 이용하시겠어요?
(A) 지하실로요.
(B) 걸어도 상관없어요.
(C) 직진해서 우회전이요.

상대방에게 계단과 엘리베이터 중 하나를 선택하라고 요구하고 있다. 따라서 '걷는 것도 괜찮다'며 간접적으로 계단을 선택하겠다는 의사를 밝힌 (B)가 가장 자연스러운 답변이다.

어휘 basement 지하실 mind 꺼리다 straight 곧장, 똑바로

11.

The car is running out of gas.

(A) I jog thirty minutes each day.
(B) Great. We can keep driving then.
(C) Let's fill it up at the next stop.

자동차 기름이 다 떨어져 가요.
(A) 저는 매일 30분씩 조깅을 해요.
(B) 좋아요. 그러면 운전을 계속할 수 있어요.
(C) 다음 번 멈추는 곳에서 주유를 하죠.

run out of gas(기름을 다 쓰다)와 fill up(기름을 채우다)이라는 표현을 알고 있어야 정답을 찾을 수 있는 문제이다. 정답은 '다음 번 정차 시에 주유를 하자'는 의미인 (C)이다.

어휘 run out of ~을 다 쓰다, 소진하다 gas 가솔린, 석유 (= gasoline) fill up (기름 등을) 채우다

12.

The awards ceremony was postponed, wasn't it?

(A) No, she's not on the phone.
(B) Last weekend, I believe.
(C) I haven't heard anything like that.

시상식이 연기되었죠, 그렇지 않나요?
(A) 아니요, 그녀는 통화 중이 아니에요.
(B) 제 생각에는 지난 주말이었어요.
(C) 그런 이야기는 듣지 못했어요.

부가의문문을 이용하여 시상식의 연기 여부를 묻고 있으므로 '그런 말은 아

직 못 들었다'고 답한 (C)가 가장 자연스러운 답변이다.

어휘 postpone 연기하다, 미루다 on the phone 전화 통화 중인

13.

When will the new recruits sign their contracts?

(A) For $45,000 a year.

(B) Either today or tomorrow.

(C) Several more interviews to go.

신입 직원들은 언제 계약서에 서명을 하게 되나요?

(A) 1년에 45,000달러예요.

(B) 오늘이나 내일이요.

(C) 면접이 몇 차례 더 남아 있어요.

의문사 when을 이용하여 계약이 이루어질 시기를 묻고 있으므로 직접적으로 예정일을 언급한 (B)가 정답이다.

어휘 recruit 신병, 신입 사원 either A or B A와 B 중 하나

14.

Didn't you spend any time sightseeing?

(A) Yes, I have excellent vision.

(B) I wasn't interested in that.

(C) On the twentieth of next month.

관광할 시간은 없었나요?

(A) 네, 저는 시력이 매우 좋아요.

(B) 관광에 흥미가 없었어요.

(C) 다음 달 20일에요.

부정의문문을 이용하여 상대방에게 관광을 하지 않았는지 묻고 있다. 따라서 '그에 대한 흥미가 없었다'고 말함으로써 간접적으로 관광을 하지 않았다는 점을 밝힌 (B)가 가장 적절한 답변이다.

어휘 sightseeing 관광하다 vision 시력; 비전

15.

Have you received the medical test results yet?

(A) They'll be faxed in an hour.

(B) That was the end result.

(C) The hospital is five minutes away.

건강 검진 결과를 받았나요?

(A) 한 시간 후에 팩스로 올 거예요.

(B) 그것이 최종 결과였어요.

(C) 그 병원은 5분 거리에 있어요.

건강 검진 결과를 받았는지 묻고 있다. 정답은 '한 시간 후에 팩스로 도착할 것'이라고 말함으로써 아직 결과를 받지 못했다는 사실을 알리고 있는 (A)이다. (B)는 result를 중복 사용함으로써, (C)는 medical test(건강 검진)로부터 연상할 수 있는 hospital(병원)이라는 단어를 이용하여 만들어진 함정이다.

어휘 medical test 건강 검진 fax 팩스; 팩스로 보내다 end result 최종 결과

16.

Mr. Logan said he's expecting a return call.

(A) I'd better contact him now.

(B) Yes, he returned my call.

(C) I'll go back home late tonight.

Logan 씨께서 답신 전화를 바라신다고 말씀하셨어요.

(A) 지금 연락해 보는 것이 좋겠군요.

(B) 네, 그가 제 전화에 답신을 해 주었어요.

(C) 저는 오늘 밤 늦게 집에 갈 거예요.

상대방에게 답신 전화를 바란다는 제3자의 메시지를 전달하고 있다. 보기 중에서는 '바로 답신 전화를 하겠다'는 의지를 표명한 (A)가 가장 자연스러운 답변이다.

어휘 return call 답신 전화

17.

What was your impression of Mr. Salisbury?

(A) No, I didn't meet him.

(B) I think we can trust him.

(C) This art isn't very impressive.

Salisbury 씨의 인상은 어땠나요?

(A) 아니요, 저는 그를 만나지 않았어요.

(B) 믿을 수 있는 사람이라고 생각해요.

(C) 이 미술품은 그다지 인상적이지 않네요.

의문사 what을 이용하여 Salisbury 씨의 인상을 묻고 있으므로 '믿을만한 사람인 것 같다'고 답한 (B)가 가장 적절한 답변이다. 의문사로 시작하는 질문에 no로 답한 (A)는 정답이 될 수 없고, (C)는 impression(인상)의 형용사형인 impressive(인상적인)를 이용한 함정이다.

어휘 impression 인상 trust 믿다, 신뢰하다 impressive 인상적인

18.

How about attending the workshop with Mr. Wright?

(A) I'm going out of town this weekend.

(B) We've worked together for years.

(C) No, this isn't the right answer.

Wright 씨와 함께 워크숍에 참석하는 것이 어떨까요?

(A) 저는 이번 주말에 시외로 나갈 거예요.

(B) 우리는 여러 해 동안 함께 일을 했어요.

(C) 아니요, 이것은 올바른 답이 아니에요.

how about은 제안의 의미를 담고 있으므로 그 다음에는 수락 혹은 거절의 의미가 담긴 답변이 이어져야 한다. 정답은 '이번 주말에는 시내에 없을 것이다'며 간접적으로 거절의 의사를 밝힌 (A)이다.

19.

What did you think of the offer they made?

(A) Yes, you should turn off the lights.

(B) We'll make it there in ten minutes.

(C) We should insist on more money.

그들이 한 제안에 대해 어떻게 생각했나요?

(A) 네, 당신은 전등을 꺼야 해요.

(B) 우리는 10분 후에 그곳에 도착할 거예요.

(C) 우리는 더 많은 금액을 주장해야 해요.

what do you think of는 상대방의 의견이나 견해를 구할 때 사용되는 표현이다. 따라서 '돈을 더 요구해야 한다'고 말함으로써 자신의 의견을 직접적으로 피력한 (C)가 가장 자연스러운 답변이다.

어휘 make it 해내다; 도착하다 insist on ~을 주장하다, 고집하다

20.

Who is leading the orientation session tomorrow?

(A) In Room 233 at ten thirty.
(B) Let me check the schedule.
(C) Only new employees should attend.

내일 오리엔테이션은 누가 진행할 건가요?
(A) 233호실에서 10시 30분에요.
(B) 일정표를 확인해 볼게요.
(C) 신입 직원만 참석할 수 있어요.

의문사 who를 이용하여 진행자가 누구인지 묻고 있으므로 직접적으로 진행자의 이름을 밝히거나 '잘 모르겠다'는 식의 답변이 이어져야 한다. 정답은 '확인해 보겠다'며 확답을 미룬 (B)이다. (A)는 장소 및 시각을 묻는 질문에, (C)는 참석 대상을 묻는 질문에 이어질 법한 답변이다.

21.

Did you remember to transfer the funds?
(A) No, it wasn't very fun for me.
(B) I'm visiting the bank after lunch.
(C) She transferred from London.

자금을 이체해야 한다는 점을 기억하고 있었나요?
(A) 아니요, 저는 그것이 그다지 재미있지 않았어요.
(B) 점심 식사 후에 은행을 방문할 거예요.
(C) 그녀는 런던에서 전근을 왔어요.

상대방에게 계좌 이체를 해야 한다는 점을 알고 있는지 묻고 있다. 따라서 '점심 시간 후 은행에 가서 이체를 하겠다'며 간접적으로 알고 있었다는 점을 밝힌 (B)가 정답이다. (A)는 funds(자금)와 발음이 비슷한 fun(재미있는)을 이용한 함정이며, (C)는 transfer를 중복 사용하여 오답을 유도하고 있는데, 여기에서 transfer는 '전근하다'라는 의미이다.

어휘 transfer 이동하다, 옮기다, 이체하다, 전근하다   fund 자금

22.

Employee manuals are available in Mr. Kelly's room.
(A) I'm engaged in manual labor.
(B) At least 500 workers at headquarters.
(C) Thanks. I'll get one for you, too.

직원 수칙은 Kelly 씨의 방에서 얻을 수 있어요.
(A) 저는 육체 노동에 종사하고 있어요.
(B) 본사에는 최소 500명의 직원들이 있어요.
(C) 고마워요. 당신에게도 한 부 갖다 줄게요.

직원 수칙을 구할 수 있는 장소를 알려 주고 있으므로 이에 대한 고마움을 표시한 (C)가 정답이다.

어휘 manual 설명서, 매뉴얼; 손으로 하는, 육체 노동의   be engaged in
      ～에 종사하다   manual labor 육체 노동   headquarters 본부,
      본사

23.

Why didn't you make the payment yet?
(A) She likes to pay with cash.
(B) Actually, I did that this morning.
(C) I made this with my bare hands.

왜 아직 결제를 하지 않았나요?
(A) 그녀는 현금으로 결제하는 것을 좋아해요.
(B) 사실 오늘 아침에 했어요.
(C) 저는 맨 손으로 이 일을 해냈어요.

의문사 why를 이용해 결제를 하지 않은 이유를 묻고 있다. 정답은 '사실은

결제를 했다'며 상대방이 잘못 알고 있었음을 지적한 (B)이다.

어휘 make the payment 지불하다, 결제하다   bare hands 맨손

24.

Susan didn't turn down the job offer, did she?
(A) No, she's going upstairs now.
(B) This is my final offer to you.
(C) I'm afraid that's what she did.

Susan이 일자리 제안을 거절하지는 않았죠, 그렇죠?
(A) 아니요, 그녀는 지금 위층으로 가고 있어요.
(B) 이것이 저의 마지막 제안이에요.
(C) 안타깝지만 그녀는 거절을 했어요.

부가의문문을 이용해 입사 제의에 대한 거절 여부를 묻고 있다. 따라서 직접적으로 '거절을 했다'고 답한 (C)가 정답이다.

어휘 turn down 거절하다, 거부하다

25.

Won't there be a problem with your manager?
(A) Don't worry. I have permission.
(B) Her name is Georgia Sanders.
(C) No, they know the solution.

당신의 관리자에게 문제가 되지는 않을까요?
(A) 걱정 말아요. 저는 허락을 받았어요.
(B) 그녀의 이름은 Georgia Sanders예요.
(C) 아니요, 그들은 해결 방안을 알고 있어요.

부정의문문을 이용하여 상사와의 문제가 없을 것인지 묻고 있다. 정답은 '이미 상사로부터 허락을 받았으니 걱정 말라'는 뜻을 전하고 있는 (A)이다.

26.

There's an empty cab coming this way.
(A) Then let's take it to the theater.
(B) Okay. Let me put on my cap.
(C) I can fill your cup with water.

빈 택시가 이쪽으로 오고 있어요.
(A) 그러면 택시를 잡아서 극장으로 가죠.
(B) 좋아요. 모자를 쓸게요.
(C) 당신 컵에 물을 따라 줄 수 있어요.

택시가 오고 있다는 말을 듣고 가장 논리적으로 이어질 수 있는 답변을 찾도록 한다. 정답은 '그렇다면 택시를 타고 가자'는 의미를 담고 있는 (A)이다. (B)와 (C)는 각각 cab(택시)과 발음 및 형태가 비슷한 cap(모자)과 cup(컵)을 이용하여 만들어진 함정이다.

어휘 empty 비어 있는   cab 택시   put on (옷 등을) 입다, 착용하다

27.

Is. Mr. Willis or Ms. Carter interested in supervising the project?
(A) That's exactly who is working on it.
(B) I'll be meeting with them both later today.
(C) Yes, the project doesn't have a manager.

그 프로젝트는 Willis 씨가 담당하고 싶어하나요, 아니면 Carter 씨가 담당하고 싶어하나요?
(A) 저 분이 바로 그 일을 맡고 있는 사람이에요.
(B) 오늘 늦게 두 사람 모두와 만나볼 거예요.

(C) 네, 그 프로젝트에는 매니저가 없어요.

Willis 씨와 Carter 씨 중 누가 프로젝트를 담당하려고 하는지 묻고 있다. 정답은 '두 사람 모두'(both)를 만나봐야 알 수 있을 것이라고 말함으로써 즉답을 피한 (B)이다.

어휘 supervise 감독하다

28.
What time is the concert scheduled to begin?
(A) At the local concert hall.
(B) This Friday afternoon.
(C) A bit after seven o'clock.

연주회는 몇 시에 시작할 건가요?
(A) 인근 콘서트 홀에서요.
(B) 이번 주 금요일 오후에요.
(C) 7시 정각이 조금 지나서요.

what time을 이용해 연주회의 시작 시간을 묻고 있으므로 직접적으로 시작 시각을 밝힌 (C)가 가장 자연스러운 답변이다. (A)는 장소를 묻는 질문에, (B)는 요일을 묻는 질문에 이어질 수 있는 답변이다.

29.
Couldn't we drive instead of taking the train?
(A) Okay. We can take the train if you want.
(B) But I already purchased tickets.
(C) Yeah, let's go to the airport then.

기차를 타는 대신에 차를 가지고 갈 수는 없을까요?
(A) 좋아요. 당신이 원한다면 기차를 타도 돼요.
(B) 하지만 이미 표를 구입했는걸요.
(C) 네, 그러면 공항으로 가죠.

우회적인 방식으로 상대방에게 차를 타고 가자는 제안을 하고 있다. 따라서 '이미 표를 샀다'고 언급함으로써 제안을 수락할 수 없는 상황임을 밝힌 (B)가 정답이다.

30.
It's about time for the store to close.
(A) I'd better go to the cash register.
(B) You're right. It's really close by.
(C) Sure. You can tell us a story.

이제 매장이 문을 닫을 시간이에요.
(A) 계산대로 가는 것이 좋겠군요.
(B) 당신 말이 맞아요. 진짜 가까워요.
(C) 물론이에요. 저희에게 말씀하셔도 돼요.

매장의 영업 시간이 끝나갈 때 어떤 행동을 하는 것이 가장 자연스러운지 생각해 보면 정답이 (A)라는 점을 쉽게 알 수 있다.

어휘 it's about time ~할 시간이다   cash register 금전 등록기
close by 가까이에

31.
What caused the equipment to break down?
(A) Okay. Come back here in ten minutes.
(B) We're still trying to determine that.
(C) Because they are in mint condition.

무엇 때문에 장비가 고장 났나요?

(A) 좋아요. 10분 후에 여기로 다시 오세요.
(B) 그 점을 알아내려고 계속 노력 중이에요.
(C) 상태가 매우 좋기 때문이에요.

what 다음에 caused가 이어지고 있으므로 이 질문은 이유를 묻는 질문이다. 따라서 아직 이유가 파악되지 않고 있다고 말함으로써 즉답을 미룬 (B)가 가장 자연스러운 답변이다.

어휘 break down 고장이 나다   determine 알아내다; 결정하다
in mint condition 상태가 매우 좋은, 새것이나 다름 없는

PART 3
[32-34]

W Hello. I don't believe I've met you before. I'm Susan Groves, and I live in the unit at the end of the hall.

M It's a pleasure to meet you, Susan. I'm Daniel West. I recently moved here from San Diego, so I'm kind of unfamiliar with this area.

W Well, there's a get-together downstairs in the recreation room every Friday night. We have some food and talk with one another. It's a great way to meet your neighbors.

M Thanks for informing me about it. I've got a company event to attend this Friday night, but I'll be sure to make it to the one next week.

- -

W 안녕하세요. 전에 뵌 적이 없는 것 같군요. 저는 Susan Groves이고, 복도 끝 아파트에서 살고 있어요.

M 만나서 반가워요, Susan. 저는 Daniel West예요. 최근에 샌디에이고에서 이사를 와서 이곳 지역이 익숙하지 않네요.

W 음, 금요일 밤마다 아래층 레크레이션실에서 모임이 열려요. 음식을 먹으면서 서로 이야기를 나누죠. 이웃을 만나 볼 수 있는 좋은 방법이에요.

M 알려 줘서 고마워요. 이번 주 금요일 밤에는 회사 행사에 참석해야 하지만, 다음 주에는 꼭 모임에 참석하도록 할게요.

어휘 unit 구성 단위; (아파트 등의) 한 가구   be unfamiliar with ~에 익숙하지 않다   get-together 모임   recreation room 레크레이션실
one another 서로   neighbor 이웃

32.
대화는 어디에서 이루어지는가?
(A) 쇼핑 센터
(B) 사무실
(C) 식당
(D) 아파트 건물

전반적인 내용으로 미루어 볼 때 이 대화는 기존 아파트 주민과 새로 이사를 온 주민 간의 대화임을 알 수 있다. 따라서 대화가 이루어지고 있는 곳은 (D)의 '아파트 건물'일 것이다.

33.
여자는 남자에게 무엇을 하라고 제안하는가?
(A) 다른 일자리에 지원한다
(B) 그의 집에서 저녁 파티를 연다
(C) 이웃을 알아간다
(D) 집을 수리한다

새로 이사를 왔다는 남자의 말을 듣고 여자는 금요일마다 열리는 '모임'(get-together)에 대해 알려 주면서 'It's a great way to meet your neighbors.'라고 말한다. 즉 여자는 모임에 참석해서 이웃들을 사귀라는 뜻을 우회적으로 나타내고 있으므로 여자가 제안한 사항은 (C)로 볼 수 있다.

34.

남자는 금요일 밤에 무엇을 할 것인가?
(A) 직장과 관련된 행사에 간다
(B) 집에 머무른다
(C) 스포츠 경기를 관람한다
(D) 야외 파티에 참석한다

대화의 마지막 부분에서 남자는 '이번 주 금요일에는 참석해야 할 회사 행사가 있다'(I've got a company event to attend this Friday night)고 했으므로 남자가 금요일에 하게 될 일은 (A)이다.

어휘 cookout (야외에서 하는) 식사, 파티

[35-37]

W Hello. My name is Amy Erickson, and I'm calling regarding my electricity bill. I'm pretty sure there has been a mistake since it's much higher than what I normally pay.

M If you would let me know your address, Ms. Erickson, I can check out the matter.

W Of course. I live at 220 Patterson Drive. This month, I received a bill for $850, but I usually only pay about a couple of hundred dollars.

M Okay, I've got your information on the screen here. It appears as though a mistake was made. You only owe $150 this month. I'm going to mail you a new bill today, and you can disregard the old one.

W 안녕하세요. 제 이름은 Amy Erickson인데, 전기 요금 청구서와 관련해서 전화를 드렸어요. 평소에 내는 것 보다 훨씬 더 많은 요금이 나왔기 때문에 분명 착오가 있었을 거예요.

M Erickson 씨, 주소를 알려 주시면 제가 문제를 확인해 드릴 수 있어요.

W 그럴게요. 저는 Patterson 로 220번지에서 살아요. 이번 달에 850달러가 찍힌 청구서를 받았는데 평소에는 200달러 정도만 내죠.

M 그러시군요, 화면에 정보가 나왔습니다. 실수가 있었던 것으로 보이네요. 이번 달에는 150달러만 내시면 됩니다. 오늘 우편으로 새로운 청구서를 보내 드릴 테니 기존 것은 무시하시면 됩니다.

어휘 electricity bill 전기 요금 청구서 normally 보통, 평소 owe 빚지다 disregard 무시하다

35.

여자는 왜 남자에게 전화를 했는가?
(A) 너무 많은 금액이 부과되었다.
(B) 전기가 들어오지 않는다.
(C) 가스 공급을 끊어야 한다.
(D) 주택이 파손되었다.

대화의 시작 부분에서 여자는 전기 요금 청구서 때문에 전화를 했다고 한 후 'I'm pretty sure there has been a mistake since it's much higher than what I normally pay.'라고 말한다. 즉 평소보다 많은 전기 요금이 부과되어 전화를 한 것이므로 (A)가 정답이다.

어휘 charge (요금 등을) 부과하다 disconnect 연결을 끊다

36.

남자는 여자에게 무엇을 요청하는가?
(A) 전화번호
(B) 이름
(C) 주소
(D) 계좌 번호

남자는 'If you would let me know your address, Ms. Erickson, I can check out the matter.'라고 말하며 여자에게 (C)의 '주소'를 요청하고 있다.

37.

남자는 여자에게 무엇을 보낼 것인가?
(A) 환불액
(B) 청구서
(C) 사과의 편지
(D) 쿠폰

대화의 마지막 부분에서 남자는 '오늘 새로운 청구서를 보낼 테니'(I'm going to mail you a new bill today) 기존 것은 폐기해 달라고 여자에게 당부하고 있다. 따라서 남자가 보낼 것은 (B)의 '청구서'이다.

[38-40]

W Hello. I need to close my account, please.

M Of course. If you don't mind my asking, what's the reason? Are you displeased with the service we provide?

W Not at all. However, I'm moving to another city, so I guess I'll have to do my banking there.

M If you're simply moving away, you might be interested in our newest free app. It allows you to conduct online banking from anywhere in the world.

W Really? So I wouldn't have to close my account?

M That's right. Why don't I have my manager speak with you? She can explain exactly how to use the service.

W Sure. That's fine with me.

W 안녕하세요. 계좌를 해지해야 해서요.

M 그러시군요. 여쭤봐도 괜찮으시다면 이유가 무엇인가요? 저희 서비스가 마음에 들지 않으신가요?

W 전혀 그렇지 않아요. 그게 아니라 제가 다른 도시로 이사를 가게 되어서 그곳 은행을 이용해야 할 것 같아요.

M 단지 이사를 가시는 것이라면 저희의 최신 무료 앱에 관심이 있으실 수도 있겠네요. 앱을 통해 전 세계 어디에서나 온라인 뱅킹 업무를 보실 수가 있으세요.

W 정말인가요? 그러면 계좌를 해지할 필요가 없겠네요?

M 맞습니다. 제가 매니저에게 이야기를 나누어 달라고 할까요? 그녀가 서비스 이용 방법에 대해 정확하게 설명해 드릴 수 있을 거예요.

W 물론이에요. 저는 좋아요.

어휘 close an account 계좌를 해지하다 reason 이유 app 앱 conduct 실행하다, 실시하다

38.

대화는 어디에서 이루어지는 것 같은가?
(A) 신문사
(B) 은행
(C) 공사

63

(D) 우체국

close my account(계좌를 해지하다), do my banking(은행 업무를 보다), conduct online banking(온라인 뱅킹을 하다) 등의 표현을 고려하면 대화가 이루어지고 있는 곳은 (B)의 '은행'일 것이다.

어휘 utility company 공익 기업

39.
여자가 "Not at all"이라고 말할 때 그녀는 무엇을 의미하는가?
(A) 자신이 받고 있는 서비스에 만족한다.
(B) 그녀는 질문에 대답하고 싶어하지 않는다.
(C) 이야기를 나눌 수 있는 시간이 많지 않다.
(D) 그녀는 남자가 말하는 것에 흥미를 갖고 있다.

주어진 문장은 'Are you displeased with the service we provide?'에 대한 답으로서 강한 부정의 의미를 나타내고 있다. 즉 여자는 은행 서비스에 대한 만족감을 표시하고 있기 때문에 주어진 문장의 의미는 (A)로 볼 수 있다.

40.
남자는 여자에게 무엇을 하라고 제안하는가?
(A) 앱을 구입한다
(B) 다른 지점을 방문한다
(C) 관리자와 이야기한다
(D) 새로운 서비스에 대한 비용을 지불한다

남자는 여자에게 새로운 은행 앱을 소개한 후 'Why don't I have my manager speak with you?'라고 말한다. 따라서 남자가 제안한 것은 매니저를 통해 앱에 관한 설명을 들으라는 것이므로 정답은 (C)이다.

[41-43]

> M Excuse me. I wonder if you have any shirts like this one in a size large. I just got a new job, so I have to improve my wardrobe.
>
> W You've come to the right place, sir. We've got a special sale on all items made by Crayton. You can get thirty percent of your purchase.
>
> M Wow, that's an outstanding deal. I was only planning to purchase four shirts, but that deal can't be beat. I might have to get more. Is it okay if I try on a shirt to see if it fits though?
>
> W Of course. The fitting rooms are right over there in the corner.
>
> -
>
> M 실례합니다. 이것과 같은 셔츠로 라지 사이즈가 있는지 궁금하군요. 직장을 새로 구해서 옷을 좀 사야 하거든요.
>
> W 잘 찾아 오셨습니다, 손님. Crayton에서 만든 모든 제품에 대해 특별 세일을 실시하고 있어요. 구매를 하시면 30퍼센트를 할인받으실 수 있죠.
>
> M 와, 굉장한 할인이로군요. 셔츠 네 개만 살 생각이었는데, 그 정도 할인이면 놓쳐서는 안되겠네요. 더 사야 할 수도 있어요. 옷이 잘 맞는지 확인하기 위해 셔츠를 입어봐도 될까요?
>
> W 그럼요. 피팅룸은 저쪽 코너에 있습니다.

어휘 wardrobe 옷장 outstanding 뛰어난, 현저한 deal 거래 beat 이기다; 능가하다 try on ~을 입어보다 fit 꼭 맞다 fitting room 탈의실, 피팅룸

41.
여자는 누구인 것 같은가?
(A) 판매 직원
(B) 계산원
(C) 은행원
(D) 매장 주인

여자는 셔츠를 구입하려는 남자에게 할인 행사에 대해 설명하고 피팅룸의 위치 등을 알려 주고 있다. 따라서 여자는 의류 매장에서 일하는 (A)의 '판매 직원'일 것이다.

42.
남자는 자신에 대해 무엇을 언급하는가?
(A) 전에 여자와 이야기를 나누어 본 적이 있다.
(B) 지난 주에 그 지역으로 이사를 왔다.
(C) 최근에 대학을 졸업했다.
(D) 최근에 일자리를 구했다.

대화 초반부에서 남자는 'I just got a new job, and I have to improve my wardrobe.'라고 말하면서 자신이 옷을 사려는 이유를 밝히고 있다. 즉 직장을 새로 구했기 때문에 옷을 사려는 것이므로 보기 중 남자에 관해 언급된 사항은 (D)이다.

43.
남자는 무엇에 대해 묻는가?
(A) 탈의실
(B) 환불 정책
(C) 고객 서비스 데스크
(D) 구매할 수 있는 스타일

대화 후반부에서 남자가 '셔츠를 입어봐도 되는지'(if I try on a shirt to see if it fits though) 묻자 여자는 '피팅룸'(fitting rooms)의 위치를 알려 준다. 따라서 정답은 fitting rooms을 changing rooms으로 바꾸어 표현한 (A)이다.

[44-46]

> W Mr. Archer, we have a huge problem at the factory in Midland. The foreman called to inform me that two of the four assembly lines have broken down.
>
> M That's where we make the products we sell in Europe and Asia, right? We can't afford to have any more delays in exporting our items. How long will it take to fix the problems?
>
> W He's positive that the first one will be running by midnight, but the second one looks more serious. He wouldn't give me a time estimate regarding it.
>
> M I want you to head there and supervise the repairs. Give me hourly updates until everything is running normally again.

W	Archer 씨, 중부 지방의 공장에 큰 문제가 생겼어요. 공장장이 제게 전화해서 4개의 조립 라인 중 두 개가 고장이 났다고 알려 주었어요.
M	유럽과 아시아에서 판매되는 제품을 생산하는 곳이죠, 그렇죠? 수출이 지연되면 감당할 수 없을 거예요. 문제를 해결하기까지 시간이 얼마나 걸릴까요?
W	첫 번째 라인은 자정쯤에 가동될 것으로 공장장은 확신하고 있던데, 두 번째 라인이 보다 심각해 보여요. 그에 관한 예상 시간은 알려 주지 않으려고 하더군요.
M	당신이 그곳으로 가서 수리 과정을 감독하세요. 모든 것이 다시 정상적으로 가동될 때까지 매시간마다 제게 보고를 해 주세요.

어휘 huge 거대한, 큰 foreman 십장, 공장장 assembly line 조립 라인 break down 고장이 나다 afford to ~할 여유가 있다 export 수출하다 positive 긍정적인; 확신하는 serious 심각한, 진지한 estimate 추산, 추정 supervise 감독하다, 지휘하다 hourly 매시간마다

44.

무엇이 문제인가?
(A) 주문품 생산이 지연되고 있다.
(B) 일부 기기가 작동하지 않는다.
(C) 한 고객이 대금을 보내지 않았다.
(D) 일부 장비의 부품이 분실되었다.

대화 초반부에서 여자는 '조립 라인 두 개가 고장이 났다'(two of the four assembly lines have broken down)는 소식을 남자에게 알리고 있다. 따라서 정답은 (B)이다.

45.

여자가 "The second one looks more serious"라고 말할 때 그녀는 무엇을 암시하는가?
(A) 수리가 오늘 중에 끝나지 않을 것이다.
(B) 교체 비용이 매우 비쌀 것이다.
(C) 더 많은 직원이 고용되어야 한다.
(D) 대표 이사에게 연락을 해야 한다.

주어진 문장의 바로 앞 내용에서 정답의 단서를 찾을 수 있다. 여자는 '첫 번째 조립 라인은 자정쯤에 가동될 것'(the first one will be running by midnight)이라고 했으므로 주어진 문장은 두 번째 라인의 경우 자정 이후에도 가동되지 않을 것이라는 의미를 담고 있다. 따라서 여자가 암시한 바는 (A)로 볼 수 있다.

46.

남자는 여자에게 어디에 가라고 말하는가?
(A) 유럽 지사
(B) 중부 지방
(C) 그녀의 사무실
(D) 수리 작업을 맡고 있는 회사

대화 마지막 부분의 남자의 말 'I want you to head there and supervise the repairs.'에서 there가 가리키는 곳은 공장이 위치한 곳, 즉 (B)의 '중부 지방'이다.

[47-49]

M1	I think the printer is out of toner. Do you know where we keep the extra cartridges, Stacia?
W	I checked the storage closet for some a while ago, and it appears that we're out, Bob. The new shipment isn't scheduled to arrive until Thursday.
M1	I need to print these documents and have Mr. Anderson sign them at once. What should I do?
M2	If I were you, I'd go up to the Marketing Department, Bob. You can ask the secretary there if you can borrow her printer.
M1	Okay, I guess I don't really have much of a choice, do I? Thanks, George.

M1	프린터의 토너가 다 떨어진 것 같군요. 여분의 카트리지는 어디에 보관하는지 아나요, Stacia?
W	조금 전에 수납장을 확인해 보았는데 다 떨어진 것 같아요, Bob. 새로 신청한 물품들도 목요일 이전에는 도착하지 않을 것이고요.
M1	지금 바로 이 문서들을 출력해서 Anderson 씨의 서명을 받아야만 해요. 어떻게 해야 할까요?
M2	제가 당신이라면 마케팅부에 올라가 보겠어요, Bob. 프린터기를 쓸 수 있는지 그곳 비서에게 물어보면 되어요.
M1	그렇군요, 선택의 여지가 별로 없는 것 같네요, 그렇죠? 고마워요, George.

어휘 out of ~이 다 떨어진 extra 여분의, 별도의 storage closet 수납장 document 문서 at once 지금 즉시, 당장 secretary 비서 borrow 빌리다

47.

Bob는 무엇을 찾고 있는가?
(A) 토너 카트리지
(B) 스테이플러
(C) 종이 클립
(D) 복사용지

대화의 시작 부분에서 남자1은 '프린터의 토너가 떨어졌다'(the printer is out of toner)고 말한 뒤 '여분의 카트리지'(extra cartridges)가 있는 곳을 묻고 있다. 따라서 남자가 찾는 것은 (A)이다.

48.

여자에 의하면 목요일에 어떤 일이 발생할 것인가?
(A) 수리기사가 올 것이다.
(B) 문서에 서명이 이루어질 것이다.
(C) 물품들이 배송될 것이다.
(D) 서류가 우편으로 발송될 것이다.

여자는 'The new shipment isn't scheduled to arrive until Thursday.'라고 말하면서 목요일이 되어야 주문품이 도착할 것이라는 점을 알리고 있다. 따라서 목요일에 이루어질 일은 (C)이다.

49.

George는 Bob에게 무엇을 하라고 말하는가?
(A) 변상을 요청한다
(B) 다른 부서에 간다
(C) 상사와 이야기한다
(D) 길 맞은 편에 있는 매장에 간다

'If I were you, I'd go up to the Marketing Department, Bob.'에서 정답의 단서를 찾을 수 있다. 남자2는 남자1에게 마케팅부에 가서 그곳 프린터를 쓸 수 있는지 물어보라고 충고하고 있으므로 (B)가 정답이다.

어휘 reimburse 배상하다, 변제하다

[50-52]

> W David, you're visiting the Forest Shopping Center at lunch today, right? Do you mind if I go with you? I have to get my phone fixed.
>
> M You're welcome to go along with me, but I was at the mall yesterday, and the repair center isn't there anymore. You're referring to the place located on the third floor, right?
>
> W Yes, that's the one I mean. I wonder what happened to it. I guess I'll have to figure out where it moved.
>
> M Well, let me know the address, and if it's near the mall, I don't mind dropping you off there while I do some shopping.
>
> W David, 오늘 점심 시간에 Forest 쇼핑 센터에 갈 거죠, 그렇죠? 제가 같이 가도 될까요? 전화기를 수리해야 하거든요.
>
> M 같이 가는 건 환영이지만, 어제 쇼핑몰에 갔는데 수리 센터는 그곳에서 없어졌는데요. 3층에 위치한 곳을 말하는 거죠, 맞나요?
>
> W 네, 그곳이 제가 말한 곳이에요. 그곳에서 무슨 일이 있었는지 궁금하군요. 어디로 이전을 했는지 알아봐야 할 것 같아요.
>
> M 음, 제게 주소를 알려 주면, 쇼핑몰 근처에 있는 경우, 당신을 그곳에 내려 주고 저는 쇼핑을 하면 되겠네요.

어휘 refer to ~을 가리키다, 지칭하다   drop off (차에서) 내려 주다 figure out 알아내다

50.

여자는 남자에게 무엇을 하라고 요청하는가?

(A) 그녀를 어딘가로 태워다 준다
(B) 그녀의 업무를 도와 준다
(C) 그녀에게 주소를 알려 준다
(D) 그녀에게 제안을 한다

대화 초반부에서 알 수 있듯이 여자는 남자에게 쇼핑 센터에 같이 가는 제안을 하는데, 대화 마지막 부분에서 남자는 '여자를 내려 주고 쇼핑을 하겠다'(I don't mind dropping you off there while I do some shopping)고 말한다. 이 두 가지 사항을 종합하면 결국 여자가 요청한 것은 쇼핑 센터까지 차를 태워 달라는 것이므로 정답은 (A)이다.

51.

여자는 무엇을 수리해야 하는가?

(A) 서류 가방
(B) 전화기
(C) 노트북
(D) 프린터

대화 시작 부분 중 'I have to get my phone fixed.'라는 여자의 말을 놓치지 않고 들었다면 정답이 (B)라는 사실을 쉽게 알 수 있다.

52.

여자는 이다음에 무엇을 할 것 같은가?

(A) 이용할 수 있는 버스를 알아본다
(B) 매장의 위치를 찾아본다

66

(C) 다른 동료 직원에게 도움을 구한다
(D) 친구에게 전화를 한다

'I guess I'll have to figure out where it moved.'라는 여자의 말을 통해 여자가 할 일은 수리 센터의 위치를 찾는 것임을 알 수 있다. 따라서 (B)가 정답이다.

[53-55]

> W Jack, you've been to Duncan Associates before, haven't you? How would you suggest going there?
>
> M Take the subway. You'll have to walk about five minutes when you arrive at the station though.
>
> W Shouldn't I take the bus? According to this map, there's a bus stop directly in front of the Hoover Building.
>
> M I made that mistake as well. I wound up being half an hour late for my meeting.
>
> W Oh, thanks for the tip. I'll be meeting Ms. Voss. Do you know her?
>
> M I've spoken with her a couple of times. She tends to ask lots of questions, so be sure you know your presentation material thoroughly.
>
> W Jack, 전에 Duncan 협회에 가 본 적이 있죠, 그렇지 않나요? 그곳까지 어떻게 가는 것이 좋을까요?
>
> M 지하철을 타세요. 하지만 역까지 가려면 5분 정도 걸어야 할 거예요.
>
> W 버스를 타면 안 될까요? 이 지도에 의하면 Hoover 빌딩 바로 앞에 버스 정거장이 있네요.
>
> M 저도 그런 실수를 했어요. 결국 회의에 30분 늦게 도착을 했고요.
>
> W 오, 알려 줘서 고마워요. 저는 Voss 씨를 만날 거예요. 그분을 알고 있나요?
>
> M 두어 번 이야기를 나눈 적이 있어요. 질문을 많이 하는 경향이 있기 때문에 반드시 프레젠테이션 내용을 숙지하고 있어야 할 거예요.

어휘 directly 곧장; 바로   wind up -ing 결국 ~으로 끝나다   tend to ~하는 경향이 있다   thoroughly 철저하게

53.

여자는 왜 Duncan 협회를 방문하려고 하는가?

(A) 프레젠테이션을 하기 위해
(B) 계약을 체결하기 위해
(C) 취업 면접을 위해
(D) 제안 사항을 논의하기 위해

여자가 Duncan 협회를 방문하려는 이유는 대화 후반부의 내용에서 찾을 수 있다. Voss 씨를 만날 것이라는 여자의 말을 듣고 남자는 그녀가 질문을 많이 하니 '프레젠테이션 내용을 숙지해야 할 것'(be sure you know your presentation material thoroughly)이라고 충고한다. 이를 통해 여자가 Duncan 협회를 방문하려는 이유는 (A)임을 알 수 있다.

54.

남자는 여자에게 어떻게 Duncan 협회에 가라고 말하는가?

(A) 차로
(B) 버스로
(C) 택시로
(D) 지하철로

Duncan 협회까지 가는 방법을 묻는 질문에 남자는 직접적으로 'Take the subway.'라고 말한다. 정답은 (D)이다.

55.
남자는 왜 "I made that mistake as well"이라고 말하는가?
(A) 버스를 탔다가 회의에 늦은 적이 있다고 말하기 위해
(B) 그가 주소를 잘못 적었다고 말하기 위해
(C) 여자에게 Voss 씨를 조심하라고 말하기 위해
(D) 회의 준비가 안 된 적이 있었다고 말하기 위해

주어진 문장은 버스를 이용하는 것이 어떤지 묻는 여자의 질문에 대한 남자의 반응이다. 남자가 그와 같이 말한 이유는 바로 다음 문장에서 찾아볼 수 있는데, 남자는 자신도 버스를 이용해 보았지만 결국 '30분 지각을 했다'(being half an hour late for my meeting)는 경험을 이야기함으로써 버스 선택이 자신의 실수였다는 점을 나타내고 있다. 따라서 (A)가 정답이다.

어휘 incorrectly 부정확하게, 잘못해서 cautious 조심하는, 주의하는

[56-58]

M	Did you just read your e-mail? I wonder what this emergency meeting is being called for. Do you have any ideas?
W	I heard Mr. Miller saying we might be landing a couple of big contracts soon. If they go through, everyone will probably be working plenty of overtime.
M	The company should hire more workers instead of making us stay late every night. I'm tired of constantly having to come in on the weekend.
W	I know how you feel, but there are budget issues to consider. Anyway, we've got five minutes until the meeting starts, so we'd better head to the conference room now.

M 이메일을 읽어 보았나요? 긴급 회의가 소집된 이유가 궁금하군요. 아는 것이 있나요?
W 조만간 두어 건의 중요한 계약을 체결하게 될 것이라는 Miller 씨의 말씀을 들었어요. 성사가 되면 아마도 전원이 상당한 양의 초과 근무를 하게 될 거예요.
M 회사는 매일 밤 늦게까지 우리를 잡아 두는 대신 직원을 더 고용해야 할 거예요. 저는 주말에도 항상 나와야 한다는 점에 신물이 나요.
W 어떤 기분인지는 알겠지만 예산 문제도 고려해야 해요. 아무튼 5분 후에는 회의가 시작될 것이기 때문에 이제 회의실로 가는 것이 좋겠어요.

어휘 emergency meeting 긴급 회의 call for (회의 등을) 소집하다 land a contract 계약을 체결하다 go through 통과되다, 성사되다 plenty of 많은 be tired of ~이 싫증나다, ~에 신물이 나다 constantly 변함없이, 항상 head to ~으로 향하다

56.
화자들은 주로 무엇을 논의하는가?
(A) 체결된 계약
(B) 승진 기회
(C) 공지된 회의
(D) 해결되어야 할 긴급 상황

대화의 시작 부분에서 이 대화가 '긴급 회의가 소집된 이유'(what this emergency meeting is being called for)에 관한 대화일 것으로 예상할 수

있다. 정답은 (C)이다.

57.
남자는 초과 근무에 대해 어떻게 생각하는가?
(A) 돈을 더 벌 수 있어서 좋아한다.
(B) 초과 근무에 관심이 없다.
(C) 보다 자주 초과 근무를 하기를 원한다.
(D) 퇴근 시간 후 늦게까지 남아 있는 것을 좋아하지 않는다.

남자는 회사가 초과 근무를 시키는 대신 직원을 더 뽑아야 한다고 주장하고 있으므로 정답은 (B)이다. (D)의 경우, 남자가 싫어하는 것은 '주말 근무'(having to come in on the weekend)이지 '야근'(staying late after work)을 싫어한다는 말은 없었으므로 (D)를 정답으로 골라서는 안 된다.

58.
여자는 무엇을 할 것을 권하는가?
(A) 예산 보고서 작성을 끝낸다
(B) 회의실로 간다
(C) 전근을 신청한다
(D) Miller 씨와 이야기한다

대화의 마지막 부분에서 여자는 회의 시작 시간이 5분밖에 남지 않았다고 한 후 '회의실로 가자'(we'd better head to the conference room now)고 말한다. 따라서 conference room을 meeting room으로 바꾸어 쓴 (B)가 정답이다.

[59-61]

W1	Tina, I noticed you're scheduled for the morning shift tomorrow. Would you mind trading shifts with me?
W2	That depends. When do you want me to work, Lucy?
W1	Tomorrow night. My sister is arriving in town, so I should be at the train station to pick her up.
W2	I'd love to help, but I have tickets to see a movie. I've been waiting weeks for it to come out.
M	I can help you out, Lucy, but I'm not interested in giving up one of my shifts. I need as much work as I can get.
W1	That's fine. Let's talk to Ms. Kelly and let her know what we're planning to do.

W1 Tina, 당신이 내일 오전 근무에 배정되어 있다는 점을 알게 되었어요. 저와 근무 시간을 바꾸지 않을래요?
W2 상황에 따라서요. 제가 언제 근무를 하기를 바라나요, Lucy?
W1 내일 밤이요. 여동생이 시내로 올 예정인데 제가 동생을 데리러 기차역으로 가야 하거든요.
W2 도움을 주고는 싶지만 예매를 해 둔 영화 티켓이 있어요. 몇 주 동안 개봉을 기다리고 있었죠.
M Lucy, 제가 도울 수 있기는 한데, 저는 근무 시간을 포기하고 싶지는 않아요. 할 수 있는 한 일을 많이 해야 하거든요.
W1 좋아요. Kelly 씨께 이야기를 해서 우리가 계획하고 있는 것을 알려 드리도록 하죠.

어휘 notice 주목하다, 알아채다 shift 근무 시간 trade 거래하다, 교환하다 give up ~을 포기하다

59.
Lucy는 왜 근무 시간을 바꾸고 싶어하는가?

(A) 병원 예약이 되어 있다.

(B) 고향에 가고 싶어한다.

(C) 다른 곳에 취직하기 위해 면접을 볼 예정이다.

(D) 가족을 만나야 한다.

근무 시간을 바꾸어야 하는 이유는 'My sister is arriving in town, so I should be at the train station to pick her up.'에서 찾을 수 있다. 여자1은 여동생을 마중하기 위해 교대를 원하고 있는 것이므로 (D)가 정답이다.

60.

Tina는 내일 무엇을 할 것인가?

(A) 영화 관람

(B) 취업 박람회 참석

(C) 고객과의 만남

(D) 외식

내일 근무를 교대해 달라는 여자1의 부탁을 듣고 여자2는 'I'd love to help, but I have tickets to see a movie.'라고 말하면서 거절의 이유를 밝히고 있다. 이를 통해 그녀가 내일 할 일은 (A)의 '영화 관람'임을 알 수 있다.

61.

남자는 왜 Lucy를 돕겠다고 제안하는가?

(A) 내일 근무하는 것을 원하지 않는다.

(B) 더 많은 시간 동안 근무를 하고 싶어한다.

(C) 경험을 더 쌓고 싶어한다.

(D) 주말 계획이 없다.

남자는 본인이 돕고 싶지만 자신의 근무 시간은 그대로 유지하고 싶다는 의사를 밝힌 후 'I need as much work as I can get.'이라고 말한다. 즉 남자는, 아마도 수당을 받기 위해, 더 많은 시간 동안 근무를 하고 싶어한다고 생각할 수 있으므로 (B)가 정답이다.

[62-64]

도시	남은 거리
워터타운	5km
뉴웨스턴 시	19km
프로비덴스	46km
벨몬트	83km

W I'm getting pretty hungry. How about stopping and getting some lunch soon?

M All right, we can do that. Oh, there's a sign for Watertown. We should be able to get there in just a few minutes.

W That sounds good. I'll go online and try to find a restaurant we can eat at there.

M Make sure it's a place that cooks food quickly. We need to be in Providence for our meeting by 1:30 P.M., so we can't afford to spent too much time eating.

W No problem. Give me a couple of minutes, and then I can give you directions.

W 배가 몹시 고프군요. 차를 멈추고 점심을 먹는 것이 어때요?

M 좋아요, 그래도 돼죠. 오, 워터타운 간판이 있어요. 몇 분 후면 그곳에 도착하게 될 거예요.

W 잘 되었군요. 제가 온라인으로 그곳에서 식사를 할 수 있는 식당을 찾아 볼게요.

M 반드시 음식이 빨리 요리되는 곳이어야 해요. 프로비덴스에서 열리는 회의에 오후 1시 30분까지 가야 하니까 식사를 하는데 많은 시간을 쓸 수가 없어요.

W 문제 없어요. 몇 분만 있으면 제가 길을 알려 줄 수 있을 거예요.

어휘 sign 조짐, 징후; 간판   spend time ~ing ~하는데 시간을 소비하다 give directions 길을 알려 주다

62.

도표를 보아라. 화자들이 처음 정차를 하기까지 얼마만큼의 거리를 가야 하는가?

(A) 5킬로미터

(B) 19킬로미터

(C) 46킬로미터

(D) 83킬로미터

Watertown이라는 곳에서 정차를 할 것으로 예상되므로 이곳까지 남은 거리를 도표에서 찾으면 정답은 (A)이다.

63.

여자는 무엇을 하겠다고 말하는가?

(A) 주차할 장소를 찾는다

(B) 관리자에게 전화한다

(C) 최종 목적지까지 길을 안내한다

(D) 온라인으로 식사할 곳을 찾는다

'I'll go online and try to find a restaurant we can eat at there.'라는 여자의 말에서 여자가 할 일은 식당 검색임을 알 수 있다. 정답은 (D)이다. '최종 목적지'(final destination)까지가 아니라 식당까지의 길을 알려 줄 것이므로 (C)는 정답이 아니다.

64.

화자들은 오늘 오후에 무엇을 할 것인가?

(A) 회의에 참석한다

(B) 제품 시연을 한다

(C) 세미나에 참석한다

(D) 교육을 주관한다

남자는 여자에게 식사가 빨리 준비되는 곳을 찾으라고 당부하면서 '오후 1시 30분까지 회의에 참석해야 한다'(for our meeting by 1:30 P.M.)며 서둘러야 하는 이유를 밝히고 있다. 이를 통해 화자들이 하게 될 일은 (A)임을 알 수 있다.

[65-67]

흑백 인쇄 (브로셔)	페이지당 2달러
컬러 인쇄 (브로셔)	페이지당 4달러
흑백 인쇄 (포스터)	페이지당 3달러
컬러 인쇄 (포스터)	페이지당 5달러

M	Hello. I'm calling from Freeport Manufacturing. We'd like to have some brochures printed in a hurry. Can you do that?
W	It depends. How many do you need, and how fast do you need them?
M	The brochures are ten pages long, and we'd like them in color. We need 500 by 10:00 tomorrow morning to distribute at a sales conference we're attending.
W	We can do it, but you must give me the file before 3:00 in order to receive them by that time.
M	That's fine. Should I visit the store to give you the information?
W	E-mailing the file would be easier. That would also allow us to start immediately.

M	안녕하세요. Freeport Manufacturing에서 전화를 드리고 있습니다. 급하게 브로셔를 인쇄하고 싶은데요. 그렇게 해 주실 수 있나요?
W	상황에 따라 다릅니다. 얼마나 필요로 하시고, 얼마나 빨리 필요하신가요?
M	브로셔는 10페이지 길이인데, 컬러로 하면 좋겠어요. 참가 예정인 세일즈 콘퍼런스에서 배포하기 위해 내일 오전 10시까지 500부가 필요하고요.
W	가능은 하지만 그 시간에 받으시기 위해서는 3시 이전에 제게 파일을 넘겨 주셔야만 해요.
M	좋아요. 제가 매장에 들러서 자료를 넘겨 드려야 하나요?
W	이메일로 파일을 주시는 것이 더 편하실 거예요. 그러면 저희가 곧 바로 일을 시작할 수 있어요.

어휘 in a hurry 급하게 distribute 배포하다 in order to ~하기 위해 immediately 곧

65.

남자는 왜 서두르는가?

(A) 내일 콘퍼런스에서 자료를 나누어 줄 것이다.
(B) 행사 일정이 앞당겨졌다.
(C) 막판에 변경된 사항 때문에 일이 크게 지체되었다.
(D) 그의 상사가 오늘 중으로 자료를 필요로 한다.

남자는 인쇄물의 부수와 시간을 알려 주면서 내일 있을 '세일즈 콘퍼런스에서 나누어 주어야 한다'(to distribute at a sales conference we're attending)고 말한다. 따라서 남자가 서두르는 이유는 (A)로 볼 수 있다.

어휘 hand out 나누어 주다, 배포하다 last-minute 막바지의, 막판의

66.

도표를 보아라. 남자가 지불해야 하는 기본 요금은 얼마인가?

(A) 페이지당 2달러
(B) 페이지당 3달러
(C) 페이지당 4달러
(D) 페이지당 5달러

남자는 브로셔를 컬러로 인쇄하고 싶다고 했으므로 도표에서 이 두 가지 조건을 만족시키는 요금을 찾으면 남자가 지불해야 할 비용은 (C)의 '페이지당 4달러'이다.

67.

여자는 남자로부터 어떻게 정보를 받고 싶어 하는가?

(A) 직접 만나서
(B) 팩스로
(C) 전화로
(D) 이메일로

대화 마지막 부분의 'E-mailing the file would be easier.'라는 여자의 말을 통해 여자가 선호하는 방식은 이메일로 파일을 전달받는 것임을 알 수 있다. 따라서 정답은 (D)이다.

[68-70]

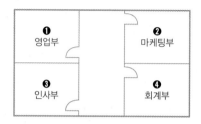

W	Bruce, there aren't any snacks in the lounge. Do you know what happened to them?
M	Someone must have forgotten to purchase more. I haven't seen any there for a couple of days.
W	A couple of clients are coming soon, and I'd like to have some refreshments for them while we talk.
M	I could run out to the store and buy a few things if you'd like. It shouldn't take too long to go across the street.
W	I'd appreciate your doing that. Ask Ms. Dresden in Accounting for a company card so that you don't have to pay out of pocket. We'll be in meeting room 3 when you return.

W	Bruce, 휴게실에 간식 거리가 없어요. 무슨 일이 있었는지 알고 있나요?
M	분명 누군가가 더 사다 놓아야 한다는 점을 잊었을 거예요. 저도 이틀 동안 전혀 보지를 못했어요.
W	두어 명의 고객이 곧 도착할 예정인데, 그들과 이야기를 나누는 동안 먹을 수 있는 다과가 있었으면 좋겠어요.
M	원한다면 제가 매장에 가서 몇 가지 사올 수 있어요. 길 건너편까지 가는데 시간이 그렇게 많이 걸리지는 않을 거예요.
W	그렇게 해 주면 고맙겠어요. 본인 돈을 쓰지 않으려면 회계부의 Dresden에게 회사 카드를 요청하세요. 당신이 돌아올 때쯤이면 저희는 3번 회의실에 있을 거예요.

어휘 lounge 라운지, 휴게실 refreshment 다과, 간식

68.

여자는 무엇을 찾고 있는가?

(A) 회사 카드
(B) 프레젠테이션 폴더
(C) 간식
(D) 고객

대화에서 여자가 필요로 하는 것은 snacks(스낵, 간식), refreshments(다과) 등으로 표현되고 있다. 정답은 (C)의 '간식'이다.

69.

남자는 무엇을 하겠다고 제안하는가?

(A) 길을 알려 준다
(B) 구입을 한다
(C) 자신의 돈을 쓴다
(D) 커피를 따른다

'I could run out to the store and buy a few things if you'd like.'라는 남자의 말에서 남자가 제안한 것은 매장에 가서 간식을 사오는 것임을 알 수 있다. 따라서 (B)가 정답이다.

70.

도표를 보아라. 남자는 이다음에 어디로 갈 것인가?
(A) 1번 사무실
(B) 2번 사무실
(C) 3번 사무실
(D) 4번 사무실

여자는 남자에게 '마케팅부의 Dresden 씨'(Ms. Dresden in Accounting)에게 회사 카드를 받아 가라고 했으므로 도표에서 남자가 가야 할 곳은 (D)의 '4번 사무실'이다. 대화의 마지막 문장인 'We'll be in meeting room 3 when you return.'과 혼동해서 회의 장소인 (C)를 정답으로 골라서는 안 된다.

PART 4

[71-73]

> M Hello, Ms. Hardy. This is Peter Croft. I know I called a couple of hours ago to postpone this afternoon's meeting, but there's been a sudden change in plans. The staff meeting my boss wanted me to attend was just called off, so I'm now free to meet you at four. If you don't have something else scheduled, would you mind getting together then as we had originally planned? It will take me about an hour to drive to your office, so as long as you get back to me before three, I can be there on time. I'm looking forward to hearing from you soon.
>
> M 안녕하세요, Hardy 씨. Peter Croft입니다. 오늘 오후 약속을 미루려고 제가 두어 시간 전에 전화를 드린 점은 알고 있지만, 계획이 갑작스럽게 변경되었습니다. 저희 사장님께서 저보고 참가하라고 하셨던 직원 회의가 조금 전에 취소되어서 이제는 4시에 당신을 만날 수가 있게 되었습니다. 다른 예정 사항이 없으시다면 우리가 원래 계획했던 대로 그 시간에 만나는 것이 어떨까요? 차로 당신 사무실까지 가는데 약 1시간 정도 걸릴 테니까 3시 전에만 답신을 주시면 제가 시간에 맞춰 그곳으로 갈 수 있을 것입니다. 곧 연락을 주시기 바랍니다.

어휘 postpone 미루다, 연기하다 staff meeting 직원 회의 call off 취소하다 originally 원래, 본래 as long as ~하는 한

71.

화자는 왜 Hardy 씨에게 전화를 했는가?
(A) 오늘 만나자고 요청하기 위해
(B) 콘퍼런스를 연기하기 위해
(C) 그녀를 세미나에 초대하기 위해
(D) 이메일로 파일을 보내 달라고 하기 위해

화자는 약속을 변경할 필요성이 사라졌다고 말한 후 Hardy 씨에게 '원래 계획했던 시간에 만나는 것이 어떤지'(would you mind getting together then as we had originally planned) 묻고 있다. 따라서 화자가 전화를 한

이유는 원래의 계획대로 오늘 만나자는 요청을 하기 위함이므로 정답은 (A)이다.

72.

화자는 자신의 사장에 대해 무엇을 말하는가?
(A) 화자에게 출장을 갈 것을 요청했다.
(B) 예정되어 있던 회의를 취소시켰다.
(C) 현재 사무실에 없다.
(D) 화자와 같이 갈 계획이다.

화자는 시간이 생긴 이유로 '사장이 참가하라고 했던 직원 회의가 취소되었다'(The staff meeting my boss wanted me to attend was just called off)는 점을 언급하고 있다. 이를 통해 직원 회의를 취소시키는 사람은 다름 아닌 사장이라는 점을 추측할 수 있으므로 정답은 (B)이다.

73.

화자는 Hardy 씨에 대해 무엇을 암시하는가?
(A) 그녀의 사무실은 그의 사무실 옆이다.
(B) 그녀는 계약서에 서명을 할 준비가 되어 있다.
(C) 그녀의 매니저는 그녀를 만나고 싶어한다.
(D) 그는 그녀가 연락을 주기를 원한다.

담화 후반부에서 화자는 Hardy 씨에게 3시 전에 답신을 달라고 부탁한 후 'I'm looking forward to hearing from you soon.'이라고 말한다. 이를 통해 화자는 Hardy 씨의 답신을 원한다는 점을 확인할 수 있으므로 (D)가 정답이다.

[74-76]

> W This morning, the mayor's office finally gave its approval for the construction of the Willard Tunnel. The tunnel, which was first proposed five years ago, will connect people living on both sides of Desmond Mountain. Currently, drivers must either go over or around the mountain, which results in lengthy travel times. When completed, the tunnel will go through the mountain, saving at least thirty minutes of driving time. This should help alleviate complaints about the city's infrastructure. In a recent survey, residents cited poor traffic conditions as the biggest inconvenience of living in the city. Once the tunnel is done, this should no longer be the case.
>
> W 마침내 오늘 아침 시청에서 Willard 터널의 공사가 승인되었습니다. 이 터널은, 5년 전에 처음으로 공사가 계획되었는데, Desmond 산의 양쪽에 살고 있는 사람들을 연결시켜 줄 것입니다. 현재 운전자들은 산을 넘어 가거나 산을 돌아서 가야만 하며, 이로써 이동 시간이 길어지고 있습니다. 공사가 완료되면 터널은 산을 관통하게 될 것이고, 운전 시간은 최소 30분 정도 절약될 것입니다. 이로써 시의 기반 시설에 관한 불만은 줄어들게 될 것입니다. 최근 설문 조사에서 주민들은 열악한 교통 상황을 시내 거주의 가장 불편한 점으로 꼽았습니다. 터널이 완공되면 이러한 일은 더 이상 없을 것입니다.

어휘 approval 승인 propose 제안하다 connect 연결하다 lengthy 긴 go through ~을 통과하다, 관통하다 alleviate 경감시키다, 누그러뜨리다 infrastructure 기반 시설 cite 인용하다, 언급하다

74.

5년 전에 어떤 일이 발생했는가?

(A) 승인이 이루어졌다.
(B) 자금이 요청되었다.
(C) 계획이 세워졌다.
(D) 도시가 설립되었다.

담화 초반부에서 Willard 터널 공사는 '5년 전에 처음으로 제안되었다'(was first proposed five years ago)고 했으므로 5년 전에 발생한 일은 (C)이다.

어휘 **grand** 주다, 수여하다 **found** 세우다, 설립하다

75.

터널은 어디에 지어질 예정인가?
(A) 강 아래에
(B) 만 아래에
(C) 산을 통과하여
(D) 언덕을 통과하여

담화 중반부에서 터널 공사가 완료되면 '터널은 산을 관통하게 될 것'(the tunnel will go through the mountain)이라고 했으므로 터널이 만들어질 곳은 (C)이다.

어휘 **bay** 만

76.

화자가 "This should no longer be the case"라고 말할 때 그녀는 무엇을 암시하는가?
(A) 인구가 더 이상 감소하지 않을 것이다.
(B) 더 많은 업체들이 들어설 것이다.
(C) 실업률이 낮아질 것이다.
(D) 교통 상황이 개선될 것이다.

주어진 문장은 '더 이상 그런 일은 없을 것이다'라는 의미로, 여기에서 this는 바로 앞문장을 가리킨다. 즉 화자는 사람들이 교통 체증을 더 이상 심각하게 생각하지 않을 것이라는 의미를 전하고 있으므로 화자가 암시하는 바는 (D)로 볼 수 있다.

[77-79]

W Two weeks ago, another stationery store opened down the street. Since then, we've been losing business, so sales are down. I've spoken with our owner, and he authorized us to come up with some special promotions to get our customers back. The first thing we'll do is have a contest. Anyone who makes a purchase will be entered into a raffle which will offer some great prizes. We'll be advertising the raffle on our Web site as well as on posters we put up in the neighborhood. The promotion is starting tomorrow, and the drawing for prizes will be held on the last day of the month.

W 2주 전, 시내에서 또 다른 문구점이 문을 열었습니다. 그때부터 우리의 판매는 위축되었고 매출은 감소하고 있습니다. 저는 사장님과 이야기를 나누었는데, 그분으로부터 우리가 고객들을 다시 불러 모을 수 있는 특별 판촉 활동을 실시해도 좋다는 허락을 받았습니다. 우리가 하게 될 첫 번째 일은 행사를 주최하는 것입니다. 구매를 하는 누구나 멋진 경품을 받을 수 있는 추첨 행사에 참여하게 될 것입니다. 우리는 이러한 경품 행사를 우리의 웹사이트에서 광고할 것이고 인근 지역에는 광고 포스터도 게시할 것입니다. 경품 행사는 내일 시작할 것이며 추첨은 이번 달 마지막 날에 실시할 것입니다.

어휘 **stationery store** 사무용품점, 문구점 **lose business** 거래를 놓치다, 장사가 잘 안되다 **authorize** 권한을 주다 **come up with** (아이디어 등을) 떠올리다; 생산하다, 제시하다 **promotion** 홍보, 판촉 활동 **contest** 대회, 경쟁 **enter into** ~에 참여시키다 **raffle** 복권, 추첨 **draw for a prize** 상품을 타기 위해 제비를 뽑다

77.

화자는 어떤 문제를 언급하는가?
(A) 판매량이 줄었다.
(B) 고객들이 불평을 한다.
(C) 가격이 인상되었다.
(D) 품질이 저하되었다.

화자는 경쟁 업체인 사무용품점의 오픈으로 인해 '판매가 줄고 매출이 하락했다'(we've been losing business, so sales are down)는 문제점을 지적한 후 그에 대한 해결 방안을 논의하고 있다. 따라서 화자가 언급한 문제는 (A)이다.

78.

어떤 종류의 행사가 개최될 것인가?
(A) 할인 판매
(B) 무료 샘플 증정 행사
(C) 기금 마련 행사
(D) 경품 행사

raffle(복권, 추첨)이라는 단어가 여러 번 등장하고 있고 drawing for prizes(추첨하다)와 같은 표현을 통해서도 (D)의 '경품 행사'가 진행될 것임을 알 수 있다.

79.

행사는 언제 끝날 것인가?
(A) 내일
(B) 이번 주말
(C) 이번 달
(D) 다음 달

행사 기간은 담화의 마지막 문장 'The promotion is starting tomorrow, and the drawing for prizes will be held on the last day of the month.'에서 확인할 수 있다. 행사의 시작일은 내일, 종료일은 이달 마지막 날이므로 (C)가 정답이다.

[80-82]

M Everyone, please listen carefully. You're here today because you applied for various positions at Westminster Consulting. Please remain seated in this area until your name is called. At that time, you'll be taken to the person you're interviewing with. You'll be with that person for at least an hour. When you're finished, you'll be asked to take a short test to determine your skills. Be sure to bring all the official documents required for the position as you'll be asked to hand them over at that time. If you have any questions, my assistant, Mr. Kenmore, will be more than happy to answer them.

M 모두들 주목해 주십시오. 오늘 여러분들께서는 Westminster 컨설팅의 다양한 모집 분야에 지원하시고자 여기에 오셨습니다. 이름이 호명되시기 전까지는 이곳에서 앉아 계시기 바랍니다. 호명이 되시면, 여러분들께서는 면접관에게 안내되실 것입니다. 최소 한 시간 동안 면접관과 있게 될 것입니다. 면접이 끝나면 여러분들의 능력을 확인하기 위한 간단한 테스트가 실시될 것입니다. 면접 시 서류 제출을 요청받게 될 것이므로, 잊지 마시고 지원 분야에 필요한 공식 문서들을 가지고 가십시오. 질문이 있으신 경우, 저의 부하 직원인 Kenmore 씨가 기꺼이 답변해 드릴 것입니다.

어휘 various 다양한 take a test 시험을 보다, 테스트를 치르다
determine 결심하다; 알아내다 skill 기술, 능력 official 공식적인
hand 제출하다

80.
청자들은 누구인가?
(A) 인턴 사원
(B) 입사 지원자
(C) 연구원
(D) 부하 직원

you applied for various positions at Westminster Consulting (Westminster 컨설팅의 여러 분야에 지원하다), you'll be taken to the person you're interviewing with(면접할 사람에게 안내될 것이다) 등과 같은 표현을 통해 담화의 대상은 (B)의 '입사 지원자'일 것으로 생각할 수 있다.

81.
화자는 청자들에게 무엇을 하라고 말하는가?
(A) 서류를 가지고 간다
(B) 양식을 작성한다
(C) 이메일에 답신한다
(D) 짧게 견학을 한다

담화 후반부에서 화자는 청자들에게 '지원 분야에 필요한 문서는 면접장에 가지고 가라'(be sure to bring all the official documents required for the position)는 당부를 하고 있으므로 official documents를 some papers로 바꾸어 표현한 (A)가 정답이다.

82.
청자들은 어떻게 도움을 받을 수 있는가?
(A) 화자에게 연락함으로써
(B) 화자를 돕는 사람에게 요청함으로써
(C) 매뉴얼을 찾아봄으로써
(D) 웹사이트를 살펴봄으로써

마지막 문장 'If you have any questions, my assistant, Mr. Kenmore, will be more than happy to answer them.'에서 도움이 필요한 사람은 화자의 부하 직원인 Kenmore에게 요청을 해 달라고 나와 있다. 정답은 (B)이다.

[83-85]

M As you can see, the frame of the building is complete. Now, we need to work on finishing the rest of it. This process is going to take around three more months. We were scheduled to be done building it this December, but we'll likely be done in October. We're quite pleased about that. We'll also be around half a million dollars under budget. Let me take you on a brief walk through the construction site. This is an active site, so there's work going on. Let's all be careful because accidents sometimes happen. Would everyone please take a hardhat from this pile and then follow me?

M 보시다시피 건물 구조는 완성이 되었습니다. 이제 나머지 부분을 마무리하는 작업을 해야 합니다. 이러한 과정에는 약 3달 이상의 시간이 걸릴 것입니다. 올해 11월까지 완공될 것으로 계획되어 있었지만, 10월에 완공될 가능성이 높습니다. 그 점에 대해서는 정말 기쁘게 생각합니다. 또한 예산보다 5십만 달러 정도 적은 비용이 들 것입니다. 여러분들을 모시고 건설 현장을 잠시 돌아보고자 합니다. 공사 현장이므로 공사 작업이 진행 중입니다. 때때로 사고가 일어나기 때문에 모두들 조심해 주십시오. 여기 안전모를 모이둔 곳에서 하나를 집으시고 저를 따라와 주시겠습니까?

어휘 frame 뼈대, 틀 be likely to ~하기 쉽다, ~할 것 같다 under budget 예산보다 적게, 예산 이하로 brief 짧은, 간략한 construction site 건설 현장 active 활동적인, 활발한 hardhat 안전모 pile 더미, 무더기

83.
화자는 어떤 분야에서 일을 하는가?
(A) 건설업계
(B) 섬유업계
(C) 제조업계
(D) 여행업계

화자는 청자들에게 완공 예정인 건물에 대해 설명하고 공사 현장을 보여 주려고 하고 있다. 따라서 화자가 몸담고 있는 분야는 (A)의 '건설업계'일 것이다.

84.
화자는 왜 "We're quite pleased about that"이라고 말하는가?
(A) 고객이 아이디어를 승인했다.
(B) 공사가 예정보다 빨리 끝날 것이다.
(C) 최근에 어떤 사고도 발생하지 않았다.
(D) 예산상 돈이 남아 있다.

바로 앞문장의 내용으로 미루어 볼 때 주어진 문장의 that이 가리키는 것은 12월에 완료 예정이었던 공사가 10월에 완료될 것이라는 점이다. 따라서 주어진 문장이 의미하는 바는 (B)로 볼 수 있다. ahead of schedule(예정보다 일찍)이라는 표현을 알면 쉽게 정답을 찾을 수 있는 문제이다.

85.
화자는 청자들에게 무엇을 하라고 말하는가?
(A) 직원들과 이야기한다
(B) 서로를 소개한다
(C) 도면을 살펴본다
(D) 안전 장비를 착용한다

마지막 문장 'Would everyone please take a hardhat from this pile and then follow me?'에서 화자는 청자들에게 안전모를 착용할 것을 권유하고 있다. 정답은 hardhat을 some safety gear라고 바꾸어 쓴 (D)이다.

어휘 plans 설계도, 도면 put on (옷 등을) 입다, 착용하다 gear 장비

[86-88]

> W I'd like to welcome everyone on today's Western Express train bound for Kent. We are scheduled to arrive at our final destination at 4:47 this afternoon. We will be stopping at stations in Millwood, Haven, and Cypress Creek along the way. An attendant will be coming by to check your tickets shortly. Please have them available if they are requested. If you would like something to eat or drink, you can visit the café car, which is located in car number seven. We thank you for riding with us, and we hope you have a pleasant journey.
>
> W 금일 켄트행 Western 특급 열차에 타신 모든 분들을 환영합니다. 우리는 오늘 오후 4시 47분에 최종 목적지에 도착할 것으로 예정되어 있습니다. 도중에는 밀우드, 헤이븐, 그리고 사이프러스크리크 역에서 정차할 것입니다. 여러분의 표를 잠시 확인하기 위해 승무원이 지나다닐 것입니다. 요청을 받으시면 표를 보여 주시기 바랍니다. 음식이나 음료를 원하시는 경우에는 식당칸을 방문하시면 되는데, 식당칸은 7번 차량에 위치해 있습니다. 저희 열차를 이용해 주신 여러분께 감사를 드리며 즐거운 여행이 되시길 바랍니다.

어휘 bound for ~으로 향하는, ~행의 final destination 최종 목적지 attendant 승무원, 안내원 café car (기차 내의) 식당칸, 까페칸 journey 여행

86.

안내는 어디에서 이루어지고 있는가?
(A) 비행기에서
(B) 버스에서
(C) 지하철에서
(D) 열차에서

담화 초반부의 welcome everyone on today's Western Express train과 같은 환영 인사와 검표 안내 및 식당칸 소개와 관련된 문구를 통해 이 방송이 (D)의 '열차' 안에서 이루어지고 있을 것이라는 점을 쉽게 짐작할 수 있다.

87.

화자가 "Please have them available if they are requested"라고 말할 때 그녀는 무엇을 의미하는가?
(A) 청자들은 여권을 요구받게 될 것이다.
(B) 청자들은 표를 보여 주어야 할 수도 있다.
(C) 청자들은 좌석을 바꾸어야 할 수도 있다.
(D) 청자들은 영수증을 받아야 한다.

them과 they가 무엇을 가리키는지 알아야 정답을 찾을 수 있다. 바로 앞문장에서 통해 두 대명사가 가리키는 것은 tickets임을 확인할 수 있으므로 주어진 문장의 의미는 (B)로 보아야 한다.

88.

화자는 무엇을 이용할 수 있다고 말하는가?
(A) 식사
(B) 읽을거리
(C) 무선 인터넷

(D) 담요와 베개

담화 후반부에서 화자는 '승객들이 음식이나 음료를 원하는 경우'(if you would like something to eat or drink)를 위해 식당칸을 안내하고 있다. 따라서 이용이 가능한 것은 (A)의 '식사'이다.

어휘 refreshment 다과, 가벼운 식사, 음료 wireless Internet 무선 인터넷 blanket 담요 pillow 베개

[89-91]

> M Before we conclude today's staff meeting, here's an update on the planned renovations of our office. They're scheduled for next Monday and Tuesday. As a result, none of us can work at our desks on those two days. Half of us will be moved to the large conference room while the other half will work from home. HR will give me the list of which employees will be allowed to work offsite tomorrow morning. During the renovations, you won't be permitted access to your computers, so make sure you upload any files you think you'll need to a portable hard drive. Do you have any questions regarding what I've just mentioned?
>
> M 오늘 직원 회의를 마치기에 앞서 기존에 예정되어 있던 사무실의 공사에 대해 알려 드리도록 하겠습니다. 공사는 다음 주 월요일과 화요일에 진행될 것입니다. 따라서 그 이틀 동안은 누구도 자리에서 업무를 보실 수 없습니다. 우리 중 절반은 대회의실로 이동하게 될 것이고 나머지 절반은 집에서 일을 하게 될 것입니다. 재택 근무를 하게 될 직원 리스트는 내일 오전에 인사부로부터 넘겨 받을 예정입니다. 공사 기간 동안에는 컴퓨터를 사용할 수 없으므로 필요하다고 생각하시면 잊지 말고 휴대용 하드드라이브에 파일을 옮겨 두시기 바랍니다. 제가 지금 드린 말씀에 대해 질문이 있으신가요?

어휘 update 업데이트; 최신 정보 renovation 보수, 수선 allow 허락하다 offsite 떨어져서 access 접근권 upload 업로드하다 portable 휴대용의 regarding ~에 관해 mention 언급하다

89.

화자는 주로 무엇을 논의하는가?
(A) 여름 휴가
(B) 직원 복지
(C) 사무실 공사
(D) 출장

담화 초반부에서 화자는 '사무실 보수 공사'(an update on the planned renovations of our office)에 대해 알려 주겠다고 한 후, 공사 기간 및 기타 관련 사항들에 대해 이야기하고 있다. 따라서 담화의 주제는 (C)의 '사무실 공사'이다.

90.

내일 어떤 일이 일어날 것인가?
(A) 새 컴퓨터가 배달될 것이다.
(B) 명단이 입수될 것이다.
(C) 책상이 구입될 것이다.
(D) 직원들이 고용될 것이다.

내일 일어날 일은 'HR will give me the list of which employees will be allowed to work offsite tomorrow morning.'이라는 문장에서 확인할 수 있다. 즉 내일 재택 근무를 할 직원 명단이 입수될 것이므로 (B)가 정답이다.

91.

화자는 청자들에게 무엇을 하라고 말하는가?

(A) 필요한 장비들을 상자에 담는다
(B) 본인 자리를 청소한다
(C) 회사 행사에 등록한다
(D) 컴퓨터 파일을 옮긴다

담화 후반부에서 화자는 공사 당일 컴퓨터 사용이 불가능하므로 '필요한 파일은 휴대용 하드드라이브에 옮겨 둘 것'(so make sure you upload any files you think you'll need to a portable hard drive)을 당부하고 있다. 따라서 (D)가 정답이다.

어휘 box up 상자에 넣다 workspace 작업 공간, 업무 공간

[92-94]

M	Now that winter is rapidly approaching, the Delmont Ski Resort is set to reopen for the skiing season. Our doors are opening this weekend on Friday, November 14. There's already snow on the slopes, so be one of the first to ski down Mount Trinity. We've created two more courses, so there will be new challenges for even the most experienced skiers. If you make a reservation for our opening weekend, you'll get fifty percent off our regular rates as well as a free dinner at Montross, our restaurant. Sample world-renowned chef Isaac Campbell's delicious meals at Montross. Call 980-9495 to make your booking today.
M	겨울이 빠르게 다가오고 있으므로 Delmont 스키 리조트는 스키 시즌을 맞이하여 개장 준비를 마쳤습니다. 저희는 이번 주말 금요일에 문을 열 예정입니다. 슬로프에는 이미 눈이 있기 때문에 스키를 타고 Trinity 산을 내려오는 첫 번째 주인공이 되어 보십시오. 코스가 두 개 더 추가되어서 경험이 풍부한 스키어들도 새로운 도전을 시도하실 수 있을 것입니다. 개장 주말에 예약을 하시면 정가의 50%를 할인받게 될 것이며, 아울러 저희 식당인 Montross에서 무료로 식사도 하실 수 있습니다. Montross에서 세계적인 명성을 지닌 Isaac Campbell 주방장의 맛있는 요리를 맛보십시오. 980-9495로 전화를 주셔서 오늘 예약하십시오.

어휘 rapidly 빠르게 approach 접근하다, 다가가다 slope 경사면, 슬로프 challenge 도전 experienced 경험이 많은, 노련한 as well as ~뿐만 아니라 ~도 world-renowned 전 세계적으로 유명한 booking 예약

92.

Delmont 스키 리조트는 어떻게 바뀌었는가?

(A) 스키어들을 위한 새로운 공간이 생겼다.
(B) 객실이 더 커졌다.
(C) 보수 공사를 했다.
(D) 새로운 주방장을 고용했다.

스키 리조트가 변화된 부분은 'We've created two more courses, so there will be new challenges for even the most experienced skiers.'에서 확인할 수 있다. 즉 새로운 두 개의 코스가 추가되었다는 점이 바뀐 부분이므로 스키 코스를 new places for skiers로 바꾸어 쓴 (A)가 정답이다.

93.

방문객들에게는 어떤 특별 할인이 제공되는가?

(A) 객실 요금 할인
(B) 무료 스키 강습

(C) 절반가로 시설 이용
(D) 매일 무료 조식 제공

담화 후반부에서 개장에 맞춰 예약하는 사람에게는 '리조트 요금의 50% 할인'(fifty percent off our regular rates)과 '무료 저녁 식사'(a free dinner at Montross, our restaurant)가 제공된다는 점을 확인할 수 있다. 따라서 두 가지 혜택 중 전자를 가리키고 있는 (A)가 정답이다.

94.

Montross는 무엇인가?

(A) 인근 도시
(B) 산
(C) 레스토랑
(D) 카페

담화 후반부의 내용을 통해 Montross는 세계적인 명성을 지닌 주방장이 요리하는 리조트 내의 식당임을 알 수 있다. 정답은 (C)이다.

[95-97]

강사	시간	주제
Leslie Davidson	10:00 A.M.–11:00 A.M.	수입과 수출
Marcus Wild	11:10 A.M.–12:00 P.M.	국제법
Jeremy Sparks	1:00 P.M.–1:50 P.M.	효과적인 로지스틱스
Allison Booth	2:00 P.M.–3:20 P.M.	컴퓨터 테크놀로지

W	Hello. My name is Wendy Hamilton. I'm the purchasing manager at Paulson Manufacturing. I saw an advertisement for the upcoming conference that's being held in St. Paul next weekend. It looks fascinating. I'd like to reserve two tickets for the conference as one of my colleagues will be attending with me. I hope there are still tickets available as I'm really looking forward to listening to the talk about international law. It sounds like it's going to be very informative. Would you please contact me at 480-9038 so that I can make the necessary arrangements? Thank you.
W	안녕하세요. 제 이름은 Wendy Hamilton입니다. 저는 Paulson Manufacturing의 구매 부장입니다. 저는 다음 주말 세인트폴에서 열리는 콘퍼런스의 광고를 보았습니다. 굉장해 보이더군요. 제 동료와 함께 참가할 것이므로 콘퍼런스 티켓 두 장을 예매하고 싶습니다. 국제법에 관한 강연을 정말로 듣고 싶기 때문에 아직 티켓이 남아 있기를 바랍니다. 매우 유익할 것으로 보입니다. 제가 필요한 준비를 할 수 있도록 480-9038로 전화해 주시겠습니까? 감사합니다.

어휘 upcoming 다가오는, 곧 있을 fascinating 환상적인, 멋진 colleague 동료 look forward to ~을 고대하다, 기대하다 international law 국제법 informative 정보를 주는, 유익한 arrangement 준비

95.

화자는 왜 전화를 했는가?

(A) 세미나의 브로셔를 요청하기 위해
(B) 가격에 대해 문의하기 위해
(C) 강연 시간을 확인하기 위해

(D) 콘퍼런스 티켓을 예매하기 위해

'I'd like to reserve two tickets for the conference as one of my colleagues will be attending with me.'라는 문장에서 확인할 수 있듯이 화자가 전화한 이유는 (D)의 '콘퍼런스 티켓을 예매하기 위해서'이다.

96.

행사는 언제 열릴 것인가?

(A) 이번 주말

(B) 다음 주말

(C) 이번 달

(D) 다음 달

담화 초반부에서 화자는 '다음 주 세인트폴에서 열릴 콘퍼런스에 관한 광고'(an advertisement for the upcoming conference that's being held in St. Paul next weekend) 보고 연락했다고 말한다. 이를 통해 콘퍼런스가 열리는 날은 (B)의 '다음 주말'임을 확인할 수 있다.

97.

도표를 보아라. 화자는 어떤 강사의 강연을 듣고 싶어하는가?

(A) Leslie Davidson

(B) Marcus Wild

(C) Jeremy Sparks

(D) Allison Booth

화자는 '국제법'(international law) 강연에 큰 기대를 하고 있다고 했으므로 도표에서 국제법 강사를 찾으면 정답은 (B)라는 점을 쉽게 알 수 있다.

[98-100]

날짜	행사
6월 27일	모금 행사
7월 15일	한여름 밤의 꿈
7월 25일	모금 행사
8월 3일	로미오와 줄리엣
8월 11일	모금 행사

W Once again, we have had a successful event today. I'd like to thank all of you for coming here to assist us. Without your help, none of this would have been possible. I especially appreciate your effort since you're not getting paid. You're just doing this work because you're interested in helping us here at the Grandison Theater. Well, I'd like to let you know that as my way of thanking you, I'm giving each of you two free tickets to next week's performance of *Romeo and Juliet*. Before you leave, see me about tickets. And thanks for helping us raise so much money here in July.

W 다시 한 번 말씀을 드리면, 오늘 행사는 성공적이었습니다. 도움을 주시러 여기에 오신 모든 분들께 감사를 드리고 싶습니다. 여러분의 도움이 없었다면 어떤 일도 가능하지 않았을 것입니다. 보수가 지급되지 않는 일이었으므로 특히 여러분의 노고에 감사를 드립니다. 여러분께서는 이곳 Grandison 극장을 돕는 일에 관심이 있다는 이유만으로 이러한 일을 하신 것입니다. 음, 저만의 감사 인사 표시로서 다음 주 공연인 *로미오와 줄리엣*의 무료 티켓을 여러분께 각각 두 장씩 나누어 드리겠습니다. 티켓에 관해서는 떠나시기 전에 저를 찾아 주십시오. 이곳에서 7월에 그처럼 많은 금액을 모금할 수 있도록 도와 주셔서 감사합니다.

어휘 effort 노력 get paid 보수를 받다 raise 올리다; (돈을) 모으다

98.

청자들은 누구인 것 같은가?

(A) 청중

(B) 연기자

(C) 자원봉사자

(D) 연극 평론가

담화 전반적인 내용을 통해 청자들은 '보수를 받지 않고'(you're not getting paid) 극장의 모금 행사를 도와 준 사람들임을 알 수 있다. 따라서 청자들은 (C)의 '자원봉사자'일 것이다.

99.

화자는 청자들에게 무엇을 줄 것인가?

(A) 보너스

(B) 유급 휴가

(C) 무료 티켓

(D) 연극에서의 역할

담화 후반부에서 화자는 자원 봉사자들에게 고마움의 표시로 '다음 주 공연 티켓을 두 장씩 주겠다'(I'm giving each of you two free tickets to next week's performance)고 했으므로 화자가 나누어 줄 것은 (C)의 '무료 티켓'이다.

100.

도표를 보아라. 담화는 언제 이루어지고 있는가?

(A) 6월 27일

(B) 7월 25일

(C) 8월 3일

(D) 8월 11일

담화 마지막 문장 'And thanks for helping us raise so much money here in July.'에서 이 담화의 대상이 7월 기금 마련 행사에 참여한 자원봉사자들인 것을 알 수 있다. 따라서 도표상 7월의 Fundraiser(기금 마련 행사) 날짜를 찾아보면 담화가 이루어지고 있는 날은 (B)의 '7월 25일'임을 확인할 수 있다. 혹은 next week's performance of *Romeo and Juliet*이라는 문구를 통해서도 이 담화가 *로미오와 줄리엣* 공연 전 주인 7월 25일에 이루어지고 있을 것으로 짐작할 수 있다.

PART 1
p.66

1. (C)	**2.** (B)	**3.** (D)	**4.** (C)	**5.** (C)
6. (C)				

PART 2
p.70

7. (B)	**8.** (A)	**9.** (A)	**10.** (C)	**11.** (A)
12. (C)	**13.** (B)	**14.** (A)	**15.** (C)	**16.** (A)
17. (B)	**18.** (C)	**19.** (B)	**20.** (A)	**21.** (B)
22. (B)	**23.** (A)	**24.** (B)	**25.** (C)	**26.** (C)
27. (A)	**28.** (C)	**29.** (A)	**30.** (B)	**31.** (A)

PART 3
p.71

32. (A)	**33.** (B)	**34.** (C)	**35.** (B)	**36.** (C)
37. (A)	**38.** (B)	**39.** (D)	**40.** (B)	**41.** (D)
42. (C)	**43.** (C)	**44.** (D)	**45.** (A)	**46.** (C)
47. (C)	**48.** (A)	**49.** (D)	**50.** (B)	**51.** (D)
52. (B)	**53.** (B)	**54.** (C)	**55.** (A)	**56.** (D)
57. (A)	**58.** (C)	**59.** (A)	**60.** (C)	**61.** (B)
62. (C)	**63.** (C)	**64.** (B)	**65.** (D)	**66.** (C)
67. (A)	**68.** (C)	**69.** (A)	**70.** (C)	

PART 4
p.75

71. (A)	**72.** (D)	**73.** (D)	**74.** (C)	**75.** (A)
76. (B)	**77.** (B)	**78.** (C)	**79.** (A)	**80.** (C)
81. (B)	**82.** (A)	**83.** (B)	**84.** (A)	**85.** (D)
86. (D)	**87.** (C)	**88.** (B)	**89.** (B)	**90.** (B)
91. (A)	**92.** (B)	**93.** (B)	**94.** (C)	**95.** (A)
96. (B)	**97.** (D)	**98.** (C)	**99.** (A)	**100.** (D)

PART 1

1.

(A) A tourist is taking some photographs.
(B) Shoppers are making some purchases.
(C) Pictures have been put on display.
(D) One person is speaking with the shopkeeper.

(A) 한 관광객이 사진을 찍고 있다.
(B) 쇼핑객들이 구매를 하고 있다.
(C) 그림이 진열되어 있다.
(D) 한 사람이 상점 주인과 이야기를 하고 있다.

상점에 그림이 걸려 있는 모습을 정확히 묘사한 (C)가 정답이다. 사진을 찍거나 상점 주인과 이야기하는 사람, 그리고 상품을 구입하고 있는 사람 등은 찾아볼 수 없으므로 나머지 보기들은 모두 오답이다.

어휘 tourist 관광객   take a photograph 사진을 찍다   put ~ on display ~을 전시하다, 진열하다

2.

(A) The speaker is pointingat the screen.
(B) The chairs are arranged in rows.
(C) Some people are watching a movie.
(D) One audience member's hand is raised.

(A) 연사가 스크린을 가리키고 있다.
(B) 의자가 줄지어 놓여 있다.
(C) 몇몇 사람들이 영화를 보고 있다.
(D) 청중 중 한 명이 손을 들고 있다.

의자의 배치 방식을 적절히 설명한 (B)가 정답이다. 연사의 동작을 잘못 설명한 (A)는 정답이 아니며, 화면에서 보이지 않는 '영화'(movie)를 언급한 (C)도 정답이 아니다. 손을 들고 있는 청중은 없으므로 (D) 역시 오답이다.

어휘 point at ~을 가리키다   arrange 배열하다, 배치하다   in rows 줄지어

3.

(A) Students are buying textbooks at a store.
(B) The librarian is checking in a book.
(C) One woman is showing her library card.
(D) Several people are waiting in line.

(A) 학생들이 매장에서 교재를 구입하고 있다.
(B) 사서가 책을 반납하고 있다.
(C) 한 여자가 자신의 도서관 카드를 보여 주고 있다.
(D) 몇 명의 사람들이 줄을 서서 기다리고 있다.

도서관에서 책을 대출하기 위해 사람들이 줄을 서있는 모습을 볼 수 있으므로 (D)가 정답이다. (B)의 check in은 '(책을) 반납하다'라는 의미인데 (B)가 정답이 되기 위해서는 주어가 student나 woman 등으로 바뀌어야 한다. 여자가 남자에게 건네고 있는 것은 '도서관 카드'(library card)가 아니라 책이므로 (C)도 정답이 될 수 없다.

어휘 textbook 교과서, 교재   check in (책을) 반납하다   wait in line 줄을 서서 기다리다

4.

(A) The man is pushing a shopping cart.
(B) The man is cooking some food.
(C) The man is shopping for groceries.
(D) The man is standing at the checkout counter.

(A) 남자가 쇼핑 카트를 밀고 있다.
(B) 남자가 음식을 요리하고 있다.
(C) 남자가 식료품을 구입하고 있다.
(D) 남자가 계산대에 서 있다.

남자는 '쇼핑 카트'(shopping cart)가 아니라 바구니를 들고 있으므로 (A)는 잘못된 설명이고, 남자가 서 있는 곳도 '계산대'(checkout counter)가 아니라 진열대 앞이므로 (D)도 정답이 아니다. 정답은 식료품을 고르고 있는 남자의 행동을 적절히 설명한 (C)이다.

어휘 shopping cart 쇼핑 카트   shop for ~을 사다, ~을 탐색하다   grocery 식료품   checkout counter 계산대

5.

(A) Customers are entering the store.
(B) There is a beach next to the building.
(C) The doors to the establishment are closed.
(D) The signboard shows the day's specials.

(A) 손님들이 가게 안으로 들어가고 있다.
(B) 건물 옆에 해변이 있다.
(C) 업체의 문은 닫혀 있다.
(D) 게시판은 오늘의 특선 요리를 보여 준다.

손님들의 모습은 보이지 않으므로 (A)는 정답이 아니며, (B)는 beach(해변)를 bench(벤치)로 잘못 들었을 경우 정답으로 선택할 수 있는 함정이다. 또한 문 옆 게시판에는 아무것도 적혀 있지 않으므로 (D) 역시 잘못된 설명이다. 정답은 식당을 establishment(기관, 시설, 사업장)로 바꾸어 표현한 (C)이다.

어휘   enter 들어가다   next to ~의 옆에   establishment 기관, 시설, 사업장   signboard 간판, 현판   the day's special 오늘의 특선 요리

6.

(A) She is using the dishwasher.
(B) The mechanic is fixing the vehicle.
(C) He is looking at the appliance.
(D) A kitchen item has been installed.

(A) 그녀는 식기세척기를 사용 중이다.
(B) 정비사가 차량을 수리하고 있다.
(C) 그는 가전제품을 살펴보고 있다.
(D) 주방용품이 설치되었다.

남자가 식기세척기를 수리하는 모습을 볼 수 있다. 정답은 식기세척기를 appliance(가전제품)로 바꾸어 표현한 (C)이다. (A)와 (B)는 각각 사진 속에서 볼 수 있는 dishwasher(식기세척기)와 mechanic(정비사, 수리공)을 이용한 함정이다. 사진 속 남자가 무언가 설치 중이라는 점을 인정하더라도 수리가 완료된 것으로는 보이지 않기 때문에 현재완료 시제로 사진을 설명한 (D)는 정답이 될 수 없다.

어휘   dishwasher 식기세척기   mechanic 정비공, 수리공   fix 고치다   appliance 가전제품

PART 2

7.

Who designed the signboard for the store?
(A) It'll be installed later today.
(B) A new firm down the street.
(C) We paid $1,000 for it.

누가 매장의 간판을 디자인했나요?
(A) 그것은 오늘 늦게 설치될 거예요.
(B) 길 아래쪽에 새로 생긴 회사요.
(C) 우리는 그에 대해 1,000달러를 지불했어요.

의문사 who를 이용하여 간판 디자인을 한 사람이 누구인지 묻고 있다. 정답은 광고 회사를 지칭한 (B)이다. 이처럼 who로 질문을 하더라도 사람이 아닌 조직이나 단체 등으로 대답하는 것도 가능하다.

어휘   signboard 간판, 현판   install 설치하다   firm 회사

8.

The parade will be held along First Avenue.
(A) Let's go early to get a good spot.
(B) Okay. I'd like some lemonade, please.
(C) My address is 904 First Avenue.

퍼레이드는 1번가를 따라 진행될 거예요.
(A) 일찍 가서 좋은 자리를 잡도록 하죠.
(B) 좋아요. 저는 레모네이드로 주세요.
(C) 제 주소는 1번가 904번지예요.

퍼레이드가 실시될 것이라는 이야기를 듣고 가장 자연스럽게 이어질 수 있는 정답을 찾도록 한다. 정답은 '일찍 가서 좋은 자리를 찾자'고 대답한 (A)이다. (B)는 parade(행진)와 발음이 비슷한 lemonade(레모네이드)로, (C)는 문제의 First Avenue를 중복 사용하여 오답을 유도하고 있는 함정이다.

어휘   parade 행진, 퍼레이드   spot 자리, 장소   lemonade 레모네이드

9.

How many applications have we received?
(A) Seven as of this morning.
(B) Simply apply it like this.
(C) I haven't submitted mine yet.

우리가 몇 통의 지원서를 받았나요?
(A) 오늘 아침 기준으로 7통이요.
(B) 이처럼 바르기만 하세요.
(C) 저는 아직 제출하지 못했어요.

how many를 이용하여 지원서를 몇 통 받았는지 묻고 있다. 따라서 직접적으로 지원서의 개수를 알려 준 (A)가 정답이다. (B)는 application(지원)의 동사형인 apply(지원하다; 칠하다, 바르다)로, (C)는 application과 의미가 연결되는 submit(제출하다)로 각각 오답을 유도하고 있다.

어휘   application 지원   as of ~일자로   apply 지원하다, 신청하다; (페인트 등을) 바르다, 칠하다   submit 제출하다

10.

Isn't the keynote address scheduled for nine thirty?
(A) That's all right. I'll reschedule everything.
(B) Be sure to address the CEO politely.
(C) Not anymore. It starts at ten now.

기조 연설이 9시 30분으로 예정되어 있지 않나요?
(A) 괜찮아요. 제가 전체 일정을 조정할게요.
(B) 반드시 대표 이사님께는 정중히 이야기하세요.
(C) 그렇지 않아요. 10시에 시작해요.

부정의문문을 이용하여 기조 연설 시간을 확인하고 있다. 따라서 연설 시간이 바뀌었다는 점을 알려 준 (C)가 가장 자연스러운 답변이다.

어휘   keynote address 기조 연설   reschedule 일정을 조정하다   address 주소; 연설; 말하다   politely 정중히, 공손하게   not anymore 더 이상 ~않다

11.

What is your opinion of the demonstration?
(A) I wasn't very impressed.
(B) She didn't state her opinion.
(C) No, I haven't demonstrated it.

시연에 대한 당신의 의견은 어떤가요?
(A) 그다지 인상적이지는 않았어요.
(B) 그녀는 자신의 의견을 말하지 않았어요.
(C) 아니요, 저는 입증하지 못했어요.

「What is your opinion of ~?」는 상대방의 의견을 물을 때 자주 사용되는 구문이다. 보기 중에서는 자신의 의견을 직접적으로 밝힌 (A)가 가장 적절한 답변이다.

어휘   opinion 의견   demonstration 시연; 데모   state 말하다, 진술하다   demonstrate 보여 주다; 입증하다

12.

Was there an invoice in the package you just opened?

(A) Yes, he has a loud voice.

(B) The box is sitting on the desk.

(C) I think I threw it in the trash.

당신이 방금 개봉한 소포에 송장이 들어 있었나요?

(A) 네, 그는 목소리가 커요.

(B) 그 상자는 책상 위에 있어요.

(C) 쓰레기통에 버린 것 같아요.

소포 안에 청구서가 있었는지 묻고 있다. (A)는 invoice(송장)와 발음이 비슷한 voice(목소리)로, (B)는 package(소포)로부터 연상할 수 있는 box(상자)를 이용하여 오답을 유도하고 있는 함정이다. 정답은 '(들어 있었는데) 버린 것 같다'며 송장의 행방을 밝힌 (C)이다.

어휘 invoice 송장, 청구서 voice 목소리 trash 쓰레기

13.

TML, Inc. is hiring hundreds of assembly line workers.

(A) The factory located by the harbor.

(B) I should tell Carl since he needs a job.

(C) She works daily from nine to five.

TML 주식회사가 수백 명의 조립 라인 직원을 채용할 거예요.

(A) 항구 근처에 위치한 공장이요.

(B) Carl이 일자리를 찾고 있으니 그에게 말해 줘야겠어요.

(C) 그녀는 매일 9시에서 5시까지 일해요.

채용 소식을 듣고 가장 자연스럽게 이어질 수 있는 반응을 찾도록 한다. 정답은 일자리를 찾고 있는 사람에게 채용 소식을 알려주겠다고 응답한 (B)이다.

어휘 assembly line 조립 라인 factory 공장 harbor 항구 daily 매일 from A to B A에서 B까지

14.

Mr. Richards didn't make any mistakes, did he?

(A) Not as far as I can tell.

(B) I like my steak medium rare.

(C) No, that's not Mr. Richards.

Richards 씨는 실수를 하지 않았죠, 그랬나요?

(A) 제가 아는 한 하지 않았어요.

(B) 제 스테이크는 미디엄 레어로 해 주세요.

(C) 아니요, 그 사람은 Richards 씨가 아니에요.

부가의문문을 통해 Richards 씨가 실수를 했는지 묻고 있으므로 실수를 하지 않았다는 점을 암시한 (A)가 정답이다. as far as(~하는 한)라는 표현을 알고 있으면 정답을 쉽게 찾을 수 있는 문제이다.

어휘 as far as I can tell 내가 알기로는, 내가 아는 한

15.

Should I work on the survey or the sales report now?

(A) I'm not in sales. I do marketing.

(B) Yes, that's what you ought to do.

(C) The deadline for the survey is tomorrow.

제가 지금 설문 조사 작업을 해야 할까요, 아니면 실적 보고서 작업을 해야 할까요?

(A) 저는 영업직이 아니에요. 마케팅 업무를 담당하죠.

(B) 네, 그것이 당신이 해야 할 일이에요.

(C) 설문 조사 업무의 마감일이 내일이에요.

접속사 or를 제대로 듣지 못했다면 (B)를 정답으로 고르는 실수를 범하기 쉽다. 주어진 질문은 두 가지 업무 중에서 무엇을 해야 하는지 상대방의 의견을 구하고 있으므로 보다 시급한 업무를 가리키며 해야 할 일을 알려 준 (C)가 정답이다.

어휘 survey 설문 조사 ought to ~해야 한다 deadline 마감, 기한

16.

You'd better renew your driver's license soon.

(A) Right. It expires next month.

(B) I learned to drive when I was a teen.

(C) She's not licensed to do that.

당신 면허증은 조만간 갱신시키는 것이 좋겠어요.

(A) 맞아요. 다음 달에 만료되니까요.

(B) 저는 10대일 때 운전을 배웠어요.

(C) 그녀는 그 일을 할 자격이 없어요.

면허증 갱신이 필요하다는 충고를 하고 있으므로 충고를 받아들이겠다는 입장을 보인 (A)가 정답이다. (B)는 driver's license(운전 면허증)로부터 연상할 수 있는 drive(운전하다)를 이용한 오답이며, (C)는 license를 중복 사용하고 있는 함정인데, 여기서 license는 '허가하다', '자격을 부여하다'라는 뜻의 동사로 사용되었다.

어휘 renew 갱신하다 driver's license 운전 면허(증) expire 만료되다, 소멸하다 license 허가하다, 자격을 부여하다

17.

Can you explain the process a second time?

(A) The restaurant doesn't use processed foods.

(B) What exactly don't you understand?

(C) Yes, I just explained it a moment ago.

절차를 다시 한 번 설명해 주실 수 있나요?

(A) 그 식당은 가공 식품을 사용하지 않아요.

(B) 정확히 무엇이 이해되지 않나요?

(C) 네, 저는 조금 전에 그것을 설명했어요.

조동사 can을 이용하여 상대방에게 설명을 부탁하고 있다. 따라서 어떤 부분을 설명하면 되는지를 되묻은 (B)가 가장 자연스러운 답변이다.

어휘 process 과정; 처리하다, 가공하다 a second time 재차, 한 번 더 processed food 가공 식품

18.

How do you feel about eating out for lunch?

(A) Sorry, but I can't feel anything.

(B) He's planning to order a pizza.

(C) I brought some food from home.

점심을 밖에서 먹는 것은 어떨까요?

(A) 죄송하지만 저는 아무것도 느낄 수가 없어요.

(B) 그는 피자를 주문할 생각이에요.

(C) 저는 집에서 음식을 싸 왔어요.

「How do you feel about ~?」은 상대방의 의견을 구할 때 주로 사용되는 표현이지만, 이 질문에서는 밖에서 점심을 먹자는 제안의 의미를 나타내고 있다. 정답은 집에서 음식을 싸 가지고 왔다며 우회적인 방식으로 제안을 거절한 (C)이다.

19.

Were the clients impressed with the tour of the facility?

(A) A three-hour guided tour.

(B) That's how they looked to me.

(C) All the way from India.

고객들이 시설 견학에서 깊은 인상을 받았나요?

(A) 가이드와 함께 하는 3시간짜리 투어예요.

(B) 저에게는 그렇게 보였어요.

(C) 인도에서부터 계속이요.

고객들이 시설 견학에 만족했는지 묻고 있다. 따라서 '저에게는 그렇게 보였다'고 말함으로써 긍정의 의미를 전달한 (B)가 가장 자연스러운 답변이다.

어휘 client 고객 be impressed with ~에 감명을 받다 tour 관광, 견학 all the way from ~으로부터 쭉

20.

I can upgrade you to a double room.

(A) I'd really appreciate that.

(B) No, I'm staying in a single.

(C) She hasn't received her grade yet.

2인실로 업그레이드를 해 드릴 수 있습니다.

(A) 그렇게 해 주시면 정말 고맙겠어요.

(B) 아니요, 저는 1인실에 묵고 있어요.

(C) 그녀는 아직 성적표를 받지 못했어요.

질문은 주로 호텔에서 들을 수 있는 문장인데, 호텔 직원이 손님에게 객실 업그레이드를 해 주고자 할 때 사용되는 표현이다. 따라서 호의에 대해 고마움을 표시한 (A)가 가장 적절한 답변이다.

어휘 upgrade 개선시키다; 업그레이드하다 double room 2인실 appreciate 고마워하다 grade 등급, 성적(표)

21.

Let's buy our tickets before we get something to eat.

(A) Great. I'm ready to order now.

(B) All right. Which movie shall we watch?

(C) I think we're sitting in the front row.

무언가를 먹기 전에 표를 구매하죠.

(A) 잘 되었군요. 이제 주문할 준비가 되었어요.

(B) 좋아요. 어떤 영화를 볼까요?

(C) 우리가 첫째 줄에 앉게 될 것이라고 생각해요.

Let's로 시작하는 간접명령문을 통해 표를 먼저 구입하자는 제안을 하고 있다. 보기 중에서는 제안에 호응한 (B)가 가장 자연스러운 답변이다.

22.

Which exit should we take?

(A) On the highway.

(B) The one coming up.

(C) Yes, that's the exit.

어떤 출구를 이용해야 하나요?

(A) 고속도로에서요.

(B) 이 다음 출구요.

(C) 네, 그곳이 출구예요.

고속도로에서 빠져 나갈 길을 물을 때 들을 수 있는 문장이다. 따라서 특정 출구를 지목하고 있는 보기를 찾으면 정답은 (B)라는 점을 쉽게 알 수 있다.

참고로 (B)에서 one은 exit(출구)를 가리키는 부정대명사이다.

어휘 exit 출구 highway 고속도로

23.

Who should we assign to Ms. Jacob's team?

(A) Laurel Carter would be a great match.

(B) Yes, I can see the sign over there.

(C) They won the game in the last minute.

Jacob 씨의 팀에 누구를 배정해야 할까요?

(A) Laurel Carter가 잘 어울릴 거예요.

(B) 네, 저는 저쪽에 있는 표지판을 볼 수 있어요.

(C) 그들은 막판에 경기에서 이겼어요.

질문의 who가 목적격임을 알면 보다 쉽게 정답을 찾을 수 있다. 팀에 누구를 배정해야 할지 묻고 있으므로 구체적인 사람 이름을 언급한 (A)가 정답이다.

어휘 assign 배정하다 match 어울리다; 잘 어울리는 사람 sign 징조; 표지판 in the last minute 막판에

24.

Expect a slight delay due to the weather.

(A) Lots of rain and heavy winds.

(B) We ought to leave early then.

(C) Somewhere around half an hour.

날씨 때문에 약간 지체될 것으로 예상돼요.

(A) 폭우와 강풍이요.

(B) 그러면 일찍 나서야겠군요.

(C) 30분 정도요.

보기 중 날씨로 인해 연착될 것 같다는 말에 가장 자연스럽게 연결될 수 있는 반응은 '그러면 일찍 출발해야겠다'는 의미의 (B)뿐이다.

어휘 expect 기대하다, 예상하다 slight 사소한, 작은 due to ~ 때문에 heavy wind 강풍

25.

Didn't Stevenson's close down last week?

(A) It sells men's and women's clothes.

(B) Four or five days from now.

(C) I went shopping there yesterday.

Stevenson's는 지난 주에 문을 닫지 않았나요?

(A) 그곳에서는 남성 의류와 여성 의류를 팔아요.

(B) 지금부터 4–5일 후예요.

(C) 저는 어제 그곳에서 쇼핑을 했는걸요.

Stevenson's라는 상점의 폐점 여부를 묻고 있다. 정답은 '어제도 쇼핑을 하러 갔다'며 폐점을 하지 않았다는 사실을 간접적으로 알린 (C)이다. (A)는 판매 물품을 묻는 질문에, (B)는 날짜를 묻는 질문에 이어질 법한 답변이다.

어휘 close down 문을 닫다, 폐업하다

26.

Does the vehicle run well, or is it still experiencing problems?

(A) Yes, that's what's bothering me about it.

(B) I run for an hour every day of the week.

(C) I haven't noticed anything wrong.

차가 잘 달리나요, 아니면 아직도 문제를 겪고 있나요?

(A) 네, 그것이 바로 저를 괴롭히고 있는 점이에요.

(B) 저는 일주일 내내 매일 한 시간 동안 달리기를 해요.
(C) 이상한 점은 찾지 못했어요.

접속사 or를 이용하여 차의 상태가 좋은지 혹은 나쁜지를 묻고 있다. 따라서 '아직까지는 문제가 없다'며 차의 상태가 양호하다는 점을 우회적으로 밝힌 (C)가 가장 자연스러운 답변이다.

어휘 experience 경험하다, 겪다   notice 주목하다, 알아차리다

27.

We should arrive half an hour early, shouldn't we?
(A) I don't believe that's necessary.
(B) It's a quarter to six now.
(C) Several people are already here.

우리는 30분 정도 일찍 도착해야 할 거예요, 그렇지 않나요?
(A) 꼭 그럴 필요는 없다고 생각해요.
(B) 지금은 5시 45분이에요.
(C) 이미 몇 명의 사람들이 여기에 도착해 있어요.

질문의 should가 '~해야 한다'는 의무 혹은 당위의 의미를 나타내고 있다는 점을 알면 정답을 쉽게 찾을 수 있다. 정답은 꼭 그럴 필요는 없다며 상대방의 말에 이의를 제기한 (A)이다.

어휘 necessary 필요한

28.

This manuscript has a few mistakes in it.
(A) At the printer's to be copied now.
(B) Yes, the editor is looking at it.
(C) Would you mind pointing them out?

이 원고에는 몇 개의 오타가 있군요.
(A) 곧 인쇄소에서 인쇄가 될 거예요.
(B) 네, 편집자가 보고 있어요.
(C) 찾아 줄 수 있나요?

상대방에게 오타가 있다는 사실을 알려 주고 있다. 따라서 오타가 어디에 있는지 알려 달라고 부탁한 (C)가 가장 자연스러운 답변이다. (A)와 (B)는 모두 manuscript(원고)로부터 연상할 수 있는 단어인 printer's(인쇄소)와 editor(편집자)를 이용해 오답을 유도하고 있는 함정이다.

어휘 manuscript 원고   mistake 실수, 오류; 오타   printer's 인쇄업체, 인쇄소   editor 편집자   point out ~을 가리키다, 지적하다

29.

Will you trade shifts with me on Friday?
(A) Sorry, but that's my day off.
(B) That sounds like a fair trade.
(C) No, they didn't change anything.

금요일에 저와 근무를 바꿔 주시겠어요?
(A) 미안하지만 그날은 비번이에요.
(B) 공정한 거래처럼 보이는군요.
(C) 아니요, 그들은 아무것도 바꾸지 않았어요.

조동사 will을 이용하여 상대방에게 근무 시간을 바꿔 달라는 부탁을 하고 있다. 따라서 그날은 비번이라 안 된다는 말로 거절의 의사를 표시한 (A)가 가장 적절한 답변이다.

어휘 trade 거래하다, 교환하다; 거래, 무역   day off 쉬는 날   fair 공정한

30.

Where does Mr. Livingstone keep the files on clients?
(A) More than five hundred of them.
(B) In the cabinet behind his desk.
(C) He's in the storage room now.

Livingstone 씨는 고객 파일을 어디에 보관해 두나요?
(A) 500개 이상이요.
(B) 책상 뒤쪽의 캐비닛에요.
(C) 그는 지금 창고에 있어요.

의문사 where를 이용하여 파일 보관 장소를 묻고 있다. 정답은 보관 위치를 직접적으로 언급한 (B)이다.

어휘 storage room 창고, 비품실

31.

When should we stop to get gas?
(A) We're okay for a couple of hours.
(B) The gas station back there was closed.
(C) This car doesn't get good gas mileage.

주유를 하려면 언제 정차해야 할까요?
(A) 두어 시간 동안은 괜찮을 거예요.
(B) 그곳 주유소는 폐쇄되었어요.
(C) 이 차는 연비가 좋지 않아요.

gas가 gasoline(휘발유, 가솔린)을 의미한다는 사실을 알고 있어야 정답을 찾을 수 있다. 언제 주유를 해야 하는지 묻고 있으므로 '두어 시간은 괜찮다'고 답한 (A)가 가장 자연스러운 답변이다. 참고로 (C)의 gas mileage는 '연비'라는 의미이다.

어휘 gas 휘발유 (= gasoline)   a couple of 한두 개의   gas station 주유소   gas mileage 연비

PART 3

[32-34]

W Good afternoon, sir, and welcome to Derringer's. Is there anything in particular that you're interested in acquiring today?

M Yes, there is. My anniversary is coming up, so I'd like to buy my wife something nice. I was thinking of getting her some kind of jewelry, but I'm not particularly good at picking anything out.

W These pearl earrings look classy, and they're currently thirty percent off their regular price. How do you think they look?

M They're quite nice, and the price can't be beat. Do you happen to have a bracelet that matches the earrings?

W 안녕하세요, 손님, Derringer's에 오신 것을 환영합니다. 특별히 구입하고자 하시는 것이 있으신가요?

M 네, 그래요. 결혼 기념일이 다가오고 있어서 아내에게 멋진 것을 사 주고 싶어요. 보석 제품을 살까 생각하고 있었는데, 제가 물건 고르는 일에는 별로 재주가 없어서요.

W 이 진주 귀걸이가 고급스러워 보이면서 현재 정가에서 30퍼센트를 할인해 드리고 있어요. 어떻게 보이시나요?

M 상당히 예쁘고 가격도 정말 마음에 드네요. 혹시 이 귀걸이와 어울리는 팔찌도 있을까요?

어휘 in particular 특히 acquire 얻다, 획득하다 anniversary 기념일, 결혼 기념일 jewelry 보석류 be good at ~에 뛰어나다 pick out 고르다, 선택하다 classy 세련된, 고급의 bracelet 팔찌 match 어울리다

32.

남자는 왜 매장을 방문했는가?
(A) 아내에게 선물을 하기 위해
(B) 제품을 수리하기 위해
(C) 무엇이 세일 중인지 알아보기 위해
(D) 주문한 제품을 찾아가기 위해

남자가 매장을 찾은 이유는 'My anniversary is coming up, so I'd like to buy my wife something nice.'에서 확인할 수 있다. 남자는 결혼 기념일을 맞아 아내에게 선물을 해 주려고 매장을 방문한 것이므로 (A)가 정답이다.

33.

여자는 귀걸이에 대해 무엇을 말하는가?
(A) 금으로 만들어졌다.
(B) 할인 중이다.
(C) 수작업으로 만들어졌다.
(D) 그녀가 가장 좋아하는 스타일이다.

여자는 진주 귀걸이를 추천하면서 '30% 할인 중이라는 점'(they're currently thirty percent off their regular price)을 알려 준다. 따라서 보기 중 진주 귀걸이에 대해 언급된 사항은 (B)이다.

34.

남자는 여자에게 무엇을 요청하는가?
(A) 목걸이
(B) 반지
(C) 팔찌
(D) 시계

대화의 마지막 부분에서 남자는 'Do you happen to have a bracelet that matches the earrings?'라고 물으면서 귀걸이와 어울릴만한 (C)의 '팔찌'도 추천해 달라고 부탁한다.

[35-37]

M　Excuse me. I'm looking for last month's issue of *Cycling Monthly*. I noticed you have the July issue but not the August one.

W　Did you look through all the copies of *Cycling Monthly* we have? Last month's magazine might be at the very back.

M　Yeah, I checked out all ten.

W　We might have a copy or two in the backroom.

M　That's great. Would you mind looking there for me? I'd rather not go to another place since my lunch break is almost over.

W　I'd love to, but I'm the only one here now. My boss should be back in about five minutes though.

M　실례합니다. *Cycling Monthly*의 전월호를 찾고 있는 중이에요. 7월호는 있는데 8월호는 없더군요.

W　저희가 가지고 있는 모든 *Cycling Monthly*를 살펴보셨나요? 전월호 잡지는 아마도 뒤쪽에 있을 거예요.

M　네, 10권 모두 확인했어요.

W　창고에 한 두 권 정도 있을 수도 있어요.

M　잘 되었군요. 저를 위해 살펴봐 주실 수 있으신가요? 점심 시간이 거의 끝나서 다른 곳에 가 보고 싶지는 않거든요.

W　그렇게 해 드리고 싶지만 지금 이곳에는 저밖에 없어서요. 하지만 약 5분 후에 사장님께서 돌아오실 거예요.

어휘 look for ~을 찾다 check out ~을 확인하다 backroom 뒷방, 밀실 would rather 차라리 ~하겠다 lunch break 점심 시간

35.

화자들은 주로 무엇을 논의하는가?
(A) 여자의 근무 시간
(B) 남자가 원하는 제품
(C) 남자가 읽고 있는 잡지
(D) 서점의 영업 시간

남자가 서점에서 '*Cycling Monthly*의 전월호'(last month's issue of *Cycling Monthly*)를 찾고 있는 상황이다. 정답은 (B)이다.

36.

여자는 왜 창고를 언급하는가?
(A) 본인이 그곳에 갈 것이라는 점을 남자에게 말하기 위해
(B) 관리자가 어디에 있는지 알려 주기 위해
(C) 제품이 있을 만한 곳을 말하기 위해
(D) 본인이 조금 전에 그곳에서 왔다는 점을 알리기 위해

매장 내에 있는 모든 책을 살펴보았다는 남자의 말을 듣고 여자는 'We might have a copy or two in the backroom.'이라고 말하면서 아직 찾지 못한 전월호가 창고에 있을 수도 있다고 언급한다. 따라서 여자가 창고를 언급한 이유는 (C)이다.

37.

남자에 대해 암시되어 있는 것은 무엇인가?
(A) 곧 직장으로 돌아가야 한다.
(B) 새로운 자전거를 사고 싶어한다.
(C) 전에 그 매장을 방문한 적이 없다.
(D) 몇 개의 잡지를 구독 중이다.

대화의 후반부에서 남자는 '점심 시간이 거의 끝나서'(since my lunch break is almost over) 다른 곳에 가 볼 수가 없다고 말한다. 이를 통해 남자는 곧 회사로 돌아가야 함을 알 수 있으므로 (A)가 정답이다.

어휘 workplace 직장, 일터

M It looks like you're done with your meal, so why don't I clear the table off for you? Would you care to look over our dessert menu?

W I'd love to try a piece of that raspberry cheesecake, but I have to be leaving soon. I'm scheduled to meet a client twenty minutes from now. I'll just take a cup of coffee, please.

M Okay. I'll be right back with it. I'll bring you the check, too, so that you can be on your way once you're finished.

W I'd really appreciate your doing that. Thanks for your consideration.

M 식사는 다 마치신 것으로 보이니 테이블을 정리해 드릴까요? 디저트 메뉴를 보시겠어요?

W 라즈베리 치즈케이크를 한 조각 먹었으면 좋겠지만, 곧 자리에서 일어나야 해요. 지금부터 20분 후에 고객을 만나기로 되어 있거든요. 그냥 커피 한 잔 마실게요.

M 알겠습니다. 커피를 가지고 다시 오겠습니다. 다 드시면 바로 나가실 수 있도록 계산서도 가져다 드릴게요.

W 그렇게 해 주시면 정말 고맙겠군요. 배려해 주셔서 감사해요.

어휘 **Would you care to ~?** ~하시겠습니까? **check** 계산서 **be on one's way** 길을 나서다, 떠나다 **consideration** 고려, 배려

38.

대화는 어디에서 이루어지고 있는 것 같은가?

(A) 카페
(B) 식당
(C) 케이터링 회사
(D) 식료품점

식사가 끝났으니 테이블을 치워 주겠다고 한 남자의 말에서 대화가 이루어지고 있는 곳이 (B)의 '식당'임을 알 수 있다. 대화의 시작 부분을 제대로 듣지 못했다면 raspberry cheesecake, coffee 등의 단어만 듣고 (A)를 정답으로 고르는 실수를 범할 수 있다.

어휘 **catering company** 케이터링 회사 (행사 등에 음식을 공급하는 업체) **deli** 식료품점

39.

여자는 왜 곧 떠나야 하는가?

(A) 회사에 늦었다.
(B) 프로젝트를 끝내야 한다.
(C) 기차를 타야 한다.
(D) 미팅에 참석해야 한다.

여자의 말 'I'm scheduled to meet a client twenty minutes from now.'에서 여자가 가야 하는 이유는 곧 고객을 만나야 하기 때문임을 알 수 있다. (D)가 정답이다.

40.

남자는 여자에게 무엇을 가져다 줄 것인가?

(A) 메뉴
(B) 음료
(C) 치즈케이크
(D) 냅킨

대화의 후반부 내용을 통해 남자가 여자에게 가져다 줄 것은 a cup of coffee(커피)와 check(계산서) 두 가지임을 알 수 있다. 정답은 이 두 가지 중 전자를 가리키고 있는 (B)이다.

[41-43]

M Ms. Winters, I'm afraid that I won't be able to submit my report this afternoon. I requested some data from the Sales Department, but nobody there has sent me anything yet. May I give it to you tomorrow?

W When did you ask for it?

M This morning as soon as I arrived here.

W Doug, you should have handled that a long time ago. I asked you to prepare the report last week.

M I'm really sorry, Ms. Winters. I'll go up to the third floor and request the information I need in person. And I'll turn in the report by five.

W I'm looking forward to reading it.

M Winters 씨, 안타깝지만 오늘 오후에 보고서를 제출하지 못할 것 같아요. 영업부에 자료를 요청해 두었는데, 아직까지 아무도 제게 보내 준 것이 없어요. 내일 드려도 될까요?

W 언제 요청을 했나요?

M 오늘 아침 이곳에 도착하자마자요.

W Doug, 그 건은 한참 전에 처리했어야 해요. 제가 보고서를 준비하라고 지난 주에 요청했잖아요.

M 정말 죄송합니다, Winters 씨. 제가 3층으로 올라가서 직접 필요한 자료를 요청할게요. 그리고 5시까지 보고서를 제출하도록 하겠습니다.

W 빨리 읽어 보고 싶군요.

어휘 **submit** 제출하다 **handle** 다루다, 처리하다 **turn in** ~을 제출하다

41.

남자의 문제는 무엇인가?

(A) 오류가 있는 자료를 받았다.
(B) 문서를 출력해서 여자에게 주어야 한다는 점을 잊었다.
(C) 이번 주에 판매를 전혀 하지 못했다.
(D) 주어진 업무를 끝내지 못했다.

대화의 시작 부분에서 남자는 '오늘 오후에 보고서를 제출하지 못할 것'(I won't be able to submit my report this afternoon)이라는 점을 여자에게 알리고 있다. 따라서 정답은 '보고서 제출'을 assigned work라고 표현한 (D)이다.

42.

여자는 왜 "You should have handled that a long time ago"라고 말하는가?

(A) 사과를 요구하기 위해
(B) 예산 보고서를 받아야 한다고 주장하기 위해
(C) 남자의 요청을 거절하기 위해
(D) 남자에게 다른 해결책을 사용하라고 충고하기 위해

「should have p.p.」는 '~했어야 하는데 하지 못했다'는 의미로, 주어진 문장은 '그 일은 오래 전에 처리했어야 하는데 그러지 못했다'는 유감의 뜻을 나타내고 있다. 한편 이 문장은 보고서 제출 기한을 연장해 달라는 남자의 요청에 대한 답변이므로 결국 주어진 문장의 의미는 (C)로 볼 수 있다.

43.

영업부에 대해 암시되어 있는 것은 무엇인가?

(A) 그곳 직원들은 휴가 중이다.

(B) 현재 통화가 가능한 전화가 없다.

(C) 남자의 사무실보다 높은 층에 있다.

(D) 여자의 지시를 받는다.

대화 후반부에서 남자가 '(영업부의 자료를 받기 위해) 3층으로 올라가겠다'(I'll go up to the third floor)고 한 점으로 보아 영업부는 남자가 있는 곳보다 높은 층에 있다고 추측할 수 있다. 따라서 (C)가 정답이다.

어휘 supervise 감독하다, 지휘하다

[44-46]

W Two new employees are starting in our department tomorrow. I'm positive that you'll get along with them. I interviewed both and like them a lot.

M That's great. Maybe we should all go out to lunch together so that everyone can meet them. Do you have time tomorrow?

W I'll be at the branch office in Louisville until three. And I think Henry and Frank will be attending an orientation event then anyway.

M Okay, I suppose we can do it another time. I'll let everyone know what's going on and make sure the new people receive a warm welcome.

W 신입 직원 두 명이 내일 우리 부서에서 일을 시작할 거예요. 당신이 그들과 잘 지낼 것이라고 확신해요. 둘 다 제가 면접을 했는데 정말 마음에 들어요.

M 잘 되었군요. 모든 사람들과 만날 수 있도록 모두 함께 점심을 먹으러 가야 할 수도 있겠군요. 내일 시간이 있나요?

W 저는 3시까지 루이빌 지사에 있을 거예요. 그리고 Henry와 Frank도 그때 오리엔테이션 행사에 참석할 것으로 알고 있어요.

M 그렇군요. 다른 시간에 해야 할 것 같네요. 어떤 일이 있는지 모든 사람들에게 알려서 신입 직원들이 환대를 받을 수 있도록 해야겠어요.

어휘 get along with ~와 어울려 지내다 so that ~ can ~하기 위하여 anyway 여하튼; 게다가 go on (일이) 벌어지다, 진행되다

44.

화자들은 주로 무엇을 논의하는가?

(A) 루이빌 지사

(B) 면접을 실시해야 할 필요성

(C) 곧 시작될 프로젝트

(D) 새로 고용된 직원들

대화의 첫 문장을 통해 대화의 주제가 내일부터 일을 시작하는 '두 명의 신입 사원'(two new employees)일 것이라는 점을 짐작할 수 있다. 정답은 (D)이다.

45.

남자는 무엇을 할 것을 제안하는가?

(A) 함께 식사를 한다

(B) 자신에게 다른 프로젝트를 맡긴다

(C) 자신을 Henry에게 소개시킨다

(D) 더 많은 사람들을 면접한다

신입 직원에 관한 소식을 듣고 남자는 '함께 점심을 먹자'(we should all go out to lunch together)는 제안을 한다. 따라서 남자가 제안한 것은 (A)이다.

46.

여자는 내일 무엇을 할 것인가?

(A) 오리엔테이션에 참석한다

(B) 고객과 점심을 먹는다

(C) 다른 지사에서 시간을 보낸다

(D) 방문객들을 견학시켜 준다

내일 다 같이 점심을 먹자는 남자의 제안에 여자는 'I'll be at the branch office in Louisville until three.'라고 말하면서 간접적으로 불참 의사를 내비치고 있다. 따라서 여자가 내일 할 일은 (C)이다. 만약 Henry와 Frank가 내일 할 일을 물었다면 정답은 (A)가 될 것이다.

어휘 take part in ~에 참가하다, 참여하다 spend (시간이나 돈 등을) 쓰다, 소비하다

[47-49]

M Excuse me. I'm planning to paint my house, so could you recommend a paint that is good enough to last for several years?

W1 Whitman makes excellent paint which is guaranteed to last for at least ten years. As you can see, it comes in a variety of colors.

M I'm aware of the quality, but the prices are too much for me. Do you have anything a bit cheaper?

W2 Actually, sir, starting tomorrow, we're having a special promotion on Whitman paint. Buy ten or more cans, and you'll get twenty percent off.

M Thanks for the information. I'll come back here tomorrow after work.

M 실례합니다. 저희 집에 페인트칠을 하려고 생각 중인데, 여러 해 동안 지속되는 좋은 페인트를 추천해 주시겠어요?

W1 Whitman이 최소 10년 동안의 지속 기간을 보장하는 우수한 페인트죠. 보시다시피 다양한 색상으로 나오고요.

M 품질은 알겠지만 가격이 너무 비싸군요. 조금 더 싼 것도 있나요?

W2 실은요, 손님, 내일부터 Whitman 페인트에 관한 특별 프로모션이 실시될 거예요. 10통 이상 구입하시면 20퍼센트 할인을 받게 되시죠.

M 알려 줘서 고마워요. 내일 퇴근 후에 다시 오도록 할게요.

어휘 recommend 권하다, 추천하다 last 지속되다 guarantee 보장하다, 보증하다 a variety of 다양한

47.

대화는 어디에서 이루어지는 것 같은가?

(A) 가구 매장

(B) 건설 회사

(C) 건축 자재 및 인테리어용품 매장

(D) 전자 제품 매장

페인트를 구매하려는 고객에게 판매 직원이 특정 브랜드의 페인트를 추천하고 있는 상황이다. 따라서 대화가 이루어지고 있는 곳은 (C)의 '건축 자재 및 인테리어용품 매장'일 것이다.

어휘 home improvement store 건축 자재 및 인테리어용품 등을 판매하는 매장

48.

남자는 Whitman 제품에 대해 무엇을 말하는가?

(A) 매우 비싸다.
(B) 품질이 좋지 않다.
(C) 색상이 많지가 않다.
(D) 오래 지속되지 않는다.

남자는 Whitman 페인트를 추천받은 후, 'I'm aware of the quality, but the prices are too much for me.'라고 말한다. 따라서 보기 중 그가 Whitman 페인트에 대해 언급한 사항은 (A)이다.

49.

남자에 대해 암시되어 있는 것은 무엇인가?

(A) 여자에게 조언을 요청할 것이다.
(B) 무료 샘플을 받고 싶어한다.
(C) 다른 매장을 방문할 계획이다.
(D) 내일 구매를 할 것이다.

페인트에 대한 세일이 내일부터 시작된다는 여자2의 말을 듣고 남자는 'I'll come back here tomorrow after work.'라고 말한다. 즉 남자는 할인 혜택을 받기 위해 내일 다시 매장에 와서 페인트를 구매할 것으로 예상되므로 (D)가 정답이다.

[50-52]

> **M** Hello. This is Keith Hampton. I scheduled an appointment with Dr. Murphy tomorrow, but I wonder if it's possible to see him today. My tooth is in a lot of pain.
>
> **W** I'm terribly sorry to hear that, Mr. Hampton. How close to our location are you? There's an open slot at 2:30, but that's only fifteen minutes from now. Do you think you can make it here by then?
>
> **M** I'm in the Wakefield Shopping Center right now, so I'll head over there at once. Is it okay if I'm about five minutes late?
>
> **W** That's fine. I'll go ahead and pencil you in for that time. See you in a few minutes.
>
> - - -
>
> **M** 안녕하세요. 저는 Keith Hampton입니다. 내일 Murphy 의사 선생님과 진료 예약이 되어 있지만, 오늘 진료를 받는 것이 가능한지 궁금하군요. 이빨 통증이 심해서요.
>
> **W** 그런 말을 들으니 정말로 유감입니다, Hampton 씨. 저희 병원으로부터 어느 정도의 거리에 계신가요? 2시 30분에 비어 있는 시간이 있기는 하지만, 지금부터 단 15분 후라서요. 그때까지 이곳에 오실 수 있으신가요?
>
> **M** 저는 지금 Wakefield 쇼핑 센터에 있기 때문에 지금 당장 그쪽으로 갈게요. 5분 정도 늦어도 괜찮을까요?
>
> **W** 괜찮습니다. 제가 우선 그 시간에 예약을 해 드릴게요. 잠시 후에 뵙겠습니다.

어휘 **schedule an appointment with** ~와 만날 약속을 정하다 **pain** 고통 **location** 위치 **slot** 구멍, 자리 **pencil in** 일단 ~을 예정해 두다

50.

여자는 어디에서 일하는가?

(A) 의류 매장
(B) 치과
(C) 체육관

84

(D) 보육 시설

이빨의 통증 때문에 예약 시간을 앞당기려는 환자와 병원 직원간의 대화이다. 따라서 여자가 일하는 곳은 (B)의 '치과'일 것이다.

어휘 **childcare** 보육

51.

남자는 무엇을 하고 싶어하는가?

(A) 다른 의사의 견해를 듣는다
(B) 다른 사람과 이야기한다
(C) 현금으로 결제한다
(D) 약속 시간을 변경한다

대화 시작 부분의 'I scheduled an appointment with Dr. Murphy tomorrow, but I wonder if it's possible to see him today.'라는 말에서 남자가 원하는 바를 확인할 수 있다. 남자는 내일 진료 예약을 오늘로 변경할 수 있는지 묻고 있으므로 남자가 원하는 것은 (D)이다.

어휘 **second opinion** 다른 사람의 의견, 다른 의사의 견해

52.

Wakefield 쇼핑 센터에 대해 암시되어 있는 것은 무엇인가?

(A) 여러 층으로 되어 있다.
(B) 여자가 있는 곳과 가까운 곳에 있다.
(C) 최근에 문을 열었다.
(D) 그곳의 모든 매장에서 세일을 하고 있다.

15분 안에 올 수 있는지 묻는 여자의 질문에 남자는 'I'm in the Wakefield Shopping Center right now, so I'll head over there at once.'라고 대답한다. 이를 통해 Wakefield 쇼핑 센터는 병원에서 멀지 않은 곳에 있을 것으로 추측할 수 있으므로 (B)가 정답이다.

[53-55]

> **M** Stephanie, you still drive to work every day, don't you? Would you mind picking me up tomorrow morning? My car broke down, and I won't be able to drive it until next Monday.
>
> **W** Don't you live in the Silver Springs neighborhood? It would take me a while to go there to pick you up.
>
> **M** Actually, I moved right down the street from you three days ago. I live at 487 Baker Street, so I can be at your house when you're ready to leave.
>
> **W** I had no idea. That won't be a problem then. Just be outside my house no later than half past seven tomorrow.
>
> - - -
>
> **M** Stephanie, 여전히 매일 차를 몰고 출근을 하죠, 그렇지 않나요? 내일 아침에 저를 태워 줄 수 있나요? 제 차가 고장이 나서 다음 주 월요일까지는 차를 쓸 수가 없게 되었거든요.
>
> **W** 실버스프링스 근처에 살고 있지 않나요? 제가 당신을 태우러 거기까지 가려면 시간이 꽤 걸릴 텐데요.
>
> **M** 실은 3일 전에 당신 집 바로 아래쪽 거리로 이사를 왔어요. Baker 가 487번지에 살고 있어서 당신이 출발할 준비가 되면 제가 당신 집으로 갈 수 있어요.
>
> **W** 제가 몰랐군요. 그러면 문제가 없겠네요. 내일 7시 30분까지 저희 집 앞으로 오세요.

어휘 **neighborhood** 근처, 인근; 지역 **no later than** 늦어도 ~까지

53.

남자의 문제는 무엇인가?

(A) 버스 정기 승차권을 사야 한다는 점을 잊었다.

(B) 며칠 동안 차를 몰 수 없다.

(C) 출근하던 중에 길을 잃었다.

(D) 아침에 종종 차가 막힌다.

대화의 시작 부분에서 남자는 여자에게 차를 태워 달라고 부탁하면서 'My car broke down, and I won't be able to drive it until next Monday.'라며 그 이유를 밝히고 있다. 즉 차가 고장이 나서 며칠 동안 차를 쓸 수 없는 상황이므로 남자의 문제는 (B)이다.

어휘 bus pass 버스 정기 승차권 get caught in traffic 교통 체증으로 꼼짝 못하다, 차가 막히다

54.

여자가 "Don't you live in the Silver Springs neighborhood"라고 말할 때 그녀는 무엇을 암시하는가?

(A) 그녀는 그 도시를 잘 모른다.

(B) 그녀는 남자를 태우고 그의 집으로 갈 수 없다.

(C) 그녀는 남자를 도울 수 없다고 생각한다.

(D) 그녀는 정확한 위치를 기억하지 못한다.

주어진 문장은 차를 태워 달라는 남자의 부탁에 대한 답변인데, 구체적인 의미는 그 다음 문장인 'It would take me a while to go there to pick you up.'을 통해 확인할 수 있다. 즉 남자가 사는 곳까지 가려면 시간이 한참 걸리기 때문에 자신이 부탁을 들어 주기가 어렵다는 점을 간접적으로 나타내고 있으므로 (C)가 정답이다.

어휘 be unfamiliar with ~에 익숙하지 않다

55.

여자는 남자에게 무엇을 하라고 말하는가?

(A) 아침에 자신의 집 앞에서 기다린다

(B) 출발하려고 할 때 자신에게 전화를 한다

(C) 자신에게 그의 주소를 알려 준다

(D) 퇴근 시간 전에 상기를 시켜 준다

대화의 마지막 부분에서 여자는 'Just be outside my house no later than half past seven tomorrow.'라고 말하면서 남자에게 7시반 까지 자기 집 앞으로 오라고 당부한다. 따라서 정답은 (A)이다.

어휘 reminder 상기시켜 주는 것; 독촉장

[56-58]

> M Have you looked over your copy of the marketing report yet? I'm somewhat alarmed by everything that I've been reading so far.
>
> W The report is sitting on my desk, but I've been in meetings nearly the entire afternoon. What exactly are you referring to, Mr. Henderson?
>
> M Our newest marketing campaign is not remotely successful. In fact, sales of our products started declining virtually as soon as the new ads were released.
>
> W It sounds like there's a connection, but we need to confirm that before we end the campaign. How about organizing a focus group to get some other opinions?

> M 마케팅 보고서 사본을 검토해 보았나요? 지금까지 제가 읽어 본 내용들은 다소 충격적이더군요.
>
> W 보고서가 제 책상 위에 놓여 있기는 하지만, 저는 오후 내내 회의를 하고 있었어요. 정확히 어떤 것을 말씀하시는 건가요, Henderson 씨?
>
> M 우리의 최신 마케팅 전략이 그다지 성공적이지 않아요. 실제로, 새 광고가 시작되자마자 제품 판매량이 사실상 감소하기 시작했어요.
>
> W 연관성이 있는 것 같이 들리기는 하나, 광고 캠페인이 끝나기 전에 그 점은 확인을 해 봐야 해요. 다른 의견을 들을 수 있도록 포커스 그룹을 구성하는 것이 어떨까요?

어휘 alarmed 두려워하는, 놀란 so far 지금까지 remotely 멀리서; 약간 decline 감소하다, 쇠퇴하다 virtually 사실상 release 풀어 주다; 출시하다 connection 연결 organize 조직하다, 기획하다 focus group 초점 집단, 포커스 그룹 (광고 효과 등을 조사하기 위해 각 계층을 대표하는 소수의 사람들로 이루어진 그룹)

56.

무엇이 문제인가?

(A) 컨설팅 회사와 거래를 끊었다.

(B) 캠페인이 지연되었다.

(C) 광고가 끝나지 않았다.

(D) 판매량이 감소했다.

남자는 여자에게 보고서 내용을 토대로 마케팅 전략이 성공적이지 못하다고 지적하면서 '사실상 판매량이 감소하기 시작했다'(sales of our products started declining virtually)고 말한다. 이를 통해 문제가 되는 점은 마케팅의 실패로 인한 매출 하락임을 알 수 있으므로 정답은 (D)이다.

57.

여자에 의하면 여자는 무엇을 하고 있었는가?

(A) 회의에 참석하고 있었다

(B) 보고서를 읽고 있었다

(C) 포커스 그룹에 관한 일을 하고 있었다

(D) 광고 문구를 작성하고 있었다

여자는 보고서를 읽지 않은 이유에 대해 '오후 내내 회의에 참석했기 때문'(I've been in meetings nearly the entire afternoon)이라고 말한다. 따라서 여자가 한 일은 (A)의 '회의 참석'이다.

58.

여자는 남자에게 무엇을 하라고 말하는가?

(A) 업무에 보다 집중한다

(B) 마케팅 부서의 누군가와 이야기한다

(C) 다른 사람의 생각을 알아본다

(D) 판매 데이터를 정리한다

대화의 마지막 부분에서 여자는 광고의 효과를 확인하기 위해 '포커스 그룹을 구성해서 의견을 듣자'(organizing a focus group to get some other opinions)는 제안을 하고 있다. 따라서 (C)가 정답이다.

어휘 focus on ~에 집중하다 compile 편집하다, 편찬한다

W	Excuse me. I acquired several blouses here last night, but I wonder if I can return them to get something else.
M1	Sure, we permit exchanges if you made the purchase within ten days. Did you bring them with you?
W	Yes, they're right here. I thought I liked the color, but I'd prefer to have something darker.
M1	Oh, I'm sorry, but we can't accept this one since the plastic has been opened. We can take the other seven items though.
M2	Don't worry about that, Andrew. Ms. Cormack is a long-term customer here, so we can let her exchange everything.
W	Thanks, Mr. Davenport. I appreciate that.

W	실례합니다. 어젯밤에 이곳에서 블라우스를 몇 벌 구입했는데, 다른 것으로 교환을 할 수 있는지 궁금하군요.
M1	그럼요, 10일 이내에 구입하신 제품에 대해서는 교환이 가능합니다. 가지고 오셨나요?
W	네, 여기에 있어요. 색상이 마음에 든다고 생각했는데, 더 어두운 색이 좋을 것 같아요.
M1	오, 죄송하지만 비닐이 개봉되어 있기 때문에 이것은 반품을 받을 수가 없어요. 하지만 다른 7개의 상품은 반품이 가능합니다.
M2	그 점은 걱정하지 말아요, Andrew. Cormack 씨는 오래 전부터 이곳 손님이셨기 때문에 모든 것을 교환해 드려도 괜찮아요.
W	고마워요, Davenport 씨. 감사합니다.

어휘 **plastic** 플라스틱, 비닐 **long-term** 장기의

59.

대화는 어디에서 이루어지는 것 같은가?
(A) 의류 매장
(B) 식료품 매장
(C) 가전제품 매장
(D) 문구점

'블라우스'(blouses)를 교환하려는 손님과 매장 직원간의 대화이다. 따라서 대화가 이루어지고 있는 장소는 (A)의 '의류 매장'일 것이다.

60.

여자는 무엇을 원하는가?
(A) 신용 카드로 계산한다
(B) 온라인으로 주문을 한다
(C) 제품을 교환한다
(D) 환불을 받는다

대화의 시작 부분 중 I wonder if I can return them to get something else 라는 여자의 말에서 여자는 교환을 원한다는 사실을 알 수 있다. 정답은 (C) 이다.

61.

Davenport 씨는 Cormack 씨에 대해 무엇을 언급하는가?
(A) 그녀는 매장을 소유하고 있다.
(B) 그녀는 전에 그를 만난 적이 있다.
(C) 그녀는 쇼퍼 클럽에 속되어 있다.
(D) 그녀는 어젯밤에 그에게서 상품을 샀다.

남자2는 남자1에게 원칙적으로 환불이 안 되는 상황이라도 여자가 '오래 전부터 매장의 고객'(long-term customer)이었기 때문에 환불을 해 주라고 말한다. 따라서 남자2와 여자는 이전부터 알던 사이일 것으로 추측할 수 있으므로 정답은 (B)이다.

어휘 **belong to** ～에 속하다 **shopper's club** 쇼퍼 클럽

[62-64]

제품	수량	가격
복사용지 (5,000장)	4	$12.99
볼펜 (20개)	2	$10.99
스테이플러	2	$5.99
페이퍼클립 (1,000개)	1	$8.99

M	Hello. My name is Jarvis Sanders. I made an order over the phone last night, but I'd like to alter it.
W	Of course. I'm looking at your order form right now, Mr. Sanders. What do you need?
M	I didn't order enough writing utensils, so could you increase my order to five boxes?
W	That won't be a problem. I'll pack your order now and have Lewis deliver it after lunch.
M	If he's coming then, please tell him to drop off the items with Ms. Muller on the third floor, please. She'll also pay him for everything.
W	I'll be sure to inform him of that. Thank you.

M	안녕하세요. 제 이름은 Jarvis Sanders입니다. 어젯밤에 전화로 주문을 했는데 주문을 변경하고 싶어서요.
W	그러시군요. 지금 귀하의 주문 내역서를 보고 있습니다, Sanders 씨. 무엇이 필요하신가요?
M	필기구를 충분히 주문하지 못했는데, 주문량을 5박스로 늘려 주실 수 있으신가요?
W	문제 없습니다. 제가 지금 주문품을 포장해서 점심 시간 이후에 Lewis로 하여금 배송하도록 할게요.
M	그가 도착하면 3층의 Muller 씨에게 물품을 주고 가라고 말씀해 주세요. 전체 물품에 대한 비용도 그녀가 계산할 거예요.
W	그 점에 대해서는 잊지 않고 알려 주도록 하겠습니다. 고맙습니다.

어휘 **alter** 바꾸다, 변경하다 **writing utensil** 필기용품, 문방구류 **drop off** ～에 두고 가다, 놓고 가다 **inform A of B** A에게 B를 알리다

62.

남자는 언제 주문을 했는가?
(A) 지난 주
(B) 이틀 전
(C) 어제
(D) 오늘 아침

대화의 시작 부분의 I made an order over the phone last night에서 last night(어젯밤)을 놓치지 않고 들었다면 정답을 쉽게 찾을 수 있다. 정답은 (C) 이다.

63.

도표를 보아라. 남자가 더 많이 원하는 제품의 단위 가격은 얼마인가?
(A) 5.99달러
(B) 8.99달러
(C) 10.99달러

(D) 12.99달러

writing utensils가 '필기구'를 가리킨다는 점을 알고 있으면 보기에서 필기구에 해당되는 품목의 가격을 찾으면 된다. 혹은 남자가 five boxes로 주문 수량을 늘려 달라고 한 점을 통해서 단위가 '박스'인 제품을 찾아도 좋다. 정답은 20개입 기준의 볼펜의 단위 가격인 (C)의 '10.99달러'이다.

64.

Muller 씨는 무엇을 할 것인가?
(A) 이후에 매장으로 전화를 한다
(B) 주문품을 받는다
(C) 온라인으로 송금을 한다
(D) 배송을 준비한다

대화 후반부의 남자의 말 중 please tell him to drop off the items with Ms. Muller라는 부분을 통해, Muller 씨는 주문품을 받게 될 사람임을 알 수 있다. 정답은 (B)이다.

어휘 submit an online payment 온라인으로 송금하다

[65-67]

6월 19일	6월 20일	6월 21일	6월 22일	6월 23일
		퍼레이드		

M When do you feel we should have the product demonstration here? I was thinking of Wednesday. How does that sound?

W I believe that's the day of the annual parade. Traffic here will be terrible then, so let's schedule it for the day afterward.

M Okay, I'll write up a press release and give it to you to check over. I should have it done within a couple of hours.

W Thanks. I'll e-mail you a list of the journalists whom we need to invite. This will be a big event, so we need as much publicity as possible.

M 이곳에서 제품 시연회를 언제 해야 한다고 생각하나요? 저는 수요일을 생각하고 있었어요. 어떻게 들리나요?

W 그날은 매년 열리는 퍼레이드가 진행되는 날로 알고 있어요. 그때 이곳 교통 체증이 심할 테니 그 다음 요일로 일정을 잡도록 하죠.

M 좋아요, 제가 보도 자료를 작성해서 당신이 검토할 수 있도록 넘겨 줄게요. 두어 시간 내에 끝내도록 할게요.

W 고마워요. 저는 우리가 초청해야 하는 기자들의 리스트를 이메일로 당신에게 보내 줄게요. 이번 일은 대규모 행사가 될 것이기 때문에 언론의 관심을 가능한 많이 끌어야 해요.

어휘 product demonstration 제품 시연회 annual 연례의 press release 보도 자료 check over ~을 검토하다 journalist 언론인, 기자 publicity 언론의 관심

65.

여자는 퍼레이드에 대해 무엇을 말하는가?
(A) 처음으로 개최될 예정이다.
(B) 주말에 진행될 것이다.
(C) 시에서 인기가 높은 행사이다.
(D) 교통 체증을 일으킨다.

여자는 수요일이 퍼레이드 행사의 날인데 '그날 교통 체증이 심할 테니'(traffic here will be terrible then) 다른 요일로 일정을 정하자고 제안한다.

따라서 여자가 퍼레이드에 대해 언급한 점은 (D)이다.

어휘 for the first time 처음으로, 최초로

66.

도표를 보아라. 제품 시연회는 언제 열릴 것인가?
(A) 6월 19일
(B) 6월 20일
(C) 6월 22일
(D) 6월 23일

수요일에 행사를 진행하자는 남자의 말에 여자는 그날 퍼레이드가 예정되어 있다고 한 후 '그 다음날'(the day afterward)로 일정을 정하자고 말한다. 따라서 도표에서 수요일 다음 날의 날짜를 찾으면 정답은 (C)의 '6월 22일'이다.

67.

여자는 남자에게 무엇을 보낼 것인가?
(A) 기자들의 이름
(B) 보도 자료 사본
(C) 교정을 볼 대본
(D) 퍼레이드를 위한 광고

여자가 남자에게 보낼 것은 a list of the journalists(기자 명단)로 나타나 있다. 보기에서 이러한 의미에 부합되는 것을 찾으면 journalists를 reporters로 바꾸어 쓴 (A)가 정답이다.

어휘 script 대본, 스크립트 proofread 교정하다

[68-70]

```
Davis Clothes
★ 특별 세일 ★

기간  8월 15일-25일
대상  매장 내 모든 의류 제품
할인폭  20% 할인
이유  여름 시즌 오프 세일
```

W Did you see the advertisement for our sale which was printed in the *Greenville Gazette* this morning?

M I haven't had the opportunity to read the paper yet. Is there some sort of a problem?

W Yeah, check this out. It's supposed to read 30 here, not 20. I just noticed that.

M All right, please inform the sales staff to let our customers know about the mistake. In addition, I'll call the paper about the misprint.

W Okay. After talking to the staff, I'll print some posters to hang up throughout the store.

M Good thinking. That might help attract a few more people here.

W	오늘 아침 *Greenville Gazette*에 실린 우리의 세일 광고를 보았나요?
M	아직까지 신문을 읽을 기회가 없었어요. 문제라도 있나요?
W	그래요, 이것 좀 보세요. 20이 아니라 30으로 적혀 있어야 해요. 저도 조금 전에야 알았어요.
M	좋아요, 그러한 실수를 고객들이 알 수 있게끔 하라고 직원들에게 전하세요. 그리고 오타에 대해서는 제가 신문사에 전화를 할게요.
W	알겠어요. 직원들에게 이야기한 후에는 포스터를 몇 장 출력해서 매장 곳곳에 걸어 둘게요.
M	좋은 생각이군요. 그렇게 하면 더 많은 사람들의 관심을 끄는데 도움이 될 것 같아요.

어휘 inform 알리다 misprint 오타 hang up ~을 걸다 attract 끌다, 유인하다

68.
도표를 보아라. 어떤 부분에 오타가 있는가?
(A) 기간
(B) 대상
(C) 할인폭
(D) 이유

'It's supposed to read 30 here, not 20.'라는 여자의 말에서 정답의 단서를 찾을 수 있다. 30대신 20이라는 숫자가 들어 있는 항목을 찾으면 오타가 발생한 부분이 (C)의 '할인폭'임을 알 수 있다.

69.
남자는 여자에게 무엇을 하라고 요청하는가?
(A) 직원들에게 이야기한다
(B) 신문사에 전화를 한다
(C) 광고를 새로 낸다
(D) 고객에게 사과한다

남자는 여자에게 '판매 직원에게 이야기해서 고객들이 실수를 알 수 있도록 하라'(inform the sales staff to let our customers know about the mistake)고 당부한다. 따라서 남자가 요청한 것은 (A)이다. 참고로 (B)는 남자가 하게 될 일이다.

70.
남자는 포스터에 대해 무엇을 말하는가?
(A) 컬러로 되어 있어야 한다.
(B) 여자가 손으로 제작해야 한다.
(C) 아마도 효과가 있을 것이다.
(D) 여자가 창문에 붙여야 한다.

포스터를 붙이겠다는 여자의 말을 듣고 남자는 'That might help attract a few more people here.'라고 말하며 포스터의 효과에 대한 기대감을 나타내고 있다. 따라서 정답은 (C)이다.

어휘 effective 효과적인

PART 4
[71-73]

W	We've already got a big crowd waiting outside the building, and there's still half an hour before we open our doors for the first time. It'll be a busy day for all of us. Expect to be on your feet the entire time we're open. Now, I know some of you are a bit nervous since you've never done this kind of work before. Don't worry if a customer asks a question but you don't know the answer. Just inform your manager that you need assistance. That's all there is to it. All right, why don't we head to our workspaces and get ready to sell lots of items?
W	벌써 건물 밖에서 많은 사람들이 기다리고 있는데, 개장을 하기까지는 아직 30분이나 남아 있습니다. 오늘은 우리 모두에게 바쁜 하루가 될 것입니다. 영업 시간 내내 서 있어야 할 것이라고 생각하세요. 자, 여러분 중 몇 명은 전에 이러한 일을 해 본 적이 없기 때문에 상당히 긴장해 있을 것이라고 생각합니다. 고객이 질문을 하는 경우, 답을 모르더라도 걱정하지 마십시오. 매니저에게 도움이 필요하다는 점을 알려만 주세요. 좋습니다, 담당 구역으로 가서 제품을 판매할 준비를 해 볼까요?

어휘 crowd 군중 for the first time 처음으로, 최초로 on one's feet 일어서서 a bit 약간 nervous 초조해 하는, 긴장한 That's all there is to it. 그것이 전부이다.

71.
오늘 어떤 일이 발생할 것인가?
(A) 신규 매장이 문을 열 것이다.
(B) 교육이 실시될 것이다.
(C) 고객들의 불만이 해결될 것이다.
(D) 세일이 실시될 것이다.

담화의 첫 문장 'We've already got a big crowd waiting outside the building, and there's still half an hour before we open our doors for the first time.'을 통해 신규 매장이 곧 개장할 상황이라는 점을 알 수 있다. 따라서 오늘 일어날 일은 (A)이다.

72.
청자들 중 몇몇은 왜 긴장해 있는가?
(A) 지각에 대해 걱정하고 있다.
(B) 화가 난 고객들을 좋아하지 않는다.
(C) 사람들 앞에서 연설을 해야 한다.
(D) 관련 경험이 없다.

'Now, I know some of you are a bit nervous since you've never done this kind of work before.'라는 말에서 청자 중 일부가 긴장한 이유는 매장 오픈과 관련된 경험이 없기 때문이라는 점을 알 수 있다. 따라서 (D)가 정답이다.

어휘 speak in public 공개 연설을 하다, 대중 앞에서 말을 하다 relevant 관련된

73.
화자는 청자들에게 무엇을 하라고 말하는가?
(A) 고객들을 공손히 대한다
(B) 초과 근무를 한다
(C) 양식을 작성한다
(D) 상사에게 도움을 요청한다

담화 후반부에서 화자는 청자들에게 고객으로부터 대답을 할 수 없는 질문을 받는 경우, '매니저에게 도움을 요청하라'(Just inform your manager that you need assistance.)는 당부를 하고 있다. 따라서 보기 중 화자가 청자들에게 한 말은 (D)이다.

[74-76]

> M Thank you for arriving here at Denton, Inc. to see our newest product in action. I'm sure everyone is excited to see how well the Fleer 2000 works. I've been informed that Dr. Bates, who will be giving the demonstration, is tied up in his lab at the moment, but he should be here soon. His assistant told me that he'll arrive ten minutes from now. In the meantime, I'd like to share a few features of the Fleer 2000 with you so that you can understand exactly what it's capable of doing. So let me turn the podium over to Dr. Lisa Schnell, who can fill you in on everything.

> M 저희의 최신 제품의 성능을 확인하기 위해 이곳 Denton 주식회사까지 와 주신 여러분께 감사를 드립니다. 모든 분들께서 Fleer 2000의 뛰어난 기능에 큰 기대를 하고 계시리라 믿습니다. 시연을 하실 Bates 박사님께서는 현재 실험실 업무로 바쁘시지만, 곧 이곳으로 오실 것입니다. 지금부터 10분 후에 오실 것이라는 점을 연구원들이 제게 알려 주었습니다. 그 동안, 여러분께서 Fleer 2000의 기능을 정확히 이해하실 수 있도록 제품의 몇 가지 특성에 대해 논의하고자 합니다. 모든 것을 자세히 설명해 주실 Lisa Schnell 박사님께 마이크를 넘기도록 하겠습니다.

어휘 in action 작동 중인, 활동 중인 tie up 묶다 at the moment 지금, 현재 in the meantime 그 동안 share 공유하다 feature 특징, 특성 be capable of ~을 할 수 있다 podium 연단 fill in on ~에 대한 정보를 알려 주다

74.
무엇이 문제인가?
(A) 일부 소프트웨어에 바이러스가 있다.
(B) 기계가 고장 났다.
(C) 한 사람이 도착하지 않았다.
(D) 일부 부품들이 빠져 있다.

화자는 제품 시연에 참석한 사람들에게 감사 인사를 전한 후, '제품 시연을 담당할 사람이 아직 오지 않았다'(Dr. Bates, who will be giving the demonstration, is tied up in his lab at the moment)는 사실을 알리고 있다. 즉 문제가 되는 부분은 시연할 Bates 박사가 오지 않은 것이므로 박사를 a person으로 바꾸어 쓴 (C)가 정답이다.

75.
제품 시연은 언제 시작될 것인가?
(A) 몇 분 후에
(B) 한 시간 후에
(C) 내일
(D) 다음 주

담화 중반부에서 '시연할 사람이 10분 후에 도착할 것'(he'll arrive ten minutes from now)이라고 했으므로 (A)가 정답이다.

76.
이다음에 어떤 일이 일어날 것 같은가?
(A) 사과가 이루어질 것이다.

(B) 다른 사람이 이야기할 것이다.
(C) 제품이 수리될 것이다.
(D) 실험실이 문을 열 것이다.

담화의 마지막 부분에서 화자는 제품의 특성을 이야기하겠다고 한 후, 'Lisa Schnell라는 사람에게 마이크를 넘기겠다'(let me turn the podium over to Dr. Lisa Schnell)고 말한다. 따라서 담화 이후에 이루어질 일은 Lisa Schnell의 강연이므로 정답은 (B)이다.

[77-79]

> M Good morning. My name is Sam Richards. One of my colleagues at Darwin Construction ordered some supplies yesterday evening, but I believe she made a mistake. She ordered two boxes of copy paper for the office in addition to some other supplies. But we actually need twenty-two boxes. She's new here, so she didn't realize how little she was ordering. In case you need the order number, it's PTR9049. You can go ahead and charge everything to our account. We'd also like everything delivered by tomorrow morning, so feel free to charge us extra for delivery if that's necessary.

> M 안녕하세요. 제 이름은 Sam Richards입니다. Darwin 건설의 제 동료 직원 중 한 명이 어제 저녁에 물품을 주문했는데 그녀가 실수를 한 것으로 생각됩니다. 그녀는 다른 사무용품들과 함께 복사용지 두 박스를 주문했습니다. 하지만 실제로는 22박스가 필요합니다. 그녀가 신입 사원이라서 자신이 주문을 적게 했다는 것을 깨닫지 못했습니다. 주문 번호가 필요한 경우를 위해 말씀을 드리면 주문 번호는 PTR9049입니다. 주문을 진행해 주시고 비용은 저희 쪽에 청구해 주시면 됩니다. 내일 오전까지 모든 물품이 배송되었으면 하고, 필요한 경우에는 추가 비용을 청구하시기 바랍니다.

어휘 in addition to ~이외에도 realize 깨닫다, 알아차리다 in case ~하는 경우에, ~하는 경우를 대비해서 extra 별도의, 추가의

77.
화자에 대해 추측할 수 있는 것은 무엇인가?
(A) 그는 청자를 직접 만나본 적이 있다.
(B) 그는 Darwin 건설의 직원이다.
(C) 그는 내일 청자를 찾아갈 것이다.
(D) 그는 연구개발부서에서 일한다.

담화 초반부의 'Darwin 건설의 동료 직원이 주문을 했다'(one of my colleagues at Darwin Construction ordered some supplies yesterday evening)는 내용에서 화자는 Darwin 건설 직원임을 알 수 있다. 정답은 (B)이다.

78.
화자는 주문을 어떻게 변경하는가?
(A) 취소한다
(B) 다양한 물품들을 많이 주문한다
(C) 특급으로 배송한다
(D) 가격이 더 싼 제품을 구입한다

화자는 두 가지를 변경하고자 하는데, 그중 하나는 복사용지의 주문 수량과 관계된 것이고 나머지 하나는 배송 방법과 관련된 것이다. 특히 마지막 문장 'We'd also like everything delivered by tomorrow morning, so feel free to charge us extra for delivery if that's necessary.'에서 화자는 추가 비용이 들더라도 내일 오전에 물품을 수령하고 싶다고 했으므로 (C)가 정답이다.

어휘 cancel 취소하다 expedite 신속히 처리하다

79.

화자는 왜 "She's new here"라고 말하는가?

(A) 어떤 사람이 실수를 한 이유를 설명하기 위해

(B) 사람을 소개하는 것에 대해 묻기 위해

(C) 어떤 사람이 견학을 해야 한다고 주장하기 위해

(D) 서류가 제출되어야 하는 방식을 말하기 위해

주어진 문장은 '그녀는 신입 사원이다'라는 뜻으로, 이는 주문에 실수가 있었던 이유를 밝히기 위해 화자가 한 말이다. 따라서 정답은 (A)이다.

어휘 insist 주장하다, 고집하다 paperwork 서류, 서류 작업

[80-82]

> W Thank you for coming to the Lemon Tree. My name is Glenda, and I'll be serving you this evening. I know there are lots of great options on the menu, but let me tell you about tonight's special. It's a pork chop stuffed with herbs and served with your choice of a baked potato or sautéed vegetables. It's available for only $19.99 tonight. You should give it some serious thought. Why don't I come back in a couple of minutes to give you time to think over your selections? I'll bring back some rolls and water for you as well.
>
> W Lemon Tree에 와 주셔서 감사합니다. 제 이름은 Glenda이고 오늘 저녁 제가 여러분들을 모시도록 하겠습니다. 메뉴에 훌륭한 음식들이 많다는 점은 저도 알고 있지만, 저는 오늘 밤 특선 요리에 대해 말씀을 드리고자 합니다. 바로 허브를 곁들인 폭찹인데, 구운 감자나 야채 볶음 중 하나를 곁들이실 수 있습니다. 오늘 밤에는 단 19.99달러로 드실 수가 있습니다. 진지하게 생각해 보십시오. 선택을 고민해 보실 수 있도록 저는 잠시 후에 돌아오는 것이 어떨까요? 롤 빵과 물을 가지고 돌아오겠습니다.

어휘 option 선택 pork chop 폭찹 stuff 채우다 herb 허브, 약초 sautéed (기름에) 볶은 serious 진지한, 심각한 roll 롤 빵 as well 또한

80.

담화는 어디에서 이루어지는 것 같은가?

(A) 제과점

(B) 카페테리아

(C) 식당

(D) 카페

I'll be serving you this evening, lots of great options on the menu, tonight's special과 같은 표현들을 통해 화자의 직업은 웨이트리스이고 화자가 일하는 곳은 (C)의 '식당'일 것으로 짐작할 수 있다.

81.

화자가 "You should give it some serious thought"라고 말할 때 그녀는 무엇을 암시하는가?

(A) 청자들은 나중에 돌아올 것이다.

(B) 폭찹은 맛이 좋다.

(C) 앉을 수 있는 자리가 없다.

(D) 디저트가 추천된다.

주어진 문장의 의미는 '그것을 진지하게 생각해 보아야 한다'는 뜻인데, 여기서 it은 특선 메뉴인 폭찹을 가리킨다. 즉 화자는 폭찹이라는 음식을 우회적인 방식으로 추천하고 있으므로 여기에는 (B)의 '폭찹 맛이 뛰어나다'는 점이

암시되어 있다.

82.

화자는 청자들에게 무엇을 하라고 말하는가?

(A) 메뉴를 본다

(B) 계산을 한다

(C) 주문을 한다

(D) 자리를 바꾼다

담화 후반부에서 화자는 'Why don't I come back in a couple of minutes to give you time to think over your selections?'라고 말하면서 청자들에게 어떤 메뉴를 선택할지 생각해 보라고 말한다. 따라서 (A)가 정답이다.

[83-85]

> W I've got some great news. I'm sure everyone remembers that we talked about the increase in complaints at our stores at last month's last meeting. Well, we decided to attempt the solution which Henry made at that meeting. I must say his idea was absolutely perfect. In the three weeks that have passed since we implemented his suggestion, complaints about customer service have declined by nearly 45%. In addition, sales at our stores have risen by approximately 27%. Henry, I'd like to thank you very much for that suggestion. My guess is that you'll be getting promoted for that pretty soon.
>
> W 좋은 소식이 있습니다. 지난 달 회의에서 우리 매장에 대한 불만 사항이 증가했다는 점에 대해 우리가 논의했었다는 점을 모두 기억하시리라 믿습니다. 음, 우리는 그 회의에서 Henry가 제시한 해결책을 시도해 보기로 결정을 했습니다. 저는 그의 아이디어가 실제로 완벽했다고 말해야 할 것 같군요. 그의 제안을 받아들인 지 3주가 지난 지금, 고객 서비스에 관한 불만 사항은 45% 가까이 줄어들었습니다. 또한, 우리 매장의 매출이 27% 정도 증가했습니다. Henry, 그러한 제안을 해 줘서 정말 고마워요. 그로 인해 저는 당신이 조만간 승진할 것으로 생각하고 있어요.

어휘 complaint 불만 solution 해결, 해결 방안 implement 이식하다 decline 쇠퇴하다, 줄어들다 nearly 거의 approximately 대략 promote 승진시키다; 홍보하다

83.

화자에 의하면 지난 달 회의에서 어떤 일이 있었는가?

(A) 판매 데이터가 논의되었다.

(B) 아이디어가 제안되었다.

(C) 신제품이 소개되었다.

(D) 승진자가 발표되었다.

담화 초반부의 내용을 통해 지난 달에는 불만 사항이 증가한 것과 관련된 회의가 있었으며 'Henry라는 사람의 해결 방안을 시도해 보기로 결정했다'(we decided to attempt the solution which Henry made at that meeting)는 점을 알 수 있다. 따라서 지난 달 회의에서 있었던 일은 (B)이다.

84.

화자는 고객 서비스에 관한 불만 사항에 대해 무엇을 말하는가?

(A) 최근에 감소했다.

(B) 판매 감소로 이어지고 있다.

(C) 45% 증가했다.

(D) 더 이상 나오지 않는다.

화자는 불만을 해소하기 위한 조치가 실시된 이후 '고객 서비스에 관한 불만이 45% 가까이 감소했다'(complaints about customer service have declined by nearly 45%)고 밝히고 있으므로 (A)가 정답이다.

85.

Henry에 대해 암시되어 있는 것은 무엇인가?
(A) 부서장이다.
(B) 마케팅 부서에서 일한다.
(C) 신입 직원이다.
(D) 회의에 참석하고 있다.

Henry는 문제의 해결 방안을 제시한 사람인데, 담화의 후반부에서 화자는 'Henry, I'd like to thank you very much for that suggestion.'이라고 말하면서 그에게 고마움을 표시하고 있다. 이름을 호명한 것으로 보아 Henry는 현재 담화가 이루어지고 있는 곳에 있을 것이라고 추측할 수 있으므로 (D)가 정답이다.

[86-88]

> M Thank you for waiting patiently for me to arrive. I'm so sorry I didn't make it here by two, but I got lost while driving here. This is my first time visiting Langford. Anyway, today, I'd like to talk about the paintings here on display at the Holloway Gallery. While some are mine, there are many others created by other highly talented individuals. So I'll explain a few of the ideas that went into our work, and then I'll give everyone a tour of the works on display. I hope you find the next couple of hours to be both educational and entertaining.
>
> M 인내심을 가지고 제가 도착하기까지 기다려 주신 여러분들께 감사를 드립니다. 2시까지 도착하지 못해서 정말 죄송하지만, 제가 운전 중에 길을 잃었습니다. 랭포드 방문이 처음이라서요. 어쨌든, 오늘, 저는 이곳 Holloway 미술관에서 전시 중인 회화 작품에 대해 이야기하고자 합니다. 일부는 제 것이기도 하고, 재능이 뛰어난 분들께서 그리신 다른 작품들도 많이 있습니다. 따라서 작품 속에 들어 있는 몇 가지 아이디어에 대해 설명을 드린 다음, 모든 분들과 함께 전시 중인 작품들을 둘러보도록 하겠습니다. 앞으로의 두 시간이 유익하면서도 재미있는 시간이 되기를 바랍니다.

어휘 patiently 참을성 있게, 끈기 있게 make it 도착하다 on display 전시 중인 highly talented 재능이 뛰어난 educational 교육적인 entertaining 재미있는

86.

화자는 왜 사과를 하는가?
(A) 시간 가는 것을 잊었다.
(B) 비행기편을 놓쳤다.
(C) 실수를 했다.
(D) 늦게 도착했다.

화자가 사과한 이유는 I'm so sorry I didn't make it here by two라는 표현에서 찾을 수 있다. 즉 늦게 도착해서 사과를 하고 있는 것이므로 (D)가 정답이다.

어휘 lose track of time 시간 가는 것을 잊다

87.

연사는 누구인 것 같은가?
(A) 큐레이터

(B) 조각가
(C) 화가
(D) 디자이너

화자는 전시 중인 미술 작품에 대해 이야기하겠다고 한 후 'While some are mine, there are many others created by other highly talented individuals.'라고 말한다. 이를 통해 미술 작품 일부는 화자가 그린 것임을 알 수 있으므로 화자의 직업은 (C)의 '화가'일 것이다.

88.

화자는 이후에 무엇을 할 것인가?
(A) 제품을 판매한다
(B) 견학을 시켜 준다
(C) 시연을 한다
(D) 사인을 한다

담화의 후반부에서 화자는 작품 속에 들어있는 아이디어를 설명한 후에 '전시 중인 작품을 함께 둘러 볼 것'(I'll give everyone a tour of the works on display)이라고 했으므로 화자가 하게 될 일은 (B)이다.

[89-91]

> M Hello. This is Greg Anderson. I'm sorry that I cannot answer your call at this time. Currently, I'm on a business trip in Asia and won't be back in the country until next Tuesday, April 11. If you have an urgent need to speak with me, please contact me online. I'll be checking my e-mail at least three times a day, so I'll be able to get back to you fairly quickly. If you require the services of someone in the office, please dial extension 77 right now. You'll be connected to Ruth Duncan, who can assist you with whatever you want.
>
> M 안녕하세요. Greg Anderson입니다. 유감스럽게도 지금은 전화를 받을 수 없습니다. 저는 현재 아시아 출장 중이며 다음 주 화요일인 4월 11일 이후에 국내로 돌아올 것입니다. 저와 긴급히 이야기를 하셔야 하는 경우에는 온라인으로 연락을 주십시오. 매일 최소한 세 번 정도 이메일을 확인할 것이기 때문에 상당히 빠른 시간 내에 답장을 드릴 수가 있을 것입니다. 사무실 내의 누군가의 도움이 필요하신 경우에는 지금 바로 내선 번호 77번으로 전화를 하십시오. Ruth Duncan과 연결이 되실 텐데, 원하시는 것이 어떤 것이던 그녀가 도움을 드릴 것입니다.

어휘 at this time 지금, 현재 urgent 긴급한 at least 적어도, 최소한 fairly 상당히, 꽤 extension 내선 번호 right now 지금 당장 connect 연결하다

89.

메시지의 목적은 무엇인가?
(A) 이메일 주소를 알려 주기 위해
(B) 안내를 하기 위해
(C) 청자에게 다시 전화하라고 요청하기 위해
(D) 약속 시간을 다시 정하기 위해

부재 중임을 알리는 자동 응답 메시지이다. 화자는 본인의 출장 일정, 자신에게 연락할 수 있는 방법, 그리고 사무실 내에서 도움을 받을 수 있는 방법 등을 안내하고 있으므로 메시지의 목적은 (B)로 볼 수 있다.

90.

Greg Anderson은 어디에 있는가?
(A) 휴가지

(B) 해외
(C) 진료 예약을 한 병원
(D) 친지의 집

Greg Anderson은 메시지를 남긴 당사자인데, 'I'm on a business trip in Asia and won't be back in the country until next Tuesday, April 11.'라고 말한 점으로 보아 그는 현재 해외인 아시아에 있을 것이다. 따라서 (B)가 정답이다.

91.

화자는 Ruth Duncan에 대해 무엇을 암시하는가?
(A) 그녀는 동료 직원이다.
(B) 그녀는 인턴 사원이다.
(C) 그녀는 공장에 있다.
(D) 그녀가 그의 개인 업무를 처리한다.

담화의 마지막 문장에서 Ruth Duncan은 사무실 내에서 도움이 필요한 경우 '도움을 줄 수 있는 사람'(who can assist you with whatever you want)으로 소개되고 있다. 따라서 그녀는 화자의 직장 동료일 것으로 추측할 수 있으므로 (A)가 정답이다.

[92-94]

M Good evening, everyone. This is Frank Allen with tonight's weather report. I'm sure most of you were expecting to hear Leslie Haynes, but she caught a cold so won't be with us for the next couple of days. Today's weather was pleasant with sunny skies and a high of twenty-eight degrees Celsius. We've got great news for the parade tomorrow as we can expect continued sunny weather with a high of twenty-seven degrees. The day after the parade, we'll be getting cloudy skies, and you should expect rain to fall on Friday. That's all for now. Let's go to Scott Schultz with local sports.

M 모두들 안녕하십니까. 오늘 날씨를 알려 드릴 Frank Allen입니다. 여러분 대다수가 Leslie Haynes의 뉴스를 기대하고 계셨을 것으로 생각하지만, 그녀는 감기에 걸려서 앞으로 이틀 동안 우리와 함께 할 수 없을 것입니다. 오늘은 화창한 하늘을 보였고 기온이 28도까지 오르면서 쾌적했습니다. 최고 기온이 27도인 화창한 날씨가 계속될 것으로 예상되기 때문에 내일 퍼레이드에 있어서는 좋은 소식이라 할 수 있습니다. 퍼레이드 다음 날에는 흐린 하늘을 보게 될 것이며 금요일에는 비가 내릴 것으로 예상됩니다. 지금으로서는 이것이 전부입니다. 지역 스포츠 뉴스를 알려 드릴 Scott Schultz에게 가 보겠습니다.

어휘 catch a cold 감기에 걸리다 parade 행진, 퍼레이드 cloudy 구름이 낀, 흐린

92.

화자는 Leslie Haynes에 대해 무엇을 말하는가?
(A) 그녀는 일을 그만두었다.
(B) 그녀는 현재 아프다.
(C) 그녀는 곧 소식을 전달할 것이다.
(D) 그녀는 퍼레이드에 참석할 것이다.

담화 초반부에 Leslie Haynes라는 사람은 '감기로 인해 이틀 정도 뉴스를 진행하지 못할 것'(she caught a cold so won't be with us for the next couple of days)이라고 설명되어 있으므로 (B)가 정답이다.

어휘 resign 사임하다 give a report 보고하다, 보도하다

93.

퍼레이드 당일 날씨는 어떨 것인가?
(A) 흐릴 것이다.
(B) 맑을 것이다.
(C) 비가 올 것이다.
(D) 바람이 불 것이다.

화자는 '내일 퍼레이드를 위한 좋은 소식'(great news for the parade tomorrow)이 있다고 알린 후 '계속해서 맑은 날씨'(continued sunny weather)가 예상된다고 말한다. 따라서 퍼레이드가 예정된 내일은 날씨가 맑을 것이므로 정답은 (B)이다.

94.

화자가 "That's all for now"라고 말할 때 그는 무엇을 의미하는가?
(A) 그 다음에 광고가 나올 것이다.
(B) 음악을 들려 줄 것이다.
(C) 자신의 보도가 끝났다.
(D) 뉴스 방송이 끝날 것이다.

주어진 문장은 '지금으로서는 그것이 전부이다'라는 뜻으로, 무언가를 마무리할 때 자주 들을 수 있는 표현이다. 화자가 아나운서 혹은 기자일 것이라고 예상하면 결국 주어진 문장이 의미하는 바는 (C)로 볼 수 있다.

[95-97]

강사	주제	시간
Glenn Harper	업무 규정	1:00 – 1:50 P.M.
Tanya Radcliffe	역할극 활동	2:00 – 2:50 P.M.
Maria Wills	국제법	3:00 – 3:50 P.M.
Jessica Dane	Q&A 시간	4:00 – 4:50 P.M.
Teresa Jones	팀 구성 활동	5:00 – 5:50 P.M.

W I hope everyone found the activity with Mr. Harper you just had to be informative. As you are aware, he's got more than three decades of business experience, so he really knows what he's talking about. Now, it's time for me to work with you for the next fifty minutes. We're going to take the knowledge you learned and practice using it in various situations. So we'll do some role-playing activities for the first half hour. Then, we'll discuss what happened during those activities and provide feedback. So let's get started by dividing into groups of four. Would everyone please look at page one of the handout I gave you?

W 조금 전에 진행되었던 Harper 씨와의 활동이 모든 분들께 유익했기를 바랍니다. 아시다시피, 그분은 30년 이상의 경력을 가지고 있기 때문에 본인이 말하는 내용에 대해서는 정말로 잘 알고 있습니다. 자, 다음 50분 동안은 제가 여러분들과 함께 할 것입니다. 여러분께서 배우셨던 지식을 이용하여 다양한 상황에서 이를 활용해 보는 연습을 할 것입니다. 따라서 처음 30분 동안은 역할극 활동을 하게 될 것입니다. 그 다음에는 그러한 활동 중 어떤 일이 발생했는지 논의해 보고 그에 관한 의견을 주고받을 것입니다. 그러니 4개의 그룹으로 나누어서 시작을 해 보죠. 모두들 제가 드린 유인물의 1페이지를 봐 주시겠습니까?

어휘 informative 정보를 주는, 유익한 decade 10년 knowledge 지식 practice 연습하다 various 다양한 role-playing 역할극, 롤플레잉 feedback 반응, 피드백 divide 나누다 handout 유인물

95.

도표를 보아라. 연사는 누구인가?

(A) Tanya Radcliffe
(B) Maria Willa
(C) Jessica Dane
(D) Teresa Jones

화자는 Harper 씨 다음의 강연을 맡고 있는 연사이므로 도표의 Speaker 항목을 보면 (A)의 Tanya Radcliffe가 화자의 이름임을 알 수 있다. 화자가 롤플레이 활동을 할 것이라는 점을 고려하면 Topic 항목을 통해서도 화자의 이름을 확인할 수 있다.

96.

강연 시간 동안 청자들은 무엇을 할 것인가?

(A) 책의 일부를 읽는다
(B) 서로에게 피드백을 준다
(C) 구두로 발표를 한다
(D) 짧은 동영상을 시청한다

담화 후반부에서 화자는 자신의 강연 시간 동안 롤플레이 활동을 한 후 '그 결과에 대해 논의하고 피드백을 교환할 것'(we'll discuss what happened during those activities and provide feedback)이라고 했으므로 청자들이 하게 될 일은 (B)이다.

어휘 one another 서로서로 oral 구두의, 말의

97.

화자는 청자들에게 무엇을 하라고 말하는가?

(A) 필기를 잘 한다
(B) 서류를 작성한다
(C) 스스로를 소개한다
(D) 그룹으로 나눈다

담화 후반부에서 화자는 'So let's get started by dividing into groups of four.'라고 말하면서 네 개의 그룹으로 모이자는 제안을 하고 있다. 따라서 (D)가 정답이다.

어휘 take notes 메모하다, 필기하다 fill out (양식 등을) 채우다

[98-100]

Martindale 씨의 오후 배송 업무

고객	주소
Henry Voss	Cloverdale 로 584번지
Judith Smith	Anderson 로 90번지
Karen Winkler	State 가 291번지
Peter Duncan	Washington 로 73번지

M Hello, Karen. This is Jake Martindale. I've got a delivery for Ms. Winkler, but there's a bit of a problem. I'm standing outside her house right now, but there's nobody home. According to the instructions I was given, I'm supposed to deliver her new couch at 1:30. I'm not sure what I should do. I can't leave it outside, and I can't stay here for too long because I have some other deliveries to make. I tried dialing the number she left, but the phone has been turned off. Would you please call me back at once to tell me what to do?

M 안녕하세요, Karen. Jake Martindale예요. Winkler 씨에게 전해 줄 택배가 있는데 문제가 좀 생겼어요. 저는 지금 그녀의 집 밖에서 있지만, 집에는 아무도 없어요. 제가 받은 지시 사항에 따르면 저는 1시 30분에 새 소파를 배송하기로 되어 있어요. 제가 어떻게 해야 할지 모르겠어요. 밖에 놓아둘 수도 없고, 다른 것도 배송을 해야 하기 때문에 그렇게 오랫동안 여기에 있을 수도 없어요. 그녀가 남긴 번호로 전화를 해 보았지만 전화기는 꺼져 있더군요. 지금 당장 제게 다시 전화를 해서 제가 어떻게 해야 하는지 알려 줄래요?

어휘 delivery 배달, 배송 couch 소파, 긴 의자 turn off (전원 등을) 끄다 at once 즉시, 당장

98.

도표를 보아라. 화자는 지금 어디에 있는가?

(A) Cloverdale 로 584번지
(B) Anderson 로 90번지
(C) State 가 291번지
(D) Washington 가 73번지

담화 초반부의 내용을 통해 화자는 Winkler 씨의 집 앞에 있다는 점을 알 수 있다. 도표에서 그녀의 주소를 찾으면 현재 화자가 있는 곳은 (C)의 'State 가 291번지'이다.

99.

화자는 어떻게 고객에게 연락을 하려고 했는가?

(A) 전화로
(B) 문자 메시지로
(C) 팩스로
(D) 이메일로

'I tried dialing the number she left, but the phone has been turned off.'라는 말에 정답의 단서가 있다. 화자는 전화 통화를 시도했으므로 (A)가 정답이다.

100.

화자는 무엇을 요청하는가?

(A) 영수증
(B) 현금 결제
(C) 설치에 관한 도움
(D) 구두 지시

담화의 마지막 문장 'Would you please call me back at once to tell me what to do?'에서 화자는 상대방에게 전화로 지시를 해 줄 것을 부탁하고 있다. 따라서 (D)가 정답이다.

어휘 verbal 말의, 말로 된

ANSWER SHEET

TOEIC 실전 테스트

LISTENING COMPREHENSION (Part 1-4)

No.	ANSWER	No.	ANSWER	No.	ANSWER	No.	ANSWER	No.	ANSWER
1	Ⓐ Ⓑ Ⓒ Ⓓ	21	Ⓐ Ⓑ Ⓒ Ⓓ	41	Ⓐ Ⓑ Ⓒ Ⓓ	61	Ⓐ Ⓑ Ⓒ Ⓓ	81	Ⓐ Ⓑ Ⓒ Ⓓ
2	Ⓐ Ⓑ Ⓒ Ⓓ	22	Ⓐ Ⓑ Ⓒ Ⓓ	42	Ⓐ Ⓑ Ⓒ Ⓓ	62	Ⓐ Ⓑ Ⓒ Ⓓ	82	Ⓐ Ⓑ Ⓒ Ⓓ
3	Ⓐ Ⓑ Ⓒ Ⓓ	23	Ⓐ Ⓑ Ⓒ Ⓓ	43	Ⓐ Ⓑ Ⓒ Ⓓ	63	Ⓐ Ⓑ Ⓒ Ⓓ	83	Ⓐ Ⓑ Ⓒ Ⓓ
4	Ⓐ Ⓑ Ⓒ Ⓓ	24	Ⓐ Ⓑ Ⓒ Ⓓ	44	Ⓐ Ⓑ Ⓒ Ⓓ	64	Ⓐ Ⓑ Ⓒ Ⓓ	84	Ⓐ Ⓑ Ⓒ Ⓓ
5	Ⓐ Ⓑ Ⓒ Ⓓ	25	Ⓐ Ⓑ Ⓒ Ⓓ	45	Ⓐ Ⓑ Ⓒ Ⓓ	65	Ⓐ Ⓑ Ⓒ Ⓓ	85	Ⓐ Ⓑ Ⓒ Ⓓ
6	Ⓐ Ⓑ Ⓒ Ⓓ	26	Ⓐ Ⓑ Ⓒ Ⓓ	46	Ⓐ Ⓑ Ⓒ Ⓓ	66	Ⓐ Ⓑ Ⓒ Ⓓ	86	Ⓐ Ⓑ Ⓒ Ⓓ
7	Ⓐ Ⓑ Ⓒ	27	Ⓐ Ⓑ Ⓒ	47	Ⓐ Ⓑ Ⓒ Ⓓ	67	Ⓐ Ⓑ Ⓒ Ⓓ	87	Ⓐ Ⓑ Ⓒ Ⓓ
8	Ⓐ Ⓑ Ⓒ	28	Ⓐ Ⓑ Ⓒ	48	Ⓐ Ⓑ Ⓒ Ⓓ	68	Ⓐ Ⓑ Ⓒ Ⓓ	88	Ⓐ Ⓑ Ⓒ Ⓓ
9	Ⓐ Ⓑ Ⓒ	29	Ⓐ Ⓑ Ⓒ	49	Ⓐ Ⓑ Ⓒ Ⓓ	69	Ⓐ Ⓑ Ⓒ Ⓓ	89	Ⓐ Ⓑ Ⓒ Ⓓ
10	Ⓐ Ⓑ Ⓒ	30	Ⓐ Ⓑ Ⓒ	50	Ⓐ Ⓑ Ⓒ Ⓓ	70	Ⓐ Ⓑ Ⓒ Ⓓ	90	Ⓐ Ⓑ Ⓒ Ⓓ
11	Ⓐ Ⓑ Ⓒ	31	Ⓐ Ⓑ Ⓒ	51	Ⓐ Ⓑ Ⓒ Ⓓ	71	Ⓐ Ⓑ Ⓒ Ⓓ	91	Ⓐ Ⓑ Ⓒ Ⓓ
12	Ⓐ Ⓑ Ⓒ	32	Ⓐ Ⓑ Ⓒ Ⓓ	52	Ⓐ Ⓑ Ⓒ Ⓓ	72	Ⓐ Ⓑ Ⓒ Ⓓ	92	Ⓐ Ⓑ Ⓒ Ⓓ
13	Ⓐ Ⓑ Ⓒ	33	Ⓐ Ⓑ Ⓒ Ⓓ	53	Ⓐ Ⓑ Ⓒ Ⓓ	73	Ⓐ Ⓑ Ⓒ Ⓓ	93	Ⓐ Ⓑ Ⓒ Ⓓ
14	Ⓐ Ⓑ Ⓒ	34	Ⓐ Ⓑ Ⓒ Ⓓ	54	Ⓐ Ⓑ Ⓒ Ⓓ	74	Ⓐ Ⓑ Ⓒ Ⓓ	94	Ⓐ Ⓑ Ⓒ Ⓓ
15	Ⓐ Ⓑ Ⓒ	35	Ⓐ Ⓑ Ⓒ Ⓓ	55	Ⓐ Ⓑ Ⓒ Ⓓ	75	Ⓐ Ⓑ Ⓒ Ⓓ	95	Ⓐ Ⓑ Ⓒ Ⓓ
16	Ⓐ Ⓑ Ⓒ	36	Ⓐ Ⓑ Ⓒ Ⓓ	56	Ⓐ Ⓑ Ⓒ Ⓓ	76	Ⓐ Ⓑ Ⓒ Ⓓ	96	Ⓐ Ⓑ Ⓒ Ⓓ
17	Ⓐ Ⓑ Ⓒ	37	Ⓐ Ⓑ Ⓒ Ⓓ	57	Ⓐ Ⓑ Ⓒ Ⓓ	77	Ⓐ Ⓑ Ⓒ Ⓓ	97	Ⓐ Ⓑ Ⓒ Ⓓ
18	Ⓐ Ⓑ Ⓒ	38	Ⓐ Ⓑ Ⓒ Ⓓ	58	Ⓐ Ⓑ Ⓒ Ⓓ	78	Ⓐ Ⓑ Ⓒ Ⓓ	98	Ⓐ Ⓑ Ⓒ Ⓓ
19	Ⓐ Ⓑ Ⓒ	39	Ⓐ Ⓑ Ⓒ Ⓓ	59	Ⓐ Ⓑ Ⓒ Ⓓ	79	Ⓐ Ⓑ Ⓒ Ⓓ	99	Ⓐ Ⓑ Ⓒ Ⓓ
20	Ⓐ Ⓑ Ⓒ	40	Ⓐ Ⓑ Ⓒ Ⓓ	60	Ⓐ Ⓑ Ⓒ Ⓓ	80	Ⓐ Ⓑ Ⓒ Ⓓ	100	Ⓐ Ⓑ Ⓒ Ⓓ

READING COMPREHENSION (Part 5-7)

No.	ANSWER	No.	ANSWER	No.	ANSWER	No.	ANSWER	No.	ANSWER
101	Ⓐ Ⓑ Ⓒ Ⓓ	121	Ⓐ Ⓑ Ⓒ Ⓓ	141	Ⓐ Ⓑ Ⓒ Ⓓ	161	Ⓐ Ⓑ Ⓒ Ⓓ	181	Ⓐ Ⓑ Ⓒ Ⓓ
102	Ⓐ Ⓑ Ⓒ Ⓓ	122	Ⓐ Ⓑ Ⓒ Ⓓ	142	Ⓐ Ⓑ Ⓒ Ⓓ	162	Ⓐ Ⓑ Ⓒ Ⓓ	182	Ⓐ Ⓑ Ⓒ Ⓓ
103	Ⓐ Ⓑ Ⓒ Ⓓ	123	Ⓐ Ⓑ Ⓒ Ⓓ	143	Ⓐ Ⓑ Ⓒ Ⓓ	163	Ⓐ Ⓑ Ⓒ Ⓓ	183	Ⓐ Ⓑ Ⓒ Ⓓ
104	Ⓐ Ⓑ Ⓒ Ⓓ	124	Ⓐ Ⓑ Ⓒ Ⓓ	144	Ⓐ Ⓑ Ⓒ Ⓓ	164	Ⓐ Ⓑ Ⓒ Ⓓ	184	Ⓐ Ⓑ Ⓒ Ⓓ
105	Ⓐ Ⓑ Ⓒ Ⓓ	125	Ⓐ Ⓑ Ⓒ Ⓓ	145	Ⓐ Ⓑ Ⓒ Ⓓ	165	Ⓐ Ⓑ Ⓒ Ⓓ	185	Ⓐ Ⓑ Ⓒ Ⓓ
106	Ⓐ Ⓑ Ⓒ Ⓓ	126	Ⓐ Ⓑ Ⓒ Ⓓ	146	Ⓐ Ⓑ Ⓒ Ⓓ	166	Ⓐ Ⓑ Ⓒ Ⓓ	186	Ⓐ Ⓑ Ⓒ Ⓓ
107	Ⓐ Ⓑ Ⓒ Ⓓ	127	Ⓐ Ⓑ Ⓒ Ⓓ	147	Ⓐ Ⓑ Ⓒ Ⓓ	167	Ⓐ Ⓑ Ⓒ Ⓓ	187	Ⓐ Ⓑ Ⓒ Ⓓ
108	Ⓐ Ⓑ Ⓒ Ⓓ	128	Ⓐ Ⓑ Ⓒ Ⓓ	148	Ⓐ Ⓑ Ⓒ Ⓓ	168	Ⓐ Ⓑ Ⓒ Ⓓ	188	Ⓐ Ⓑ Ⓒ Ⓓ
109	Ⓐ Ⓑ Ⓒ Ⓓ	129	Ⓐ Ⓑ Ⓒ Ⓓ	149	Ⓐ Ⓑ Ⓒ Ⓓ	169	Ⓐ Ⓑ Ⓒ Ⓓ	189	Ⓐ Ⓑ Ⓒ Ⓓ
110	Ⓐ Ⓑ Ⓒ Ⓓ	130	Ⓐ Ⓑ Ⓒ Ⓓ	150	Ⓐ Ⓑ Ⓒ Ⓓ	170	Ⓐ Ⓑ Ⓒ Ⓓ	190	Ⓐ Ⓑ Ⓒ Ⓓ
111	Ⓐ Ⓑ Ⓒ Ⓓ	131	Ⓐ Ⓑ Ⓒ Ⓓ	151	Ⓐ Ⓑ Ⓒ Ⓓ	171	Ⓐ Ⓑ Ⓒ Ⓓ	191	Ⓐ Ⓑ Ⓒ Ⓓ
112	Ⓐ Ⓑ Ⓒ Ⓓ	132	Ⓐ Ⓑ Ⓒ Ⓓ	152	Ⓐ Ⓑ Ⓒ Ⓓ	172	Ⓐ Ⓑ Ⓒ Ⓓ	192	Ⓐ Ⓑ Ⓒ Ⓓ
113	Ⓐ Ⓑ Ⓒ Ⓓ	133	Ⓐ Ⓑ Ⓒ Ⓓ	153	Ⓐ Ⓑ Ⓒ Ⓓ	173	Ⓐ Ⓑ Ⓒ Ⓓ	193	Ⓐ Ⓑ Ⓒ Ⓓ
114	Ⓐ Ⓑ Ⓒ Ⓓ	134	Ⓐ Ⓑ Ⓒ Ⓓ	154	Ⓐ Ⓑ Ⓒ Ⓓ	174	Ⓐ Ⓑ Ⓒ Ⓓ	194	Ⓐ Ⓑ Ⓒ Ⓓ
115	Ⓐ Ⓑ Ⓒ Ⓓ	135	Ⓐ Ⓑ Ⓒ Ⓓ	155	Ⓐ Ⓑ Ⓒ Ⓓ	175	Ⓐ Ⓑ Ⓒ Ⓓ	195	Ⓐ Ⓑ Ⓒ Ⓓ
116	Ⓐ Ⓑ Ⓒ Ⓓ	136	Ⓐ Ⓑ Ⓒ Ⓓ	156	Ⓐ Ⓑ Ⓒ Ⓓ	176	Ⓐ Ⓑ Ⓒ Ⓓ	196	Ⓐ Ⓑ Ⓒ Ⓓ
117	Ⓐ Ⓑ Ⓒ Ⓓ	137	Ⓐ Ⓑ Ⓒ Ⓓ	157	Ⓐ Ⓑ Ⓒ Ⓓ	177	Ⓐ Ⓑ Ⓒ Ⓓ	197	Ⓐ Ⓑ Ⓒ Ⓓ
118	Ⓐ Ⓑ Ⓒ Ⓓ	138	Ⓐ Ⓑ Ⓒ Ⓓ	158	Ⓐ Ⓑ Ⓒ Ⓓ	178	Ⓐ Ⓑ Ⓒ Ⓓ	198	Ⓐ Ⓑ Ⓒ Ⓓ
119	Ⓐ Ⓑ Ⓒ Ⓓ	139	Ⓐ Ⓑ Ⓒ Ⓓ	159	Ⓐ Ⓑ Ⓒ Ⓓ	179	Ⓐ Ⓑ Ⓒ Ⓓ	199	Ⓐ Ⓑ Ⓒ Ⓓ
120	Ⓐ Ⓑ Ⓒ Ⓓ	140	Ⓐ Ⓑ Ⓒ Ⓓ	160	Ⓐ Ⓑ Ⓒ Ⓓ	180	Ⓐ Ⓑ Ⓒ Ⓓ	200	Ⓐ Ⓑ Ⓒ Ⓓ

TOEIC 실전 테스트

수험번호
성 한글
명 한자

확 인

LISTENING COMPREHENSION (Part 1-4)

No.	ANSWER	No.	ANSWER	No.	ANSWER	No.	ANSWER	No.	ANSWER
1	Ⓐ Ⓑ Ⓒ Ⓓ	21	Ⓐ Ⓑ Ⓒ	41	Ⓐ Ⓑ Ⓒ Ⓓ	61	Ⓐ Ⓑ Ⓒ Ⓓ	81	Ⓐ Ⓑ Ⓒ Ⓓ
2	Ⓐ Ⓑ Ⓒ Ⓓ	22	Ⓐ Ⓑ Ⓒ	42	Ⓐ Ⓑ Ⓒ Ⓓ	62	Ⓐ Ⓑ Ⓒ Ⓓ	82	Ⓐ Ⓑ Ⓒ Ⓓ
3	Ⓐ Ⓑ Ⓒ Ⓓ	23	Ⓐ Ⓑ Ⓒ	43	Ⓐ Ⓑ Ⓒ Ⓓ	63	Ⓐ Ⓑ Ⓒ Ⓓ	83	Ⓐ Ⓑ Ⓒ Ⓓ
4	Ⓐ Ⓑ Ⓒ Ⓓ	24	Ⓐ Ⓑ Ⓒ	44	Ⓐ Ⓑ Ⓒ Ⓓ	64	Ⓐ Ⓑ Ⓒ Ⓓ	84	Ⓐ Ⓑ Ⓒ Ⓓ
5	Ⓐ Ⓑ Ⓒ Ⓓ	25	Ⓐ Ⓑ Ⓒ	45	Ⓐ Ⓑ Ⓒ Ⓓ	65	Ⓐ Ⓑ Ⓒ Ⓓ	85	Ⓐ Ⓑ Ⓒ Ⓓ
6	Ⓐ Ⓑ Ⓒ Ⓓ	26	Ⓐ Ⓑ Ⓒ	46	Ⓐ Ⓑ Ⓒ Ⓓ	66	Ⓐ Ⓑ Ⓒ Ⓓ	86	Ⓐ Ⓑ Ⓒ Ⓓ
7	Ⓐ Ⓑ Ⓒ Ⓓ	27	Ⓐ Ⓑ Ⓒ	47	Ⓐ Ⓑ Ⓒ Ⓓ	67	Ⓐ Ⓑ Ⓒ Ⓓ	87	Ⓐ Ⓑ Ⓒ Ⓓ
8	Ⓐ Ⓑ Ⓒ Ⓓ	28	Ⓐ Ⓑ Ⓒ	48	Ⓐ Ⓑ Ⓒ Ⓓ	68	Ⓐ Ⓑ Ⓒ Ⓓ	88	Ⓐ Ⓑ Ⓒ Ⓓ
9	Ⓐ Ⓑ Ⓒ Ⓓ	29	Ⓐ Ⓑ Ⓒ	49	Ⓐ Ⓑ Ⓒ Ⓓ	69	Ⓐ Ⓑ Ⓒ Ⓓ	89	Ⓐ Ⓑ Ⓒ Ⓓ
10	Ⓐ Ⓑ Ⓒ Ⓓ	30	Ⓐ Ⓑ Ⓒ	50	Ⓐ Ⓑ Ⓒ Ⓓ	70	Ⓐ Ⓑ Ⓒ Ⓓ	90	Ⓐ Ⓑ Ⓒ Ⓓ
11	Ⓐ Ⓑ Ⓒ Ⓓ	31	Ⓐ Ⓑ Ⓒ	51	Ⓐ Ⓑ Ⓒ Ⓓ	71	Ⓐ Ⓑ Ⓒ Ⓓ	91	Ⓐ Ⓑ Ⓒ Ⓓ
12	Ⓐ Ⓑ Ⓒ Ⓓ	32	Ⓐ Ⓑ Ⓒ	52	Ⓐ Ⓑ Ⓒ Ⓓ	72	Ⓐ Ⓑ Ⓒ Ⓓ	92	Ⓐ Ⓑ Ⓒ Ⓓ
13	Ⓐ Ⓑ Ⓒ Ⓓ	33	Ⓐ Ⓑ Ⓒ	53	Ⓐ Ⓑ Ⓒ Ⓓ	73	Ⓐ Ⓑ Ⓒ Ⓓ	93	Ⓐ Ⓑ Ⓒ Ⓓ
14	Ⓐ Ⓑ Ⓒ Ⓓ	34	Ⓐ Ⓑ Ⓒ	54	Ⓐ Ⓑ Ⓒ Ⓓ	74	Ⓐ Ⓑ Ⓒ Ⓓ	94	Ⓐ Ⓑ Ⓒ Ⓓ
15	Ⓐ Ⓑ Ⓒ Ⓓ	35	Ⓐ Ⓑ Ⓒ	55	Ⓐ Ⓑ Ⓒ Ⓓ	75	Ⓐ Ⓑ Ⓒ Ⓓ	95	Ⓐ Ⓑ Ⓒ Ⓓ
16	Ⓐ Ⓑ Ⓒ Ⓓ	36	Ⓐ Ⓑ Ⓒ	56	Ⓐ Ⓑ Ⓒ Ⓓ	76	Ⓐ Ⓑ Ⓒ Ⓓ	96	Ⓐ Ⓑ Ⓒ Ⓓ
17	Ⓐ Ⓑ Ⓒ Ⓓ	37	Ⓐ Ⓑ Ⓒ	57	Ⓐ Ⓑ Ⓒ Ⓓ	77	Ⓐ Ⓑ Ⓒ Ⓓ	97	Ⓐ Ⓑ Ⓒ Ⓓ
18	Ⓐ Ⓑ Ⓒ Ⓓ	38	Ⓐ Ⓑ Ⓒ	58	Ⓐ Ⓑ Ⓒ Ⓓ	78	Ⓐ Ⓑ Ⓒ Ⓓ	98	Ⓐ Ⓑ Ⓒ Ⓓ
19	Ⓐ Ⓑ Ⓒ Ⓓ	39	Ⓐ Ⓑ Ⓒ	59	Ⓐ Ⓑ Ⓒ Ⓓ	79	Ⓐ Ⓑ Ⓒ Ⓓ	99	Ⓐ Ⓑ Ⓒ Ⓓ
20	Ⓐ Ⓑ Ⓒ Ⓓ	40	Ⓐ Ⓑ Ⓒ	60	Ⓐ Ⓑ Ⓒ Ⓓ	80	Ⓐ Ⓑ Ⓒ Ⓓ	100	Ⓐ Ⓑ Ⓒ Ⓓ

READING COMPREHENSION (Part 5-7)

No.	ANSWER	No.	ANSWER	No.	ANSWER	No.	ANSWER	No.	ANSWER
101	Ⓐ Ⓑ Ⓒ Ⓓ	121	Ⓐ Ⓑ Ⓒ Ⓓ	141	Ⓐ Ⓑ Ⓒ Ⓓ	161	Ⓐ Ⓑ Ⓒ Ⓓ	181	Ⓐ Ⓑ Ⓒ Ⓓ
102	Ⓐ Ⓑ Ⓒ Ⓓ	122	Ⓐ Ⓑ Ⓒ Ⓓ	142	Ⓐ Ⓑ Ⓒ Ⓓ	162	Ⓐ Ⓑ Ⓒ Ⓓ	182	Ⓐ Ⓑ Ⓒ Ⓓ
103	Ⓐ Ⓑ Ⓒ Ⓓ	123	Ⓐ Ⓑ Ⓒ Ⓓ	143	Ⓐ Ⓑ Ⓒ Ⓓ	163	Ⓐ Ⓑ Ⓒ Ⓓ	183	Ⓐ Ⓑ Ⓒ Ⓓ
104	Ⓐ Ⓑ Ⓒ Ⓓ	124	Ⓐ Ⓑ Ⓒ Ⓓ	144	Ⓐ Ⓑ Ⓒ Ⓓ	164	Ⓐ Ⓑ Ⓒ Ⓓ	184	Ⓐ Ⓑ Ⓒ Ⓓ
105	Ⓐ Ⓑ Ⓒ Ⓓ	125	Ⓐ Ⓑ Ⓒ Ⓓ	145	Ⓐ Ⓑ Ⓒ Ⓓ	165	Ⓐ Ⓑ Ⓒ Ⓓ	185	Ⓐ Ⓑ Ⓒ Ⓓ
106	Ⓐ Ⓑ Ⓒ Ⓓ	126	Ⓐ Ⓑ Ⓒ Ⓓ	146	Ⓐ Ⓑ Ⓒ Ⓓ	166	Ⓐ Ⓑ Ⓒ Ⓓ	186	Ⓐ Ⓑ Ⓒ Ⓓ
107	Ⓐ Ⓑ Ⓒ Ⓓ	127	Ⓐ Ⓑ Ⓒ Ⓓ	147	Ⓐ Ⓑ Ⓒ Ⓓ	167	Ⓐ Ⓑ Ⓒ Ⓓ	187	Ⓐ Ⓑ Ⓒ Ⓓ
108	Ⓐ Ⓑ Ⓒ Ⓓ	128	Ⓐ Ⓑ Ⓒ Ⓓ	148	Ⓐ Ⓑ Ⓒ Ⓓ	168	Ⓐ Ⓑ Ⓒ Ⓓ	188	Ⓐ Ⓑ Ⓒ Ⓓ
109	Ⓐ Ⓑ Ⓒ Ⓓ	129	Ⓐ Ⓑ Ⓒ Ⓓ	149	Ⓐ Ⓑ Ⓒ Ⓓ	169	Ⓐ Ⓑ Ⓒ Ⓓ	189	Ⓐ Ⓑ Ⓒ Ⓓ
110	Ⓐ Ⓑ Ⓒ Ⓓ	130	Ⓐ Ⓑ Ⓒ Ⓓ	150	Ⓐ Ⓑ Ⓒ Ⓓ	170	Ⓐ Ⓑ Ⓒ Ⓓ	190	Ⓐ Ⓑ Ⓒ Ⓓ
111	Ⓐ Ⓑ Ⓒ Ⓓ	131	Ⓐ Ⓑ Ⓒ Ⓓ	151	Ⓐ Ⓑ Ⓒ Ⓓ	171	Ⓐ Ⓑ Ⓒ Ⓓ	191	Ⓐ Ⓑ Ⓒ Ⓓ
112	Ⓐ Ⓑ Ⓒ Ⓓ	132	Ⓐ Ⓑ Ⓒ Ⓓ	152	Ⓐ Ⓑ Ⓒ Ⓓ	172	Ⓐ Ⓑ Ⓒ Ⓓ	192	Ⓐ Ⓑ Ⓒ Ⓓ
113	Ⓐ Ⓑ Ⓒ Ⓓ	133	Ⓐ Ⓑ Ⓒ Ⓓ	153	Ⓐ Ⓑ Ⓒ Ⓓ	173	Ⓐ Ⓑ Ⓒ Ⓓ	193	Ⓐ Ⓑ Ⓒ Ⓓ
114	Ⓐ Ⓑ Ⓒ Ⓓ	134	Ⓐ Ⓑ Ⓒ Ⓓ	154	Ⓐ Ⓑ Ⓒ Ⓓ	174	Ⓐ Ⓑ Ⓒ Ⓓ	194	Ⓐ Ⓑ Ⓒ Ⓓ
115	Ⓐ Ⓑ Ⓒ Ⓓ	135	Ⓐ Ⓑ Ⓒ Ⓓ	155	Ⓐ Ⓑ Ⓒ Ⓓ	175	Ⓐ Ⓑ Ⓒ Ⓓ	195	Ⓐ Ⓑ Ⓒ Ⓓ
116	Ⓐ Ⓑ Ⓒ Ⓓ	136	Ⓐ Ⓑ Ⓒ Ⓓ	156	Ⓐ Ⓑ Ⓒ Ⓓ	176	Ⓐ Ⓑ Ⓒ Ⓓ	196	Ⓐ Ⓑ Ⓒ Ⓓ
117	Ⓐ Ⓑ Ⓒ Ⓓ	137	Ⓐ Ⓑ Ⓒ Ⓓ	157	Ⓐ Ⓑ Ⓒ Ⓓ	177	Ⓐ Ⓑ Ⓒ Ⓓ	197	Ⓐ Ⓑ Ⓒ Ⓓ
118	Ⓐ Ⓑ Ⓒ Ⓓ	138	Ⓐ Ⓑ Ⓒ Ⓓ	158	Ⓐ Ⓑ Ⓒ Ⓓ	178	Ⓐ Ⓑ Ⓒ Ⓓ	198	Ⓐ Ⓑ Ⓒ Ⓓ
119	Ⓐ Ⓑ Ⓒ Ⓓ	139	Ⓐ Ⓑ Ⓒ Ⓓ	159	Ⓐ Ⓑ Ⓒ Ⓓ	179	Ⓐ Ⓑ Ⓒ Ⓓ	199	Ⓐ Ⓑ Ⓒ Ⓓ
120	Ⓐ Ⓑ Ⓒ Ⓓ	140	Ⓐ Ⓑ Ⓒ Ⓓ	160	Ⓐ Ⓑ Ⓒ Ⓓ	180	Ⓐ Ⓑ Ⓒ Ⓓ	200	Ⓐ Ⓑ Ⓒ Ⓓ